U1020902

北京市西城区
全面深化改革报告

连玉明◎主编

当代中国出版社
Contemporary China Publishing House

图书在版编目（CIP）数据

北京市西城区全面深化改革报告／连玉明主编．--北京：当代中国出版社，2016.9
ISBN 978-7-5154-0709-8

Ⅰ．①北… Ⅱ．①连… Ⅲ．①体制改革－研究报告－西城区 Ⅳ．①D671.3

中国版本图书馆CIP数据核字（2016）第158582号

出版人　曹宏举
责任编辑　李一梅
责任校对　康　莹
装帧设计　胡　凯
出版发行　当代中国出版社
地　　址　北京市地安门西大街旌勇里8号
网　　址　http://www.ddzg.net　邮箱：ddzgcbs@sina.com
邮政编码　100009
编 辑 部　(010)66572264　66572132　66572154　66572180
市 场 部　(010)66572281或66572155/56/57/58/59转
印　　刷　北京艺堂印刷有限公司
开　　本　787毫米×1092毫米　1/16
印　　张　21印张　263千字
版　　次　2016年9月第1版
印　　次　2016年9月第1次印刷
定　　价　48.00元

版权所有，翻版必究；如有印装质量问题，请拨打（010）66572159转出版部。

西城智库报告编委会组成名单

西城智库报告编委会

主　　任　卢映川　王少峰

副 主 任　刘跃平　杜灵欣　王力军　章冬梅　程　军
王　旭　王都伟　孙　硕　王　鹏　陈　宁
曹全民　郑　然　张　明　李　岩　杜黎彬
姜立光　吴向阳　王瑞珠　蔡慧永　董常青

编　　委　（按姓氏笔画顺序排列）
丁大伟　王乐斌　王建华　艾　丽　田　迪
刘成东　安学军　许晓红　杨　秋　岑运东
张小来　郁　治　周爱峰　庞成立　宫　浩
倪　锋　焦　扬　靳　真　缪剑虹

西城智库报告编写组

总 策 划　孙　硕　连玉明　朱颖慧

主　　编　连玉明

执行主编　朱颖慧　刘俊华

副 主 编　高继龙　邢旭东

核心研究人员　连玉明　朱颖慧　刘俊华　高继龙　邢旭东
秦坚松　李英才　梁　语　侯新伟　朱　华
吴　佳　翟萌萌　姜思宇　孟芳芳　赵　昆
王彬彬　王康骞　赵清松　黄晓洁

特约研究员　（按姓氏笔画顺序排列）
王　冉　王　琪　白时嘉　朱永明　刘玉博
宋　扬　张　悦　黄　炎

:::目录:::

改革呼唤“促进派”“实干家”

中央释放重用改革“促进派”新导向

纵观改革开放 30 多年的历史，改革“促进派”始终是中国改革的中坚力量。当下的中国，正处于全面深化改革的“关键期”“攻坚期”，改革正面临一次前所未有的利益大调整，迫切需要广大党员干部、特别是领导干部争当改革“促进派”，领导和推进各项改革方案落地。“一分部署，九分落实”，这是习近平总书记多次在中央深改组部署各方面改革工作时叮嘱的一句话。随着改革不断深入，推进改革的问题和阻力不断凸显，对改革“促进派”的期许显得尤为迫切。

2015 年 2 月 27 日，在中央深改组第 10 次会议上，针对推进改革中存在的问题，习近平总书记强调“要处理好改革‘最先一公里’和‘最后一公里’的关系，突破‘中梗阻’，防止不作为，把改革方案的含金量充分展示出来，让人民群众有更多获得感。”2015 年 5 月 5 日，在中央深改组第 12 次会议上，习总书记明确提出要“引导大家争当改革促进派”，在用人标准上“要把想改革、谋改革、善改革的干部用起来”，释放了选人用人新导向。

在 2015 年 7 月 1 日召开的中央深改组第 14 次会议上，总书记进一步强调，“要把‘三严三实’要求贯穿改革全过程，引导广大党员、干部特别是领导干部大力弘扬实事求是、求真务实精神，理解改革要实，谋划改革要实，落实改革也要实，既当改革的促进派，又当改革的实干家。”

就在此次会议的前一天，习近平总书记会见了中共中央组织部新表彰的 102 位全国优秀县委书记。这 102 位县委书记勇于担当、攻坚克难，堪称是奋战在改革第一线的改革“促进派”。《人民日报》等党媒特别开设专栏，集中报道全国优秀县委书记的先进事迹。中央号召广大党员干部学习他们，争当改革“促进派”，表明了重视、重用和支持改革“促进派”的鲜明立场。

西城区有一批改革“促进派”“实干家”

2015 年 6 月 26 日，《人民日报》专题报道全国优秀县委书记先进事迹，“打头炮”的便是北京市西城区委书记王宁。王宁就是一位站在改革最前线的改革“促进派”“实干家”。从 2010 年 7 月至 2015 年

7月，首都功能核心区行政区划调整已历五年。这五年，作为新西城的“一线总指挥”，王宁以“红墙意识”“首善标准”作为一切工作的出发点，率领班子制定“服务立区、金融强区、文化兴区”战略，创新城市管理、社会治理和功能街区发展模式，顺利实现两区合并平稳过渡和经济社会快速发展。十八大以来，王宁组织全区领导干部认真学习贯彻习近平总书记系列讲话和考察北京时的重要讲话精神，主动对接落实中央、北京市关于全面深化改革的决策部署，适应新常态、引领新常态，以京津冀协同发展国家战略、首都“四个中心”战略定位、建设国际一流和谐宜居之都为指引，主动服从服务于首都发展大局、正确把握改革大局，在推进改革中主动作为、敢于担当，统筹协调、有序推进，找准问题、攻坚克难，重点突破、确保实效，扎实推进西城区改革工作，使西城区改革在首都新一轮改革中走在前列。

西城区的改革是真抓实干的改革。其最大特点是突出顶层设计和整体谋划。有些改革固然需要从上级层面统一设计和部署，但有些改革必须由基层改革者自行摸索和创新。一些地方和基层在对待改革的问题上持观望态度，存在“顶层设计”依赖症，希望上级有明确的政策和详细的说法，以免承担改革设计不良的风险和责任。西城区在改革过程中，结合本地实际，不等不靠、主动研究，敢闯敢试、勇于担当。率先组建改革领导和组织机构、率先制订深化改革顶层设计和施工方案、深入探索建立“一体两翼多点”的智库支持模式、深入谋划中长期改革战略、深化教育领域综合改革，在履行“四个服务”职责、落实“四个中心”定位、疏解非首都功能、推进棚户区改造、施行权力清单制度、探索“全响应”社会治理模式等方面取得突破性进展和显著成效。

西城区改革是凝心聚力的改革。新一轮改革必须以人民群众满意为出发点和落脚点。为此，西城区以“国际一流”为标准、“和谐、宜居”为两把尺子衡量改革，积极引导广大干部群众共同为改革想招、一起为改革发力。督促部门落实改革，发动群众参与改革，引导社会支持改革，汇聚起全社会支持改革的正能量。在推进改革过程中，西城区充分发挥党统领全局的作用，强化部门的责任担当，以政府自身改革带动重要领域改革；抓好群众路线教育实践活动，以解决群众反馈问题对标改革；改进民主政治工作，以推进协商民主多元参与制度化促进改革；调动统战、群团、智库等一切积极因素，把各方力量汇聚到改革发展大局中来，齐心协力推进改革发展。

西城区改革是讲求实效的改革。改革工作坚持三个导向，即问题导向、需求导向和目标导向。问题导向以解决发展中的问题为出发点；需求导向通过试点的方式来探索推进；目标导向重在落实上级部署的改革。不论采取哪种方式，改革的根本目的是要解决问题、讲求实效。2014 年，西城区改革领导小组确定的 150 项重点改革任务，除 28 项需要待上级文件出台后才能落实外，其中的 122 项已经完成和基本完成。其中有些改革在顶层设计方面具有创新性突破性，如教育领域综合改革；有些改革涉及多部门、跨不同领域，已经打开了牵一发动全身的突破口，如转变政府职能改革；有些改革具有积极的探路性质，如全科医生执业方式和服务模式改革。实践表明，西城区全面深化改革组织领导坚强有力，推进改革的决策机制、统筹协调机制、督办督察机制有效管用。

主要领导干部要带头想改革谋改革善改革

当前改革任务繁重，难度前所未有，需要冲破藩篱、刮骨疗伤；不仅要有担当有勇气，还要有智慧有能力。这就需要一批像王宁那样的改革“促进派”。为此，决策层强调，“要着力强化敢于担当、攻坚克难的用人导向”，并提出了改革“促进派”的三个标准：想改革、谋改革、善改革。

想改革就是必须政治坚定，认可改革，有强烈的改革意愿。改革是历史的使命、时代的召唤、人民的期盼。想改革要求领导干部站在对党、对人民和对社会负责的高度，始终与党中央保持一致，自觉地把思想统一到“四个全面”的战略布局上来，正确把握全面深化改革大局，做改革的先行者。要从改革大局出发看待利益关系调整，只要对全局改革有利、对党和国家事业发展有利、对本系统本领域形成完善的体制机制有利，都要自觉服从服务改革大局，勇于自我革命，敢于直面问题。用王宁的话说，就是“宁在新中失败，不在旧中成功”。

谋改革就是对旧体制的弊端有深刻的认识，对改革中的问题和困难有充分认识，认认真真谋划，扎扎实实推进。谋改革要求领导干部勇于自觉抵制“为官不为”的错误思想，敢于直面党和政府自身存在的问题，在党的建设改革上把“群众路线”“反腐倡廉”“三严三实”作为改革的“主抓手”。在政府体制改革中把简政放权，政府职能转变作为改革的“当头炮”，敢于担当、攻坚克难，敢于壮士断腕，清除体内毒瘤，破除体制壁垒，推动利益调整。在疏解非首都功能的问题上，王宁多次呼吁各级领导干部“不能只算小账，不算改善环境的大账”，“要有‘断腕、割肉’的决心，舍得腾出资源”。

善改革就是善于依靠群众、凝心聚力，释放改革“含金量”，让人民有实实在在的“获得感”。善改革要求领导干部在推进改革的进程中要坚定不移地走群众路线，在改革方法上坚持以人民群众满意为出发点和落脚点。从群众最需要的地方改起，从问题最多的地方改起，听取民声，汇集民智。西城区作为首都功能核心区，在深化改革中始终坚持首都意识，充分发挥人民的首创精神，按照国际一流的首善标准来落实改革，让全民共享改革成果。王宁把涉及民生的改革作为重中之重，2014 年起，西城区选择教育为改革突破口，实行学区制、改革招生制度、扩大教育集团规模，推动教育均衡、公平。

落实改革必须抓住领导干部这个“关键少数”

领导干部是党治国理政的骨干力量，是推进和落实改革的关键环节。争当改革“促进派”，必须抓住领导干部这个“关键少数”。当前的改革阵营中，似可分为“不改革者”“假改革者”和“真改革者”三类。所谓“中梗阻”，指的就是“不改革者”和“假改革者”。

“不改革者”观望情绪浓厚、改革动力不足，习惯于做“以会议落实会议”“以文件落实文件”的表面文章，改革并没有触及利益调整这个核心问题，改革止步不前。

“假改革者”则可视为是破坏改革的人。他们搞“选择性改革”，凡是对本地本部门有利的改革干劲十足；凡是对本地本部门不利、要被“动奶酪”的改革，则是能等则等、能拖则拖、能推则推。更有一些人，打着改革的旗号，错误地引导、操控改革、阻挠改革，使改革偏离了设定的轨道，向着有利于既得利益集团的方向发展。“不改革者”“假改革者”实为改革之大敌。

新一轮改革与以前改革的本质区别在于，过去的改革是自己改别人，是砸别人的饭碗，动别人的座椅；这次则是要自己改自己，要先动自己的奶酪、先削自己的权。这就不难理解，为什么会出现中央很着急、老百姓很着急，但一些地方和基层并不着急，一些领导干部并不积极的状况。

破除“中梗阻”，不仅要防止“不改革者”不作为、不担当的消极改革；更要警惕“假改革者”乱作为、反作为来破坏改革。对于“不改革者”，要引导他们敢作为、善作为，争当改革“促进派”；对于“假改革者”，要让他们为阻碍改革付出代价，让位于改革“促进派”。

让改革“促进派”大行其道需要制度保障

让改革“促进派”脱颖而出，重用真改革者，需要创造良好的环境，提供全方位的制度保障。

让改革“促进派”大行其道，首先要改善官场政治生态。官场潜规则的存在直接影响到改革“促进派”的积极性和创造力。坚持从严治党，践行“三严三实”，坚守改革纪律和改革规矩，让官场“潜规则”无处藏身，让“明规矩”助力改革“促进派”大刀阔斧。

让改革“促进派”大行其道，要建立以改革为导向的选人用人机制。深化干部人事制度改革，一方面要打破阻碍人才提拔的资历、门户、圈子框框，加强官员队伍的开放性，也有利于释放干部队伍的活力，增强改革的动力；另一方面要构建有效管用、简便易行的选人用人机制和能上能下机制，全面准确贯彻民主、公开、竞争、择优方针，改革和完善干部考核评价制度，保护改革的积极性。今后，应重点考核官员改革业绩，谁不改革谁下台，使想改革、谋改革、善改革的领导干部走上关键岗位。

让改革“促进派”大行其道，要为改革者提供必要条件。据人民论坛调查显示，逾六成受访者对“改革干部正遭遇断层现象”持认同态度，超七成的受访者认为“想改革、谋改革、善改革”的干部在干部中的比例不到40%。改革者的内生动力为什么不强？一方面是因为当前的改革面临巨大的压力和风险，不少改革者担心冒险与付出得不到承认，而且稍有不慎，极易成为“谢罪天下”的祭品；另一方面，缺乏与促进改革相适应的考核体系和薪酬体系，一些合理需求得不到满足。因此，要建立改革的容错机制，形成有利于改革者大胆探索的包容性人才环境，让“允许失败，但不允许不改革”的观念深入人心。同时要构建以改革为导向的干部政绩考评体系，建立合理的奖惩体系和薪酬体系，这也是优化改革制度环境的应有之义。

第 1 章

背景篇

在“四个全面”战略布局中把握全面深化改革

“四个全面”是以习近平为总书记的党中央治国理政的全新布局。全面建成小康社会是总目标，而深化改革、依法治国、从严治党犹如三足鼎立，共同支撑小康社会的实现过程。四者不是简单的并列关系，而是有机联系、相互贯通的顶层设计。全面深化改革要放在“四个全面”战略布局中把握。

“四个全面”是治国理政的全新布局

从2012年11月党的十八大强调“全面建成小康社会”，2013年11月党的十八届三中全会部署“全面深化改革”，到2014年10月党的十八届四中全会要求“全面依法治国”，10月8日党的群众路线教育实践活动总结大会宣示“全面从严治党”，再到2014年12月习近平总书记在江苏调研时首次提出，要协调推进“全面建成小康社会、全面深化改革、全面推进依法治国、全面从严治党”，“四个全面”战略布局清晰展现，成为习近平治国理政总体方略的顶层设计。

2015 年 2 月 2 日，省部级主要领导干部学习贯彻十八届四中全会精神全面推进依法治国专题研讨班在中央党校开班，习近平总书记在开班仪式上讲话时集中论述了“四个全面”战略布局的逻辑关系：“全面建成小康社会是我们的战略目标，全面深化改革、全面依法治国、全面从严治党是三大战略举措”。这是习近平首次在正式场合集中阐述四者关系，宣示了“四个全面”已成为以习近平为总书记的党中央治国理政的全新布局。

全面建成小康社会是目标。党的十八大提出了要在 2020 年全面建成小康社会的宏伟目标，并把这一目标具体化为经济持续健康发展，人民民主不断扩大，文化软实力显著增强，人民生活水平全面提高，资源节约型、环境友好型社会建设取得重大进展。全面建成小康社会是“实现中华民族伟大复兴中国梦的关键一步”，是中国人民对中国梦不懈追求的一个重要历史阶段。

全面深化改革是动力。党的十八届三中全会明确了改革的总目标，“完善和发展中国特色社会主义制度，推进国家治理体系和治理能力现代化”，并提出“让一切劳动、知识、技术、管理、资本的活力竞相迸发，让一切创造社会财富的源泉充分涌流，让发展成果更多更公平惠及全体人民”。由此我们可以看到，改革是中国特色社会主义制度的自我完善、自我发展的根本路径，是激发社会活力与创造力，推动社会进步的根本动力。

全面依法治国是保障。法治是治国理政的基本方式，无论是全面建成小康社会、全面深化改革，抑或是全面从严治党，法治都是不可或缺的治理方式。习近平总书记把全面深化改革和全面依法治国比作“鸟之两翼、车之双轮”，充分说明了两者在实现全面建成小康社会宏伟目标进程中的同等重要的作用。如果说改革是推动经济社会发展的活力，那么法治则是护佑改革活力的定力。党的十八届四中全会完整勾勒出了法治中国的蓝图，为中国发展战略布局落下了浓墨重彩的一笔。

全面从严治党是基础。从严治党是协调推进“四个全面”的关键。党是中国特色社会主义事业的领导核心，全面建成小康社会、全面深化改革、全面依法治国的根本都是坚持和完善党的领导。保持党的纯洁性、先进性是事业成败的关键。只有坚持党要管党，从严治党，加强党的思想建设、组织建设、作风建设、反腐倡廉建设、制度建设，才能确保党始终成为中国特色社会主义事业的领导核心。

“四个全面”统揽治国理政的全局，涵盖治国理政的方方面面。“四个全面”必须始终围绕战略目标，不能丝毫偏离方向；必须紧紧抓住三大支柱，任何一个支柱都不能软、不能弱；必须以深化改革为突破口，强化问题导向，着力研究和解决依法治国和从严治党中的突出矛盾和问题，敢于啃硬骨头，敢于涉险滩，坚决破除一切妨碍科学发展的体制机制弊端，协调推进经济、政治、文化、社会、生态、党建等各方面体制改革，激发全社会创造活力，努力实现在2020年全面建成小康社会的目标。

全面深化改革是落实“四个全面”的强大动力

在“四个全面”之中，深化改革、依法治国、从严治党犹如三足鼎立，共同支撑小康社会的实现过程。既有目标又有举措，既有全局又有重点。四者不是简单并列关系，而是有机联系、相互贯通的顶层设计。在推进“四个全面”战略布局的征程中，改革具有十分重要的作用，无论是全面建成小康社会、全面推进依法治国，还是全面从严治党，都离不开全面深化改革的大力推进。因此，必须把全面深化改革放在“四个全面”的战略布局中来把握，深刻认识深化改革同其他三个“全面”的关系，努力做到“四个全面”相辅相成、相互促进、相得益彰。

全面深化改革是全面建成小康社会的必由之路。“改革开放是决定当代中国命运的关键一招，也是决定实现‘两个一百年’奋斗目标、实现中华民族伟大复兴的关键一招。”这表明以习近平同志为总书记的党中央将坚定不移高举改革开放的旗帜，把深化改革开放作为推动党和国家事业发展的强大动力摆在更加突出的位置，把全面深化改革作为全面建成小康社会的重大战略举措和必由之路。作为“实现中华民族伟大复兴中国梦的关键一步”，全面建成小康社会必须依靠全面深化改革来实现，全面深化改革的成果也必须用全面建成小康社会的标准来检验。

全面深化改革是全面依法治国的“姊妹篇”。国家治理体系现代化有深刻的法治内涵，就是要改革不适时宜的体制机制、法律法规，不断构建体现时代要求的新体制机制、法律法规。其中科学立法是处理改革和法治关系的重要环节。全面依法治国与全面深化改革是“姊妹篇”，全面深化改革需要法治保障，需要用法治思维和法治方式推进改革；全面依法治国也需要深化改革，需要用改革的思维和办法来实现。中央深改组六次会议决定，把十八届四中全会提出的 180 多项对依法治国具有重要意义的改革举措，纳入改革任务总台账，一体部署、一体落实、一体督办。

全面从严治党是全面深化改革的必然体现。全面深化改革是党领导下的改革，改革能否成功，成败在党、关键在人。新阶段的全面深化改革是一场涉及深层次矛盾与问题的攻坚战，改革能否达到预期目标、取得新的突破，在很大程度上取决于党能否有效发挥领导改革的作用，解决好深层次体制机制问题。如果各级党组织不能保证自己在改革方向上的正确性、改革路径上的可行性和改革实施上的科学、民主、法治与廉洁，如果党的领导干部不能做到“严以修身、严以用权、严以律己，谋事要实、创业要实、做人要实”，就难于胜任全面深化改革、实现民族复兴所担负的历史职责。全面从严治党必须推进党的建设制度改革、纪检体制改革，这是全面深化改革的重要任务，也是全面深化改革取得成功的重要保证，直接关系着全面深化改革总目标的实现。

全面深化改革是一场全方位深层次的革命

中国三十多年来的改革开放有其自身的历史逻辑和发展逻辑，而具有重要意义的节点是4次三中全会形成的决议或决定。1978年党的十一届三中全会，标志着改革开放的正式发动。1984年党的十二届三中全会，标志着中国经济体制改革的全面开局。1993年党的十四届三中全会，标志着改革开放进入了制度创新时代。而党的十八届三中全会通过《中共中央关于全面深化改革若干重大问题的决定》，标志着中国进入了以完善和发展中国特色社会主义制度，推进国家治理体系和治理能力现代化为目标的“全面深化改革”新阶段。

全面深化改革，重点在“全面”。新阶段的改革开放是由局部到全面的过程。所谓全面，就是要统筹推进各领域改革，就需要有总体目标，用它来统筹各领域改革，也要回答推进各领域改革最终是为了什么、要取得什么样的整体结果。此次改革是“5+1+1”的改革，即覆盖构成中国特色社会主义总体布局的经济、政治、文化、社会、生态文明五位一体的改革，加上党的建设制度改革，以及国防和军队改革，提出的改革任务有336项之多。此外，纳入改革任务总台账的还有十八届四中全会关于依法治国的180多项改革任务。正如习近平总书记指出的：“这项工程极为宏大，零敲碎打调整不行，碎片化修补也不行，必须是全面的系统的改革和改进，是各领域改革和改进的联动和集成。”这些重要论述，深刻揭示了全面深化改革的阶段性特征，体现了党对改革认识的深化和系统化。

全面深化改革，关键在“深化”。新阶段的改革开放是由浅入深的过程。当前，我国改革已进入攻坚期和深水区。所谓“攻坚”，相对于难易程度讲，容易改的、见效快的、普遍受惠的改革，绝大多数都进行了，剩下的大多是难啃的“硬骨头”。所谓“深水”，相对于复杂性而言，各种深层次的问题浮出水面，错综复杂地纠结在一起。需要改革的内容不少涉及深层次的社会矛盾，涉及各种利益关系，是对社会群体利益格局进行调整，势必会遭到既得利益集团的阻碍。正如习近平总书记所言：“中国改革经过三十多年，已进入深水区，可以说，容易的、皆大欢喜的改革已经完成了，好吃的肉都吃掉了，剩下的都是难啃的硬骨头。”这表明，改革到了一个新的历史关头，不仅要看到改革的重要性和紧迫性，而且要认清改革的艰巨性。

全面深化改革，根本在“改革”。新阶段的改革开放是由量变到质变的过程。要通过改革，向积存多年的顽瘴痼疾开刀，啃掉硬骨头，涉过险滩，不失时机深化体制机制改革，在制度建设上有质的飞跃。同以往的改革相比，此次改革的一个显著的特征就是把制度建设提到了前所未有的高度，推进改革的目的是完善和发展中国特色社会主义制度，赋予社会主义新的生机活力。不但在总目标上聚焦制度建设，而且在六大领域改革的路线图上也紧紧围绕制度建设：紧紧围绕使市场在资源配置中起决定性作用深化经济体制改革；紧紧围绕坚持党的领导、人民当家做主、依法治国有机统一深化政治体制改革；紧紧围绕建设社会主义核心价值体系、社会主义文化强国深化文化体制改革；紧紧围绕更好保障和改善民生、促进社会公平正义深化社会体制改革；紧紧围绕建设美丽中国深化生态文明体制改革；紧紧围绕提高科学执政、民主执政、依法执政水平深化党的建设制度改革。经过上述领域的体制改革和制度建设，要在全面小康社会建成之际，在重要领域和关键环节改革上取得决定性成果，形成系统完备、科学规范、运行有效的制度体系，使各方面制度更加成熟更加定型。

新阶段的全面深化改革，是一场全方位的革命。在推进改革中，既要注重顶层改革的系统性、整体性、协同性，又要注重基层改革的综合性、针对性和实效性，坚持正确的思想方法，坚持辩证法，处理好解放思想和实事求是的关系、整体推进和重点突破的关系、全局和局部的关系、顶层设计和摸着石头过河的关系、胆子要大和步子要稳的关系、改革发展稳定的关系，把改革的力度、发展的速度和社会可承受的程度统一起来，扎实有效地把全面深化改革推向前进。

以深化改革推动京津冀协同发展

党中央、国务院做出推动京津冀协同发展的重大战略部署，习近平总书记关于京津冀协同发展的重要讲话、重要指示精神和李克强总理多次批示要求，特别是《京津冀协同发展规划纲要》出台，为疏解北京非首都功能、推动京津冀协同发展指明了方向。

京津冀协同发展是化解“大城市病”的根本途径

2014年2月26日，习近平总书记在北京考察时做了重要讲话，对推动京津冀协同发展指明了方向；此后，中央批准成立京津冀协同发展领导小组和专家咨询委员会，为疏解北京非首都功能、推动京津冀协同发展提供了强有力领导和智力支撑；2015年4月30日，中央政治局会议审议通过了《京津冀协同发展规划纲要》，京津冀协同发展开始加速布局。推动京津冀协同发展是党中央、国务院在新的历史条件下，着眼于经济发展新常态下参与国际竞争、推动经济社会可持续发展所做出的重大决策部署。作为重大国家战略，对于协调推进“四个全面”战略布局，实现“两个一百年”奋斗目标和中华民族伟大复兴的中国梦，具有重大现实意义和深远的历史意义。

从国家层面看，实现京津冀协同发展、创新驱动，是面向未来打造新的首都及首都经济圈、推进区域发展体制机制创新的需要；是探索完善城市群布局和形态、为优化开发区域发展提供示范和样板的需要；是探索生态文明建设有效路径、促进人口经济资源环境相协调的需要；是实现京津冀优势互补、促进环渤海经济区发展、带动北方腹地发展的需要。

从区域整体看，京津冀协同发展有利于积极推进战略规划、政策体系、管理体制等方面的统筹协调与融合互动，加快破解制约三地协同发展的行政壁垒和制度障碍，促进生产要素自由流动，加快改革创新步伐，建立健全协同发展体制机制，解决长期以来京津冀整体发展水平高但差距悬殊、比较优势突出但人口资源环境问题凸显、协同发展条件良好但没有实质性突破的难题。有利于在区域整体协同发展改革试验中，推动成为环渤海地区合作发展的中心区，率先基本形成区域一体化发展新格局，为全国其他地区的协同发展发挥引领带动作用，提供可复制、可推广的经验。

从北京自身看，有利于疏解北京非首都功能，优化提升首都功能，解决北京“大城市病”问题；有利于充分利用北京科技创新资源富集的优势，在推进京津冀协同创新中强化支撑和引领作用；有利于解决好北京人口资源环境均衡发展和经济社会文化可持续发展问题，推进生态文明制度体系建设。

京津冀协同发展重在“协同”

京津冀协同发展是习总书记布局区域发展总体战略，亲自提出并推动的一项重大国家战略。京津冀发展的根本是协同发展、一体化发展。要在“协同”二字上下大功夫、做足文章，要想的更深一些，更细一些，更有操作性一些，努力实现“1+1+1>3”的效果。

京津冀与长三角、珠三角的差距在于“协同”不够。京津冀地域面积21.6万平方公里，2014年末常住人口1.1亿人，地区生产总值6.6万亿元，以全国2.3%的地域面积承载了8%的人口，创造了10.4%的经济总量；2014年人均地区生产总值6万元，是全国平均水平的1.3倍。京津冀地区与长三角、珠三角地区比肩而立，同为中国经济最具活力、开放程度最高、创新能力最强、吸纳人口最多的地区之一。但由于区域功能定位缺乏统筹，体制机制存在障碍，资源优势得不到充分发挥和基础优势没有形成互补，与长三角、珠三角相比，无论是经济整体发展水平，还是协同化、市场化程度，京津冀地区都有一定差距。“协同”不够是最根本的原因。

京津冀协同发展重在通过顶层设计破除“协同”瓶颈。十八大以来，习近平总书记多次强调要继续实施区域发展总体战略，不仅继续实施西部大开发、东北振兴、中部崛起和东部率先发展的战略，而且重点实施“一带一路”、长江经济带和京津冀协同发展三大战略，打造中国经济新的增长极和支撑带，形成相互衔接、互为支撑、东中西联动的区域发展新格局。在区域协同发展上，中央提出完善并创新区域政策，缩小政策单元，重视跨区域、次区域规划，提高区域政策精准性，按照市场经济一般规律制定政策。体现在京津冀一体化上就是制定《京津冀协同发展规划纲要》，规划旨在打破行政区划限制，制定京津冀区域整体战略定位和功能布局，发挥比较优势，建立健全体制机制，实现京津冀三地协同发展，带动环渤海腹地发展，从而推动京津冀区域发展总体战略在实施层面更加深入一步。

京津冀一体化发展依然面临“协同”上的障碍。对于京津冀协同发展的探索三地由来已久。近年来，京津冀三省市相互签署了新一轮合作框架协议，建立了多层次、宽领域的协作关系，协同发展的思路日渐清晰、领域不断拓展。特别是习近平总书记“2·26”重要讲话以来，三省市协同发展、协调发展、共同发展的共识和愿望不断强化，在大气污染防治、基础设施建设、产业创新发展、通关一体化等领域实施了一批重点合作项目。北京与天津、河北分别签订了合作框架协议和备忘录，实施交通、生态环保、产业三个重点领域率先突破工作方案。尽管如此，由于三省市对推动协同发展的具体诉求和操作路径的认识仍存在差异；河北与北京、天津的发展落差过大，缩小差距、补齐短板的任务十分艰巨；城镇体系结构失衡，京津两地过于“肥胖”，周边小城市过于“瘦弱”，城镇体系出现明显“断层”；三地行政分割和隐性壁垒亟待打破，资源配置由政府主导向市场起决定性作用转变、建立和完善体制机制还需要一个过程，因此，区域协同的任务依然艰巨。

推进京津冀协同发展北京是关键

京津冀协同发展的一个很重要的着眼点就是破解首都发展长期积累的深层次矛盾和问题。北京是首都，地位特殊，要在京津冀协同发展中起到带头引领作用。事实上，北京的可持续发展也离不开京津冀协同发展。北京要解决发展中遇到的突出问题，仅从北京的角度考虑是没有出路的，根本的出路是推动京津冀协同发展、一体化发展。要打破自家“一亩三分地”的思维定式，跳出北京看北京，着力推动京津冀三地经济朝着目标同向、措施一体、作用互补、利益相连的路子走下去，实现一加一大于二、一加二大于三的效果。

北京发展正面临不可持续问题。当前，北京面临的突出难题是城市拥挤、资源紧缺，环境容量顶到了“天花板”，“大城市病”的各种症状日益凸显。如果抱着“大而全”的老目标、守着“一亩三分地”的老机制、继续走“摊大饼”的“老路子”，不断扩充城市功能，城市发展将难以为继。首先，北京人口增长过快，患上严重的“大城市病”。至2014年末，北京常住人口达2151.6万，其中城六区1276.3万人，全市人口已突破2020年1800万人左右的控制目标。人口数量过度膨胀、人口分布密度过大导致一系列经济社会问题。而今后一个时期，北京人口仍将保持增长态势，控制新增人口压力非常大、交通日益拥堵、房价持续高涨、社会管理难度加大。其次，资源环境承载超限，水资源严重短缺、地下水严重超采、建设用地过度扩张、大气污染严重、自然生态系统退化，特别是北京的水资源状况，是一条不可逾越的红线。京津冀已成为我国东部地区人与自然关系最为紧张、资源环境超载矛盾最为严重、生态联防防治要求最为迫切的区域。此外，京津行政条件优越，一方面，有大量的公共服务资金、人才、信息、技术等优质资源集聚，对周边地区的“虹吸效应”明显。另一方面，环京津贫困带问题突出，目前河北仍有国家扶贫开发重点县39个，大部分属于革命老区，其中环首都贫困县9个。同时，由于京津冀发展定位衔接不够，致使京津存在一定程度的同质竞争，而河北为吸引京津优势资源，一些市县采取竞相压低地价等手段招商引资，加剧了恶性竞争，形成了恶性循环。

解决北京的问题必须在京津冀框架下来谋划。对于北京来说，京津冀协同发展是一个重大机遇，是实现可持续发展的必由之路。中央实施京津冀协同发展战略最重要、最基本的考虑，就是要破解首都发展长期积累的深层次矛盾和问题，帮助北京走出一条中国特色解决“大城市病”的路子。北京只有1.64万平方公里，占京津冀地域面积的7.4%，腾挪空间很有限。在实施新一轮区域发展战略和打造以首都为核心的世界级城市群的新阶段，北京必须扩大视野，把自身发展放到京津冀区域的大范围和城市群发展的大背景下来谋划。只有融入京津冀协同发展，才能解决自身发展难题，更有效地把北京的优质资源激活，发挥区域整体优势和首都的辐射带动作用，更好地服务国家发展大局。

北京在京津冀协同发展中发挥核心作用。《京津冀协同发展规划纲要》对京津冀区域进行了整体定位，即以首都为核心的世界级城市群、区域整体协同发展改革引领区、全国创新驱动经济增长新引擎和生态修复环境改善示范区。按照“一盘棋”的思想，又确定了北京“四个中心”，天津、河北均是“一基地三区”的功能定位，北京“四个中心”服务服从于区域整体功能定位，与天津、河北形成合理的功能布局。同时按照“功能互补、区域联动、轴向集聚、节点支撑”的思路，以“一核、双城、三轴、四区、多节点”为骨架优化空间格局，展现出了以北京为核心、以京津冀作为一个“大北京”的发展宏图。因此，北京必须在京津冀协同发展中主动作为，发挥核心作用。有序疏解非首都功能、优化提升首都核心功能、解决北京“大城市病”问题，在推动非首都功能向外疏解的同时，大力推动内部功能重组。

京津冀协同发展核心在“疏解”

贯彻落实《京津冀协同发展规划纲要》，最重要的一点，就是有序疏解非首都功能。疏解北京非首都功能是京津冀协同发展的关键环节和重中之重，是一项复杂的系统工程，对于推动京津冀协同发展具有重要的先导作用。

疏解北京非首都功能是具有里程碑意义的工作。“京津冀协同发展能不能协同起来，就看北京非首都功能疏解得怎么样”。2015 年 4 月 29 日，中共中央政治局委员、北京市委书记郭金龙在市委常委会研究一季度经济形势时指出 ，疏解非首都功能，在首都的发展中是具里程碑意义的工作。北京像一个超重的巨人，已然步履艰难，很难走远。疏解非首都功能，是人口资源环境倒逼的结果，是为解决北京的问题和推动京津冀的发展开出的最好药方。疏解北京非首都功能，实质是一个瘦身健体、转型升级的过程，通过瘦“北京”身来达到健“京津冀”体的目的。瘦“北京”的身，就是割自己的“肉”，使北京轻装上阵，并且把一些优质资源拿到河北天津去配置，推动区域经济转型升级，从而达到“京津冀”健体的目的。

疏解北京非首都功能重在落实首都城市战略定位。北京是一个超大城市，又是国家首都，同时又是京津冀区域协同发展的核心。所以具有三个层次的功能，一是作为城市所具有的经济功能、政治功能、文化功能、社会功能、生态功能等城市基本功能；二是作为首都所具有的首都功能及服务首都的功能；三是作为京津冀区域整体的区域功能。其中首都功能是其最独特最重要的功能。习近平总书记在“2 · 26”讲话中明确指出，首都城市战略定位是全国政治中心、文化中心、国际交往中心和科技创新中心。因此，北京必须围绕首都城市战略定位，坚持和强化首都核心功能，调整和弱化不适宜首都的功能。

疏解北京非首都功能必须用改革的办法有序推进。疏解非首都功能，既要转变思路、统一思想，又要打破体制障碍、破除利益藩篱。必须通过全面深化改革确立新的发展理念，建立新的体制机制，北京发展和京津冀协同发展才有希望。目前北京在疏解非首都功能、京津冀协同发展等方面遇到不少难题和堡垒，如果按照传统的思维定式，在发展理念、发展目标、发展模式上，仍然抱着老目标、守着老机制、继续走老路，一手抓疏解，一手抓增长，思维认识上跳不出这个旧圈圈，无论如何疏解，效果都将适得其反。与此同时，攻克这些难题和堡垒，必须拿出改革的精神和担当的勇气，用“严”和“实”、用改革的办法来破解这些阻力。

西城区全面深化改革新形势和新挑战

西城区处于北京城市转型发展的关键点，必须主动适应经济新常态、京津冀协同发展、首都城市战略定位和国际一流和谐宜居之都带来的新变化和新机遇，以问题为导向，通过深化改革处理好人口过度集中与城市承载力、人口控制与经济发展、属地化管理和权属不对等、历史文化保护与改善居住环境四大矛盾。

西城区全面深化改革的四个基本遵循

新常态：契合中国经济发展大逻辑

认识新常态，适应新常态，引领新常态，是当前和今后一个时期我国经济发展的大逻辑。2014 年年底的中央经济工作会议首次系统全面地阐述了新常态的内涵："经济发展进入新常态，正从高速增长转向中高速增长，经济发展方式正从规模速度型粗放增长转向质量效率型集约增长，经济结构正从增量扩能为主转向调整存量、做优增量并存的深度调整，经济发展动力正从传统增长点转向新的增长点"。

郭金龙在2014年12月召开的中共北京市委十一届六次全会中指出，“经济新常态在北京表现得更为突出和明显”。从速度看，北京市是较早进入经济增速换挡期的地区，2011年开始，呈现7%—8%的中高速增长，2014年增速7.3%；从结构看，北京已经确立了以服务业为主的产业结构和以消费为主的需求结构，城乡二元结构、分配结构等也正在发生深刻变化；从发展的动力看，创新对经济发展的引领作用不断增强，科技创新、文化创新已经成为驱动发展的新引擎。具体到西城，更是契合了新常态下中国经济呈现出的中高速、优结构、新动力三个基本特征。

中高速。从速度层面看，经济增速换挡回落，中国经济从过去10%左右的高速增长转为7%左右的中高速增长是新常态的最基本特征。2011年至2014年，西城区地区生产总值分别为2302亿元、2578.6亿元、2825.7亿元、3052.3亿元，经济增速由11.9%依次下降为9.2%、9.0%、7.6%，2015年西城区将地区生产总值增长确定为7%左右，与全国经济7%的预期基本一致。

优结构。新常态下，经济结构正在发生全面变化。产业结构方面（见表1），第三产业逐步成为产业主体。西城的第三产业十分发达，在全国处于领先水平，2013年和2014年增加值占GDP比重均达到90.2%，处于美国等发达国家服务业占GDP的80%以上的区间。需求结构方面，消费需求逐步成为需求主体。从西城区来看，2011年至2014年，居民可支配收入年均增速为9.55%，已超过GDP平均增速。

表 1：西城区 2011—2014 年主要行业发展统计表

行业 \ 年份		2010	2011	2012	2013	2014
工业	总产值（亿元）	679.0	721.6	823.1	878.3	972.0
	同比增长	17.9%	8.3%	6.1%	5.3%	10.4%
建筑业	总产值（亿元）	389.3	524.3	544.2	563.2	661.2
	同比增长	34.2%	34.7%	3.8%	0.6%	14.3%
批发零售业	营业额（亿元）	4877	5723.7	6225.7	6863.0	7121.9
	同比增长	35.3%	14.4%	7.5%	8.8%	5.1%
金融业	存款余额(亿元)	19486	22858.1	26220.0	23856.9	27216.9
	比年初增长	19.3%	17.3%	14.7%	−5.1%	14.1%
房地产业	销售额（亿元）	166.4	122.5	150.2	79.8	21.7
	同比增长	−29.1%	−26.4%	22.6%	−46.9%	−72.7%
租赁与商务服务业	增加值（亿元）				251.4	272.6
	同比增长				17.3%	8.4%

图表说明：从西城区主要行业看，除房地产业外，工业、建筑业、批发零售业、金融业、租赁与商务服务业等均呈增长态势。其中金融业支柱作用日益显著，2014 年，引进中国信托保障基金等 130 家金融机构，“新三板”市场挂牌企业超过 1500 家。全区金融机构资产规模达到 72 万亿元，金融业三级税收占全区比重达到 80%，金融业增加值占全市比重超过 40%。

资料来源：根据北京市西城区统计信息网国民经济和社会发展统计公报相关资料整理

新动力。从动力层面看，新常态下，中国经济将从要素驱动、投资驱动转向创新驱动。要打造大众创业、万众创新和增加公共产品、公共服务“双引擎”，一方面通过改革激发创新动力，另一方面还要加强基础设施投资。在经济面临产能过剩、地方政府债务压力、房地产市场遇到瓶颈的形势下，不能仅靠三驾马车拉动经济增长，像京津冀协同发展、一带一路、长江经济带等加强区域经济建设将是激活增长的新动力。就北京市和西城区而言，本身就具有极具竞争力的公共产品和大量的公共服务优势资源，如果在京津冀的框架下进行优质资源配置，不仅将重启要素驱动的动力引擎，在更大范围开启投资驱动、创新驱动的发动机，聚合发展动力。

适应新常态就是为了更好地引领新常态，就是要打破十八大以前长期改革滞后形成的“体制病”和宏观失衡“综合征”，摆脱过去增长速度偏高、发展方式不可持续，并带来环境污染加剧、社会矛盾增加的严峻挑战，通过进一步深化经济体制改革为经济社会发展带来新的发展机遇。

新战略：京津冀区域整体协同发展

京津冀协同发展上升为重大国家战略，意味着北京市的发展空间、决策空间发生了巨大变化。作为首都功能核心区的西城区，在研究西城区的发展和改革问题时，在考虑功能定位、产业分工、空间布局、设施配套、交通体系等重大问题时，要放眼整个京津冀这样一个大的空间范围和政策框架下谋划。对首都北京和作为首都核心区的西城区来说，推动京津冀协同发展具有以下探路作用。

京津冀协同发展有利于探索解决“大城市病”问题。“大城市病”是当前我国特大城市面临的主要问题，主要表现在人口急剧膨胀、空气质量较差、交通拥堵严重、资源环境承载超限等方面。其中，人口无序快速增长是引发各种“大城市病”的重要原因，而人口无序快速增长的深层次原因是城市功能过于集中。当前，北京的各种功能过多，人口增长过快，“大城市病”问题凸显，在核心区更为突出。京津冀协同发展以资源环境承载力为基础，着力扩大环境容量生态空间，为优化提升首都核心功能、控制人口无序过快增长提供了更大的空间和全新的思路，有利于探索人口经济密集地区优化开发模式，促进人口资源环境均衡发展，走出一条中国特色解决“大城市病”问题的路子。

京津冀协同发展有利于探索区域协同发展改革。打破行政区划限制，推进沿海、沿江、沿边、沿路桥的轴线开发，带动更大范围的腹地发展是习近平总书记重要的区域发展战略思想。李克强总理在2015年政府工作报告中按地域确定了东部率先发展、中部崛起、西部大开发和东北振兴四大板块，特别是首次把“一带一路”、长江经济带和京津冀协同发展明确为“三大支撑带”。这“三大支撑带”的共性都是区域一体化发展，重点都是建立健全区域整体协同发展的体制机制。在《京津冀协同发展规划纲要》中，京津冀协同发展被赋予建立“目标同向、措施一体、优势互补、互利互赢”的协同发展新格局，打造中国经济发展新的支撑带的重任。西城区是首都的核心，首都北京是京津冀协同发展的核心，因此，西城区在区域协同发展改革中举足轻重。区域协同发展的关键是打破“一亩三分地”的思维，坚持“一盘棋”思想，加快破解制约协同发展的行政壁垒和制度障碍，以构建长效体制机制为抓手，充分发挥市场机制作用，着力加快市场一体化进程，促进生产要素自由流动，走出一条全国区域整体协同发展改革创新的路子。

京津冀协同发展有利于探索建设世界级城市群。世界级城市群是国家参与全球竞争与国际分工的全新地域单元，深刻影响着国家的国际竞争力和全球经济的新格局。一个世界级城市群势必持续在全球范围内集聚高端要素，为区域转型升级、加快发展，发挥辐射带动作用提供原动力。京津冀城市群是中国未来经济发展格局中最具活力和潜力的核心地区，其立足于三省市比较优势和现有基础，以首都为核心，进一步明确区域内城市功能定位，优化城市、城镇空间结构，在不同规模城市间形成合理的分工和分布格局，构建现代城镇体系。西城区具有独一无二的政治资源、金融资源、文化资源、公共服务资源优势，在京津冀城市群中具有重要地位。有利于完善城市群形态、优化生产力布局和空间结构，促进我国城镇化健康发展；有利于加快打造现代化新型首都圈，走出一条具有较强竞争力的世界级城市群的新路子。

新定位：首都“四个中心”城市战略定位

定位决定功能。新时期的首都城市战略定位确定为“四个中心”。在不同的发展时期，北京的城市功能定位也在不断进行调整，这种变化在经济功能的定位上体现较为明显，但作为全国政治中心、文化中心的定位始终没有变。

20世纪50年代初，《改建与扩建北京市规划草案的要点》提出，“首都应该成为全国的政治、经济、文化的中心，特别是要成为我国强大的工业基地和科学技术中心”；1982年的《北京城市建设总体规划方案》强调，北京是“全国政治中心和文化中心”，“经济中心”的定位逐步弱化，产业体系从以工业为主导向以服务业为主导转型；之后，《北京市城市总体规划（1991—2010年）》提出，北京城市功能是“全国的政治中心和文化中心，是世界著名的古都和现代国际城市”，强调“北京作为首都，要积极为全国的经济建设服务，同时要大力发展适合首都特点的经济，并对经济发展提出更高的质的要求”，“力争在20年内，国民生产总值翻两番以上”，经济功能得到再次强化。此后修编的《北京城市总体规划（2004—2020年）》在原功能定位的基础上，提出“坚持首都经济发展方向，强化首都经济职能”，初步形成了以服务经济为主导的经济格局。

党的十八大特别是十八届三中全会召开以来，党中央根据北京市经济、政治、文化、社会、生态文明发展实际情况，审时度势，对北京的功能定位、产业发展提出了更高要求。习近平总书记在“2 · 26”讲话中明确提出“全国政治中心、文化中心、国际交往中心、科技创新中心”的首都城市战略定位。此次北京不再强调“经济中心”，意味着经济功能融入打造中国经济“新增长极”的京津冀格局中，放在“新支撑带”的“大北京”整体框架下加以考虑。正如习总书记所说，“北京不提经济中心定位，不是要放弃经济发展、产业发展，而是要放弃发展‘大而全’的经济体系，腾笼换鸟，构建‘高精尖’的经济结构”，体现了协同发展和战略思维。与此同时，总书记要求把“国际活动聚集之都、世界高端企业总部聚集之都、世界高端人才聚集之都、中国特色社会主义先进文化之都、和谐宜居之都”的“五个之都”概念统筹纳入“四个中心”战略定位。很显然，国际活动聚集之都是国际交往中心的题中之义，而世界高端企业总部聚集之都、世界高端人才聚集之都是打造科技创新中心“科技创新高地”的重要支撑。此外，中国特色社会主义先进文化之都与全国文化中心相统一，和谐宜居之都则包含于国际一流的和谐宜居之都的目标之中。

为此，北京市委书记郭金龙在2014年3月召开的北京市委十一届五次全会上强调，北京市要努力做到想问题自觉把握城市战略定位，作决策自觉考虑到发挥首都的影响和示范作用，按照战略定位科学规划、科学建设、科学管理。“作为全国政治中心，要时时处处讲政治、顾大局，在思想上、政治上和行动上始终与党中央保持高度一致；作为全国文化中心，要弘扬中华优秀传统文化、荟萃民族文化精华，努力打造中国特色社会主义先进文化之都；作为国际交往中心，要不断提高国际影响力，努力打造国际活动聚集之都；作为科技创新中心，要充分发挥科技资源优势，不断提高自主创新能力，努力打造世界高端企业总部聚集之都、世界高端人才聚集之都”。

“四个中心”城市战略定位，决定了首都北京在国家发展整体布局中的地位和作用，为首都北京今后的功能调整、产业布局指明了方向。首都“四个中心”定位的明确，必然带来首都功能在16个区县之间的重新洗牌和优化整合，由于各区县支撑“四个中心”定位的基础和条件各不相同，这就迫切要求作为功能核心区的西城区明确定位自己的坐标系，进而构建首都功能支撑体系和城市发展布局。

新目标：率先建成国际一流的和谐宜居之都

党的十八大报告明确在2020年实现全面建成小康社会的战略目标，习近平总书记在“2·26”讲话中提出要“努力把北京建设成为国际一流的和谐宜居之都”。由此可见，国际一流的和谐宜居之都是全面建成小康社会战略目标在北京的进一步具体化。“十三五”时期是全面建成小康社会的决定性阶段，这就要求北京必须在全国做出示范、走在前列，并以更高标准在更宽领域、更广人群中实现全面小康。作为功能核心区，西城区更要在建成国际一流的和谐宜居之都中走在前列。

国际一流的和谐宜居之都是对北京之前“宜居城市”“和谐宜居之都”建设目标的延续和深化，标准更高。北京首次提出“宜居城市”发展目标出现在《北京城市总体规划（2004—2020年）》，提出要把北京建设成为“国家首都、世界城市、文化名城、宜居城市”，“创造充分的就业和创业机会，建设空气清新、环境优美、生态良好的宜居城市”。之后，习近平总书记先后两次公开提出“和谐宜居之都”建设。2010年8月，时任国家副主席的习近平在北京考察时指出，要“努力把北京打造成国际活动聚集之都、世界高端企业总部聚集之都、世界高端人才聚集之都、中国特色社会主义先进文化之都、和谐宜居之都”。2014年2月26日习近平总书记再次考察北京时指出：“要注意把建设和谐宜居城市贯穿其中，借鉴国外城市建设有益的经验，完善相关政策，提高生活性服务业品质，努力把北京建设成为国际一流的和谐宜居之都”。

对于国际一流，习总书记讲到，“北京城市建设应该向国际一流标准看齐，功能区块建设、街区改造、社区建设、市政公用设施建设、单体建筑建设都应该按照世界城市标准定位，形成适度超前、相互衔接、满足未来需求的功能体系”。由此可见，国际一流指的是城市发展品质，北京的参照物不是国内的特大城市，也不是单纯首都间的比较，而是特指纽约、伦敦、巴黎、东京等世界城市。因此，国际一流就是要按照世界城市的标准打造。而国际一流的和谐宜居之都，就是按照世界城市的标准建设的和谐、宜居城市。

关于和谐城市，国际权威机构——联合国人居署曾在 2008 年 10 月 22 日在伦敦发布题为《2008 / 2009 年世界城市状况：和谐城市》的年度报告。报告强调，“区域和谐、社会和谐、环境和谐是世界上城市发展的三大核心问题”。区域和谐（也称空间和谐），检测发展中国家城市增长的动力，探索经济和社会政策在空间实施上的细微差异；社会和谐，展示并分析城市不平等领域中的新数据，描述发展中国家的贫民窟居民住房短缺的类型；环境和谐，检验城市对于气候变化的作用，以及全球变暖在一些最为脆弱城市中的影响。从社会和谐方面看，联合国用基尼系数高低来评定城市平等程度。报告指出，北京的基尼系数为 0.22，其不平等程度远小于世界其他城市，因此成为全球最平等的城市。尽管这里的“世界城市”与“和谐城市”的内涵和外延与上述所探讨的有较大区别，但也从一个侧面反映了北京在和谐发展上取得一定的成效。不过，按照和谐作为社会主义核心价值观的目标看，中国社会科学院法学研究所所长李林认为，“我们的和谐是全体人民各得其所、各依其序、各尽其能的社会，是民主与法治相统一、公平与效率相统一、活力与秩序相统一、人与自然相统一的全面小康社会”，如果按照这个标准，北京成为和谐城市还有很长的路要走。

在宜居城市建设上，北京市也取得了积极成效。据经济学人智库发布的2014年《宜居性调查》报告显示，在受调查的140个城市中，所有中国城市宜居性排名均在中列，宜居性水平出现不断上升的趋势。其中北京在8个（其他城市排名由高到低依次为天津、苏州、上海、深圳、大连、广州、青岛）入选的中国城市中排名第一，全球排名第74，位于俄罗斯首都莫斯科之后。这个排名从社会稳定、医疗、文化与环境、教育、基础设施等方面评分，反映了北京宜居城市建设的一个侧面。但如果将空气污染、交通拥堵等列入评分标准，即使与国内其他城市相比，北京也不具备优势。事实上，北京的“大城市病”问题已经严重影响到北京的可持续发展，使宜居成为北京城市发展的一个掣肘。

由此可见，建设国际一流的和谐宜居之都，是北京全面建成小康社会的深层内涵和建设标准，也是作为首都核心区的政治任务。为此，2014年5月10日，北京市委书记郭金龙在主持召开调研座谈会时，要求东城、西城必须把讲政治放在首要位置，必须带头服从服务于首都城市战略定位，必须把做好“四个服务”体现在工作各个环节。以总书记重要讲话精神为统领，努力把核心区率先建成国际一流的和谐宜居之区。

北京市委还对西城区提出“环境要优美、人口要调控、服务要优质、发展要持续”的新要求。其中“环境要优美”是建设国际一流和谐宜居之都的核心任务；“人口要调控”是建设国际一流和谐宜居之都的重要条件；“服务要优质”是建设国际一流和谐宜居之都的基本保障；“发展要持续”是建设国际一流和谐宜居之都的根本保证。这就要求西城区必须坚持首都工作的高标准，继续发挥“排头兵”和“模范生”作用，在首都新一轮改革中率先建成国际一流和谐宜居之都先行示范区。

西城区全面深化改革的基础条件

经济结构调整进入关键时期

近年来，西城区在经济下行压力逐步加大、人口总量和建设规模顶破了“天花板”的情况下，通过强化金融业等优势产业、建立以服务业为主导的产业结构，经济增长实现稳中有升（见表2），但经济增长明显支撑不够、后劲不足。面对疏解非首都功能和构建高精尖产业体系的要求，西城在优化功能、加快产业转型升级方面仍面临诸多挑战。

一是西城可持续发展较为迫切。当前，在人口总量和建设规模顶破了“天花板”的同时，城市生态环境和资源承载力也突破了底线，不能适应可持续发展的要求。西城区实现可持续发展必须坚持高端发展、集约发展、绿色发展、协同发展之路。一要进一步强化核心优势，扩大金融辐射带动作用，着力发展附加值高、吸附劳动力少的高端服务业；二要更多依靠“腾笼换鸟”等方式，实现空间拓展和资源集约利用；三要处理好可持续发展与城市综合承载力的关系，努力实现人口资源环境相协调；四要以京津冀协同发展为契机，在更大视野、更大范围上谋划和推动区域协作，实现共赢。与此同时，西城区实现可持续发展必须进一步解放思想，敢于打破传统观念和惯性思维，按照核心区的定位和总体规划布局，处理好进与退的关系、留与疏的关系、取与舍的关系，通过优化城市功能、做好优质服务、打造良好环境，实现新的发展。

二是消费市场回暖面临较大压力。西城区消费结构的相对单一加大了经济下行风险。2013年，全年实现社会消费品零售额840.5亿元，比上年增长10.0%。全区亿元商场零售额累计249.3亿元，比上年增长0.1%。而到了2014年，社会消费品零售额比上年增长5.5%，达到887亿元，但全区亿元商场零售额则比上年下降12.6%，累计为219亿元。

由此可见，如果西城区不能在寻求新的消费增长点、提升消费竞争力等方面有所突破，全区消费市场将被动受制于商圈竞争加剧、新兴消费挤压、国际金价波动等宏观环境波动，未来增长将面临较大压力。

三是土地资源供给矛盾尤为突出。西城属于建成区，可利用土地资源十分稀缺，经济社会发展对土地的需求与有限的土地资源供给之间的矛盾比较突出，已成为制约区域发展的主要矛盾。事实上，从所有权性质上讲西城区的土地全部是国有土地，也就是说西城区没有集体土地，土地的利用没有增量的空间，只能靠存量挖潜。近年来，西城区在存量土地挖潜方面做了积极的探索，在“城中村”、土地储备开发、出让批后监管、边角地、地铁站口周边、工矿仓储、公交场站和菜市场用地等八类土地之外，西城区又增加了功能疏解用地空间。在土地资源的集约利用方面，西城区深入调查全区九类土地情况，切实摸清可利用土地资源底数，为提升区域空间承载力提供准确数据支撑。在此基础上，西城区立足首都功能核心区的定位和区域经济社会发展规划，深入分析存量土地开发利用途径，将深化资源挖潜与优化产业布局、推进功能区建设相结合，提出土地利用开发规划意见和目标。比如在土地利用上，合理确定不同区域的土地利用强度，对于以金融街为代表的高建筑密度、高容积率的高端产业承载区，通过高强度开发，实现单位土地面积经济效益最大化；而对于以什刹海为代表的历史文化保护区，以风貌生态保护为重点，以改善人居环境为目标，不以片面追求土地利用强度为目标，寻找实现土地资源节约集约利用的创新途径，寻求最佳集约度。尽管如此，西城可挖潜的土地十分有限，以土地挖潜换取经济发展的思路也有悖于生态文明的理念。其直接后果是，更加剧了人口集聚、交通拥堵、空气质量的恶化，污水及生活垃圾处理压力增大，环境对区域发展的约束力更加紧张，使矛盾更为尖锐，面临不可调和的境地。

因此，以人口资源环境均衡发展为根本，扩大增量、盘活存量是西城经济能够保持可持续增长的唯一根本性途径。

表2：2014年北京市各区县GDP和人均GDP排名

区县	2014年GDP(亿元)	2014年常住人口(万)	人均GDP(元)	GDP排名	人均GDP排名
西城区	3052.3	130.2	234431.64	3	1
东城区	1733.0	91.1	190230.52	4	2
顺义区	1339.7	100.4	133436.25	6	3
海淀区	4290.0	367.8	116639.48	2	4
朝阳区	4337.3	392.2	110588.99	1	5
大兴区	1472.5	154.5	95307.44	5	6
石景山区	400.9	65.0	61676.92	11	7
怀柔区	219.3	38.1	57559.06	12	8
房山区	520.0	103.6	50193.05	10	9
丰台区	1091.6	230.0	47460.87	7	10
密云县	211.9	47.8	44330.54	13	11
门头沟区	133.8	30.6	43725.49	15	12
平谷区	183.4	42.3	43356.97	14	13
通州区	548.9	135.6	40479.35	9	14
昌平区	611.1	190.8	32028.3	8	15
延庆县	100	31.6	31645.57	16	16
北京全市	21330.8	2151.6	99995		

图表说明：上表各区县的2014年GDP、常住人口数据及北京全市数据均来自于互联网公开报道，其他数据为计算后所得。

数据来源：北京国际城市发展研究院根据官方公开报道整理

城市管理体制机制亟须完善

党的十八届三中全会高度关注城市管理工作，首次将城市管理问题写入中央重大文件，提出了“深化行政执法体制改革，理顺城管执法体制，提高执法和服务水平”等要求，为城市管理事业的发展明确了方向。

西城区作为超大城市的核心区，城市现代化程度高，大规模的城市建设已经完成，进入城市运行管理阶段。多年来，西城区在城市精细化管理和环境建设中财力、人力、物力投入巨大，区内各部门和街道在城市管理中进行了大量的实践与探索，取得了很好的成绩，积累了很好的经验。然而也有一些城市管理的“疑难杂症”久治不绝，必须通过体制机制改革才能解决。这些问题主要体现在四个方面：

一是对长期存在的城市“疾痼顽症”依然缺乏根治对策。如僵尸车、露天烧烤、废弃物暴露垃圾等环境秩序类问题，地下人防出租、群租房等管理类问题，违法建设、违法游商、私装地锁等执法类问题，城中村边角地、旱厕、断头路、架空线等建设类问题，养老助残资源、失管小区等资源政策类问题。其中有些问题往往需要通过借助大事件、专项整治才能集中解决，有的事后依然会死灰复燃。在一定程度上具有大事件管理、应急式管理和突击式管理的特征。二是城市管理水平参差不齐，背街地带问题依然突出。背街胡同环境问题与主要大街形成反差，成为功能核心区城市管理的一个突出问题。街巷胡同环境是功能核心区环境管理的重要组成部分，也是环境治理的薄弱环节。由于基础设施和公共服务设施不足、空间狭隘、人口密度大、居住环境差，街巷胡同环境建设难度大。三是城市规划、建设管理衔接不够，基础设施和公共服务设施建设不足，带来后续大量环境问题。比如环卫设施不完善，停车设施不足，道路公共服务设施短缺，生活服务设施规划不足以及道路破损、断头路等问题，直接带来环境脏乱、秩序混乱等问题。特别是在老旧小区、无主管小区，由于空间狭小，基础设施和公共服务设施老旧，维修困难，影响了小区及周边整体环境建设。四是城市管理缺乏精品和高端形态，引领与带动作用不足。当前，西城区已经进入新的城市管理阶段。这一阶段城市管理的一个重要特征，是以城市管理的高端形态和精品作为城市管理的参照系，形成城市管理的梯度发展格局，创造城市管理自我激励的载体，发挥示范、引领、带动效应，形成区域城市管理的跟随效应。但是，城市管理的高端形态和精品不多，与西城区的城市定位、基础条件和管理投入不相称。城市管理实践的研究与探索处于比较分散的状态，全区城市管理研究协同效应不够。

此外，新时期北京城市转型发展对核心区的城市管理提出了新的更高的要求，必须进一步完善城市管理体制机制。主要要求体现在四个方面：

一是北京建设国际一流和谐宜居之都要求城市管理水平全面升级。"国际一流的和谐宜居之都"的总目标为首都建设与管理指明了方向，这就要求西城区的城市建设与管理要以世界先进城市为参照系，以国际一流城市标准为目标；要求西城区形成适度超前、相互衔接、满足未来需求的城市功能体系；要求西城区体现开放包容的城市气质，彰显现代化的城市风采。二是城市功能核心区建设要求城市管理服务保障能力全面提升。首都核心区的独特地位要求西城区以坚定的政治立场和高度敏感的责任心，在维护首都和谐稳定与顺畅运行中树立起更高的标准，担负起更重的责任；要求西城区以精细化城市管理作为提升服务中央、服务首都的巨大推动力，实现功能核心区"环境要优美、人口要调控、服务要优质、发展要持续"的目标。三是治理首都"大城市病"要求建立源头治理、综合治理、系统治理的治理体系。西城区人口的过快无序增长造成资源环境压力大，城市运行成本高，公共服务和城市管理任务重。治理“城市病”，要适应城市发展变化的新形势新要求，通过创新完善城市管理的体制机制，实施精细化管理，建立健全具有首都特点的特大城市治理体系。四是人民群众对美好生活的期待要求城市环境更加美好、公共服务更加完善。由此可见，传统的城市管理手段和方式远远不能满足现代城市管理的要求，通过体制机制改革提升城市管理水平成为当前西城区城市发展的必然要求。

社会建设存在五大薄弱环节

《中国社会建设蓝皮书 · 北京社会建设报告2013》显示，北京社会建设总指数为91.74分，列全国之首，西城区名列北京市各区县第一。虽然西城区在社会建设方面取得了一定的成就，但是从体制机制看，西城区在社会建设方面还存在很多薄弱环节，其中有许多是共性问题。

一是社会建设领域政府与社会的职能边界模糊。由于实践的复杂性、差异性以及现实中的诸多无奈，政府与社会的职能边界在实践中复杂而又模糊。第一，原本必须由政府履行的职能，因政府执行不力、能力不足而没有尽到责任，甚至社会成为行使这些职能的主体；第二，混淆了政府与社会履行职能的方式，政府将监管责任和具体落实责任一肩挑；第三，政府职能无限延伸，侵蚀了社会自治，甚至变为群众的负担；第四，表面上将微观领域的管理和服务职能转移给了社会，但由于没有“费随事转”，反而加重了社会负担，让原本属于社会自治范畴的组织无偿承担政府的职能。

二是公众参与社会建设程度较低。坚持人民的主体地位，核心是实现“民有、民治、民享”，社会建设应该体现人民的意志、维护人民的利益，真正为老百姓办事。因此，在加强社会建设的过程中，必须高度重视公众参与这一基础问题，采取有效措施激发社会主体活力，充分调动公众力量参与社会建设，努力开创社会和谐人人有责、和谐社会人人共享的生动局面。在区、街层面，公共决策如何向公民开放，公民参与如何制度化，民主监督如何真正实现，这些问题需要深入研究。

三是公共服务体系不够完善。第一，街道、社区提供公共服务的对象一般是户籍人口，有一部分也涉及居住在辖区的外来人口，但很少能够覆盖到工作在本区、户口和居住都不在辖区的人口；第二，尽管“访听解”已经成为西城区政府与群众联系的制度性通道，但居民到底需要哪些服务，怎样提供这些服务，仍然是一个需要探讨的问题；第三，公共服务中各个责任主体的职责边界并不十分清楚，这些问题既需要管理者明确，也应该让老百姓知道，否则供需都会错位。第四，对于老旧小区而言，特别是功能定位、发展方向、开发时序不太明确的平房区、棚户区、危改区，教育、文化、卫生等公共服务设施普遍不足，规划建设滞后。

四是医疗改革进入深水区。第一，医改相关配套政策不完善；第二，医改相关工作人员对医改的认识不统一；第三，医联体的运行机制较为松散，规模需要逐步扩大；第四，信息化建设滞后，区域内各医疗卫生机构的信息化程度参差不齐，各医疗机构信息系统不能相互兼容，机构间不能互联互通，各医疗卫生机构之间协作不足；第五，社区卫生改革运行机制和服务模式亟待改进。

五是教育改革还需进一步推进。作为首都功能核心区，西城区始终坚持“办好人民满意的教育”，教育水平处于全国领先地位。但是，在进一步推进教育改革的过程中，西城区也面临一些问题。第一，尽管公办学校教师在工资待遇等方面的差距进一步缩小，但校与校之间的教师待遇还是会有差别，造成教师轮岗的积极性受到打压；第二，校长队伍人才不足，西城名校多，一些学校在老校长的带领下取得了相当辉煌的成绩，因而在老校长退休后，如何保持甚至超越前任校长的办学成果成了新任校长的最大压力；第三，教师激励机制有待完善，西城区教师激励机制与朝阳、海淀等相比还存在一定的差距，工资在全市也处于中等偏下的水平，严重影响了教师队伍的建设与发展。

首都处在反恐斗争的最前沿

当前，我国正处于发展关键期、改革攻坚期、矛盾凸显期，许多经济社会问题相互叠加，既得利益集团的阻力、人民内部矛盾和其他矛盾相互交织，国内问题和国际问题相互传导，境内外敌对势力加紧对我国进行意识形态攻势，我国面临的反渗透、反分裂、反颠覆斗争尖锐复杂。

在意识形态领域斗争方面，西方反华势力借经济全球化和全球网络化深入发展之机，加紧意识形态渗透，不断对我国实施和平演变，阻挠我国和平发展和民主进程。比如香港特区立法会的少数议员顽固坚持与中央对抗的立场，诋毁全国人大常委会的有关决定，极力阻挠行政长官普选法案通过，致使香港民主发展进程止步不前；在反分裂斗争方面，影响台海局势稳定的根源并未消除，“台独”分裂势力仍然存在，达赖集团加紧在国际国内进行分裂活动，境内外“三股势力”不断加紧渗透和破坏。

2013 年北京市“10 · 28”暴力恐怖袭击案件发出警示，首都是恐怖活动的首选地，处在反恐工作的最前沿。首都稳，全国稳，维护首都和谐稳定，始终是重大的政治责任。

从维护稳定的职责看，西城区作为国家政治中心的主要载体，担负着维护区域安全稳定和城市运行保障的特殊职责，特别是当前影响社会稳定的因素复杂，各类社会矛盾仍处于多发态势，对工作方法、管理水平提出了很高的要求，必须把维护首都安全稳定作为第一位的政治责任，以高度的政治敏锐性和鉴别力做深做细维稳各项工作。

如何确保首都安全稳定，以严之又严、细之又细的工作措施，认真落实各项工作责任，是摆在西城面前的重大政治课题。

西城区全面深化改革要处理好“四个矛盾”

人口过度集中与城市承载力的矛盾

城市承载力是一种城市要素与人类活动相适应的能力。具体表现为城市的自然资源、生态环境、基础设施、就业岗位和公共服务对城市人口及其经济社会活动的承载能力。在西城区，人口与城市承载力问题不容乐观。

西城区面积50.7平方公里，2014年常住人口130.2万人（见表3），户籍人口142.5万人，人口密度为25680人／平方公里，是北京市人口最稠密的区域。西城人口发展面临总量矛盾和分布矛盾两个突出矛盾，这也是北京市所面临的矛盾。

表3：西城区2010—2014年人口统计

年份	常住人口		常住外来人口		户籍人口	
	数量（万人）	增长率（%）	数量（万人）	增长率（%）	数量（万人）	增长率（%）
2010	162.2	2.2	——	——	134	1.1
2011	150.5	−7.2	——	——	135.9	1.4
2012	128.7	1.2	33.3	——	138	1.5
2013	130.3	1.2	34.4	3.3	140.3	1.7
2014	130.2	−0.1	32.8	4.7	142.5	1.5

数据来源：北京市西城区统计信息网

总量矛盾是人口总量与资源、环境约束的矛盾。据《京华时报》有关报道，到2012年北京常住人口总量已经超过2069万。但以“城市建设用地”与“可利用总水量”为硬约束条件下，北京人口的承载力应在1500万－1600万人之间 。西城区作为北京的中心城区，人口密度居北京首位，承载力超限状况更为严重。如果算上金融街功能区、传统批发业态和发达的公共医疗资源等吸引的大量的流动人口，人口总量和承载力矛盾已经十分突出。

人口密度过高是西城区人口发展面临的主要问题，影响着百姓生活质量的提高。以居住条件为例，根据第六次人口普查数据分析，西城区的居住面积为2853万平方米，户均居住面积42平方米，人均居住面积22.72平方米，低于北京市人均居住面积29.28平方米的平均水平。西城区有26.5万户家庭居住在20平方米以内的住房中，也即西城区38.9%的家庭住房不足20平方米；以每户2.46人的平均家庭规模算，这些家庭人均居住面积不足8平方米。从空间分布看，西城区什刹海街道、金融街街道、西长安街街道、展览路街道、广安门内街道、大栅栏街道等中心区户均居住面积低于20平方米的人口数量较多。如按照户均居住面积作为衡量居住条件的标准，则大栅栏街道、什刹海街道、西长安街街道这三个街道是西城区居住条件最差的，全街道户均居住面积不足30平方米。这部分居民除了少数是“筒子楼”住户外，大多数是平房的居民。在西城区土地资源紧张的情况下，借助棚户区改造的东风解决这些人的住房问题是当务之急。

分布矛盾是人口分布与社会管理、公共服务、基础设施不匹配所形成的矛盾。从总体上看，西城区人口密度过高，引发了交通拥堵、环境恶化等问题。但从西城区内部看，存在不均衡现象。西城区的分布矛盾与经济功能区分布息息相关。西城核心功能区的金融业、高端商务业、高端服务业所在的地区常住人口和居住人口都较少，以工作人口为主的流动人口较多。而低端业态所在地常住人口比较多，社会管理难度较大，公共服务、基础设施相对较弱。

人口分布变动的主要原因是，城市核心区土地价格较高，居住土地极度萎缩，导致中心城区土地严重商业化，人口居住成本过高。一般只有高附加值的金融、商贸和企业总部等才能支付高额的土地租金，所以城市核心区一般以企业总部、金融服务业等为主。这些产业一般都属于知识密集产业，所需就业人口比制造业和一般商贸业要少，这也导致城区核心区域常住人口较少。低端业态多属于劳动密集型产业，创造了大量的就业岗位，所以低端服务业所在地人口比较密集。例如，展览路街道的动物园批发市场、广外街道的茶叶城等地区，以低端的商贸批发服务业为主，居住的人口中外来人口多，居民区十分密集。因此，人口控制势在必行。

人口调控与经济发展的矛盾

经济的稳定增长是保证政府财政收入、实现城市功能的基本条件。鉴于资源环境的不可再生性，解决人口资源环境矛盾、实现城市可持续发展的最有效办法就是控制和减少人口。然而人口控制是把双刃剑，一方面可以减少城市承载力面临的压力，另一方面又会因人口的疏解影响到经济社会的发展。因此，处理好人口控制和经济发展的关系十分重要。

在人口控制治理中，除了常住人口数量增长的控制，更多的是对流动人口的疏解。事实上，流动人口早已经成为北京从业劳动力的主要构成部分。据有关研究表示，“北京、上海等地每年由于人口净流入导致的 GDP 增长可能达 2 个百分点，使得其 GDP 增速仍能达到 7% 左右。”中国人民大学社会与人口学院副院长段成荣表示，人口流动对 GDP 贡献显著，“测算显示，改革开放以来到 2012 年左右，由于人口流动与生产要素等结合，流动人口因素对全国 GDP 的贡献率在

23% 左右。” 北京市经济发展需要外来流动人口，而北京市人口调控的目标之一又是控制人口规模，这确实是一个矛盾。处理好人口控制和经济发展的关系十分重要。

北京社科院副研究员罗瑞芳指出，北京的人口调控政策首先应当在坚持以公平正义的态度对待在京的各类群体的基础上进行，不能以个别群体的利益牺牲其他群体的利益，更不能维持和固化不正当的既得利益；其次，公平正义基础上的人口调控并不意味着绝对相同地对待每个人，更不意味着每个人拥有绝对的自由和权利，而是要求以明确的、清晰的政策实现合乎社会福祉的目标，在维护整体社会共同利益、增进社会福祉的考虑下对人们的自由和权利做出合理的限制；再次，人口调控的政策和措施必须在正当程序、公共商谈的基础上取得牢固的正当性。由此可见，人口控制任重道远。

属地化管理和权属界定之间的矛盾

当前，我国正处于快速城市化的阶段，伴随着城市规模的扩大和实力的增强，城市病也如影随形、日益突出。具体表现为人口集聚、资源紧张、环境污染、交通拥堵、房价居高不下、公共产品及服务短缺等突出的“大城市病”问题。“大城市病”已成为城市进一步发展的硬约束，决定着城市的未来和发展质量。造成“大城市病”问题与城市“摊大饼”的发展模式有关，但最主要的原因是首都的特殊地位所引发的“虹吸效应”。

作为国家首都，北京具有“中央资源富集”“智力人才密集”“创新资源聚集”的特征。聚集着大量的国家机关、中央企事业单位和军队等国家机构以及教育、医疗等公共服务资源，也是北京市行政机构和外省市驻京机构聚集地。这些优质资源带有很强的“虹吸效应”，这些机构本身会吸引许多人口落户北京，同时也吸引许多流动人口集聚北京，在带来了丰富的物流、人流和信息流，形成大量的消费需求的同时，也加剧了北京人口的总量矛盾和分布矛盾，加重了“大城市病”问题。作为全国政治中心的主要承载区，西城区是基层政府，按照属地管理履行“四个服务”职责，一方面需要完成人口调控、功能疏解的攻坚任务，另一方面对国家机关、中央市属企事业单位、教育医疗机构、军队等单位的人口迁入、功能疏解等行为缺乏有效约束。在有序疏解非首都功能的问题上，就表现得特别明显。以动批疏解为例，动批 12 个市场的产权单位均为中央和市属单位，西城区显然缺少统筹力度。由此可见，有序疏解非首都功能属于首都治理范畴，离不开中央政府、地方政府的支持和推动。中央的非首都功能需要由中央来疏解，国家的非首都功能需要由国家来疏解，北京市的非首都功能需要由北京市来疏解，属于西城区的非首都功能则由西城区来疏解。因此，必须处理好属地管理与中央、北京市的权属关系，只有明晰属地化管理与上级的权属关系，才有可能把人口控制和功能疏解问题解决好。

保护历史文化与改善居住环境的矛盾

北京是一个保有古都风貌的现代化大城市，传承保护好这份宝贵的历史文化遗产是首都的职责。西城区是古都风貌和历史文化的承载区，是文物大区。历史传承悠久，文化底蕴深厚。西城区现有历史文化保护区 18 片（见表 4），其中 14 片位于旧城的内城，4 片位于旧城的外城，历史文化保护区总面积约 10 平方公里，占北京旧城 33 片历史文化保护区总面积的 50%，占西城区面积的 20%。另外，西城区平房区住宅占全区面积的 14.31%，许多平房区与文保区连片交织在一起。资料显示，西城区共有国家级、市级、区级文物保护单位 181 处；另有文物普查登记单位 178 个、挂牌院落 245 个；有国家级非物质文化遗产 24 项，市、区级非物质文化遗产 65 项。

表 4：西城区 18 片历史文化保护区名录

序号	历史文化保护区	序号	历史文化保护区
1	皇城区	2	南长街
3	西华门大街	4	北长街
5	文津街	6	景山前街
7	景山西街	8	陟山门街
9	景山后街	10	地安门大街
11	什刹海历史文化保护区	12	阜成门内历史文化保护区
13	西四北头条到八条历史文化保护区	14	南闹市口历史文化保护区
15	大栅栏历史文化保护区	16	东琉璃厂历史文化保护区
17	西琉璃厂历史文化保护区	18	法源寺历史文化保护区

图表说明：根据西城区《“十二五”时期历史文化保护区保护与发展规划》，西城区着力打造“一带六区多点”的历史文化保护区空间保护格局。“一带”指的是包括朝阜大街在内的北京中轴线西翼特色文化带；“六区”即皇城保护区、什刹海历史文化保护区、阜成门内历史文化保护区、大栅栏及东西琉璃厂历史文化保护区、法源寺历史文化保护区和南闹市口文保区。“多点”是指分布在文保区内外的历史文化街区或场所，主要包括烟袋斜街、白塔寺、北海景山、西四北一至八条、大栅栏、琉璃厂、天桥、天宁寺、报国寺等。西城区重点以烟袋斜街、杨梅竹斜街、白塔寺、法源寺起步区为试点，探索整体保护，带动历史文化保护区的文物保护修缮、人口疏解对接安置、综合环境整治与市政基础设施的改造，重点打造皇城保护区、什刹海历史文化保护区等六片整体文保区域。

资料来源：根据西城区《“十二五”时期历史文化保护区保护与发展规划》有关资料整理

目前西城区的181处三级以上文保单位和178处普查登记单位中，有约一半处于居民大杂院等环境中，许多居民还居住在这些老房子里，使得文物遗存得不到有效保护。与此同时，这些地区的市政设施和公共服务较为落后，居民的居住环境也得不到改善。老旧平房多、老年人口多、流动人口多、五小门店多是文保区的普遍特点，私搭乱建、环境卫生、城市管理、社会治安、消防安全也是较普遍的问题。在老旧平房区，许多房舍都是砖木结构，供电系统老化，超负荷用电引起电线着火的险情时有发生。由于街巷狭窄，消防安全面临严重威胁。市政及卫生设施严重不足，造成经常断水断电，垃圾污水得不到有效的处理。有些地区黑三轮、黑导游屡禁不绝，社会治安案件频发。文化保护和居住改善的矛盾较为突出，使文保区陷入文物保护难和人居环境差的两难境地。

处理好文化名城保护与居民生活条件改善的关系，关键是处理好历史文化和现实生活、保护和利用的关系。该修则修，该用则用，该建则建，做到城市保护和有机更新相衔接。对此，西城区的思路和做法是：将历史文化保护区纳入平房院落修缮项目，此类项目严禁大拆大建，只能通过疏散、修缮、改善等方式实施改造。对于影响风貌、私搭乱建严重的，将通过棚户区改造方式实施，推进中心城区人口疏解和历史街区保护。人口疏解与文物腾退、房屋解危排险、公共设施配套建设、市政基础设施建设相结合，采取征收与协商腾退相结合的方式进行，鼓励居民适度外迁。对位于文保区内的住户，主要通过“交易腾退”模式实施，采取自愿外迁、就近平移、引导改造提升、产权人自行修缮等多种方式实施。

目前，西城区文保区腾退改造中还存在很多难点。一是历史文化街区范围内，按照“小规模渐进式”、平等协商、自愿腾退的原则实施，由于腾退政策建立在完全自愿的基础上，部分居民又对生活条件改善期望值过高，影响腾退类项目进展。二是由于旧城渐进式改造投入大、周期长、回报低，也影响了企业参与的积极性。三是商业银行对历史文化街区项目的批贷要求和商业开发项目一样，需有明确的还款来源及还款时间保障，按照小规模渐进式实施的历史文化街区项目基本无法满足该要求。四是有吸引力的外迁安置房源不足，外迁居民多样化的安置需求与较为单一的安置方式之间存在矛盾。五是历史文化名城保护需要投入大量公益性资金，特别是旧城风貌保护、房屋修缮、市政设施改善、人口疏解等资金需求量巨大，目前的投融资模式难以满足资金需求。

事实上，历史文化名城保护中，人口疏解难度较大、人居环境有待改善仍然是核心区面临的重大问题，如何解决好文保区历史文化和现实生活、文物保护和合理利用、城市管理和安全保障、社会管理和公共服务等问题是个迫切而严峻的课题，目前还没有真正破题。历史文化名城保护需要新思路。

西城区全面深化改革精神资源优势

深化改革与“首都意识”

作为首都，北京市各方面工作具有代表性、指向性，一举一动展现着国家形象，一招一式引领着国家发展。作为首都核心区，西城区推进全面深化改革工作必须始终坚持首都意识、首创精神、首善标准，牢牢把握好改革的方向、目标和要求，体现出核心区的责任与担当。

20 多年前，在探讨首都的城市性质和特点时，北京市提出在全社会树立“首都意识”。所谓“首都意识”，是指人们在思想认识上对祖国首都的地位、性质、功能、特点、资源条件及其对主体自身行为要求的科学理解和把握，包括对北京市的基本市情、独特的资源优势和首都工作的特点规律等的基本认识。“首都意识”的内涵十分丰富。从西城区的实践看，应该起码具备以下六种意识。

一是首都大局意识。即政治意识、“红墙意识”。就是中央方针政策、市委决策部署能够不折不扣落地生根。北京不仅是北京人的北京，而且是全国人民的首都。建设和管理好首都，是国家治理体系和治理能力现代化的重要内容。坚持大局意识，首要的就是向中央要求看齐。对北京而言，必须更讲政治、顾全大局，带头维护中央的权威，自觉服从服务于全党全国工作大局，保证中央的决策和部署在北京畅通无阻，确保政治稳定和社会安定，使北京成为贯彻执行中央的大政方针和决策部署的表率。

二是首都服务意识。必须竭尽全力搞好“四个服务”，这是中央赋予北京市的重大政治责任，也是由首都作为党政军首脑机关所在地这种特殊的地位所决定的。服务意味着责任，服务蕴含着发展。在全面理解和贯彻落实“四个服务”指示的同时，要正确处理好“服务”与发展的关系，在搞好服务的同时，要善于利用“四个服务”所提供的广阔空间和发展机遇，以服务引领发展，加快北京的前进步伐。

三是首都效率意识。首都是国家的中枢，是中国经济金融的决策中心和管理中心。北京作为中枢功能承载区和地方一级政府，信息灵、人才多、资源丰，优势十分明显，在政策贯彻落实中必须将效率和效果作为检验工作的标准，发挥先行先试、实验示范的作用，起到执行坚决、立竿见影的效果。因此，在北京市各级党政机关和领导干部当中，树立讲效率的意识具有重要意义。

四是首都创新意识。稳定对首都来讲始终是第一位的、压倒一切的政治任务，也是发展的基础。稳定是为了发展，发展必须依靠创新，因此，切不可以稳定为由来回避创新。相反，发展和建设中遇到的许多问题，影响社会稳定的诸多因素，都需要用改革的精神、发展的办法、创新的思路来解决。因此，要不断推进体制创新、制度创新、科技创新以及其他方面的创新，以创新求稳定，在创新中发展，实现发展创新与稳定的统一。

五是首都开放意识。北京是中国的首都、中央直辖市、中国国家中心城市，是“四个中心”的所在地，是中国形象、中国文化、中国实力、中国魅力的代表者，是建设美丽中国、实现中国梦的重要舞台。北京要构建国际一流和谐宜居之都，就必须立足全国、放眼世界，更好地统筹国内国际两个大局，进一步强化开放意识，打造开放平台，拓展开放空间，优化开放环境，提高开放水平，以海纳百川、兼收并蓄的博大胸怀，引进来、走出去，拥抱新技术、学习新经验，努力谱写首都开放带动、创新驱动的新篇章。

六是首都文明意识。首都历来是全国的首善之区。北京要按照“建首善、创一流”的要求办一切事情，努力成为大力发展先进文化的示范地区，成为全国社会秩序、社会治安最好，环境最清洁、最卫生、最优美，文化教育和科学技术最发达，社会风气、道德风尚、民主法治、市民素质最好的城市。

首都意识，蕴含着西城对首都工作特殊重要性的理解，蕴含着北京的工作职责和标准。西城的实践已经并将继续证明，牢固树立首都意识，是各级领导干部把握北京市工作规律和特点的前提；不断强化首都意识，工作才能够体现时代性，把握规律性，富于创造性，才能履行好“四个服务”的职能。

“首善之区”固有“首善标准”

“首善”的提法最早见于《汉书·儒林传序》，“故教化之行也，建首善京师始。”就是说，要教化全国，必自京师开始，京师应该是第一好的地方，成为各地之楷模。这是古人的一个重要教化思想。“建首善自京师始”作为一个有益有用的治国理念，一直流传下来，而且为后人所乐道。所以，直至今天仍作为首都北京各项工作的标准。

从某种意义上说，北京的发展，与“首善”的要求和标准密切相关。北京一直把“首善”作为精神坐标，以“首善”来标定决策理念、制度标准、城市精神、措施办法的独特方位，更以“首善”来彰显其国际一流、和谐宜居目标的独特气质。作为首都核心区，西城是“首善”示范区，已成为各地的“参照系”。“首善”标准主要包括四大内涵：

一是要建设具有较强影响力的高端经济首善区。坚持首都经济发展方向，紧密围绕产业发展的高端化、服务化、集聚化、融合化、低碳化，着力以技术创新引领产业转型升级、高端发展。强化政策引导，调整构建“高精尖”经济结构，做好经济结构调整的加减乘除法，优化三次产业内部结构，大力发展服务经济、知识经济、绿色经济，建立科学合理的现代产业体系，深化国有企业改革，加快形成创新引领、技术密集、价值高端的经济结构，不断提升地区发展活力。

二是要创建特色鲜明的先进文化首善区。加强社会主义核心价值体系建设，大力践行“北京精神”，深化文明城区创建成果，加强公共文化服务，全面推进社会诚信体系建设，提升社会文明程度。深化文化体制改革，发挥文化创意产业集聚区和文化功能区的优势，加快国家级文化和科技融合示范基地建设，激发文化发展活力。加强历史文化名城保护，推进旧城功能优化和人口疏解，着力打造政治文化中心功能承载区、历史文化名城魅力展示区。

三是要打造舒适宜居的精品城市首善区。坚持高起点规划、高品质建设、高效能管理，进一步加强基础设施建设，健全城市管理体系，完善城市服务功能，提升城市品质和发展水平。以国际化的视野、高标准的服务，加快推进城市国际化进程，形成资源互通互融、文明多元包容的开放格局。

四是要构建群众满意认同的和谐社会首善区。加强公共服务能力建设，努力提高民生保障水平，大力推进社会公平，不断增强群众的满意度和幸福感。深化社会治理体制改革，积极推进和谐社区建设，营造安定团结的社会环境。坚持共驻共建共享，充分依靠全社会力量，形成推动发展的强大合力。

西城区明确提出，要在首都发展中争当首善、在各项工作中争创一流，在北京建设国际一流和谐宜居之都中更好地发挥首都功能核心区的作用。正是由于坚持首善标准，西城区的许多工作在首都发展中走在前列。

首都改革不乏首创精神

全面深化改革必须以人民群众的实践创造为先导，必须充分发挥人民群众的首创精神。在新的历史条件下，切实尊重和发挥群众首创精神，及时总结和提炼群众创造出来、经过实验检验的成功经验，是推进全面深化改革的根本指导方针。西城区立足区域功能定位与资源优势，争科学发展之先，创和谐社会之优，加快形成全社会创新活力迸发的生动局面，以改革创新精神推动区域科学发展。其首创精神体现在方方面面。

在党的建设方面，坚持以改革创新精神推进党的执政能力建设和先进性建设，总揽全局、协调各方，不断增强应对复杂局面的能力。大力推进基层党建工作创新，扩大党组织覆盖面，基层党组织创造力、凝聚力和战斗力不断增强。积极推进党代表任期制，党内民主进一步扩大。以创建“全国社会组织建设创新示范区”为契机，实现社会组织党的工作全覆盖。从区级、街道、社区三个层面推进区域化党建工作，深化“非公有制企业党建活力工程”，基层党组织服务群众、凝聚群众的作用更加突出。

在经济建设方面，金融街、德胜科技园、广安产业园、西单现代商业区、什刹海地区、大栅栏、琉璃厂、马连道等众多的发展平台集聚能量，使西城区基本形成了以金融业为核心，以高新技术产业、文化创意产业、商贸和旅游业为重点的现代产业体系，区域经济迸发出强大的活力。在推进手段上，面对宏观经济下行压力，强化以重大项目引领发展的思路，按照“组团规划、统筹联动、板块发展”的要求，建立了“7+2”工作机制，形成统筹推动重点功能区和重大项目建设的合力。

在文化建设方面，以保护重点文物、重要文脉为核心，融风貌保护与旧城改造为一体，大力推进杨梅竹斜街和白塔寺等历史文化保护区试点工作，创新旧城保护机制，完善人口疏解政策，实现古都风貌与现代文明的协调统一。把社会主义核心价值体系融入精神文明建设全过程，深入践行“北京精神”，加强社会公德、职业道德、家庭美德、个人品德教育，完善文明城区建设长效机制，在全社会形成积极向上的精神追求和健康文明的生活方式。

在社会治理方面，切实加强社会服务管理创新，加快形成“党委领导、政府负责、社会协同、公众参与、法制保障”的社会管理体制。不断加大资金投入力度，着力保障和改善民生，努力让全区人民学有所教、劳有所得、病有所医、老有所养、住有所居。同时，大力加强社会服务管理体系建设，率先推广全面感知、快速传达、积极响应的“全响应”社会服务管理模式，形成了政民互动、部门联动、有求必应、社会协同的工作机制，实现了城市管理、社会服务、治安维稳、行政服务的有效统筹。开展“访民情、听民意、解民难”活动，推动居民诉求“一事一议”转化为长效机制。

此外，尊重人民群众首创精神不仅体现在基层实践中，还要固化于全面深化改革的顶层设计中。顶层设计要从人民群众的实践创造和发展要求中提出并完善政策主张，在局部的阶段性改革的基础上大胆实践和创新。要充分尊重人民群众的探索和创新，鼓励基层大胆试验，积累经验，逐步推进。只有人民群众主动参与、基层认同的顶层设计方案才能得到人民群众和基层的拥护和支持，进而形成推动改革的强大社会力量。

目前，西城区已经将坚持“首都意识”“首善标准”“首创精神”写入全面深化改革实施意见，成为西城区深化改革独有的精神资源优势和基本遵循。

围绕首都功能核心区特点谋划改革布局

作为首都功能核心区，西城区深化改革必须把握改革大趋势，谋划改革大格局，改革工作要紧紧围绕功能调整和疏解来展开，要在首都“四个中心”的定位中率先取得新突破，通过深化改革不断强化提升首都功能，有序疏解非首都功能。

四个视角把握改革大趋势

首都功能核心区视角

2005年5月，北京市委、市政府出台了《关于区县功能定位及评价指标的指导意见》，率先探索实行了区县功能定位和区域开发建设的分类指导。将北京市划分为首都功能核心区、城市功能拓展区、城市发展新区、生态涵养发展区。其中，首都功能核心区主要包括东城区和西城区。按照2012年7月颁布的《北京市主体功能区规划》，首都功能核心区的发展定位是首都“四个服务”（即“为中央党、政、军领导机关的工作服务，为国家的国际交往服务，为科技和教育发展服务，为改善人民群众生活服务”）职能的主要承载区；是元明清三朝都城遗址主体所在地，历史文化遗产分布的核心地，古都历史文化风貌的集中展示区；是文化旅游和公共文化服务集中分布区；是金融机构、总部企业聚集地，国家金融管理核心区 。

首都功能核心区是北京市开发强度最高的完全城市化地区，主体功能是优化开发，同时也要保护区域内禁止开发区域，适度限制与核心区不匹配的相关功能。近年来，首都功能核心区“四个服务”功能、历史文化传承功能、国家金融管理中心功能都得到很好发挥。就西城区而言，服务中央党政军群领导机关和国家重大政治活动的能力得到不断巩固和提升，历史文化资源得到有效保护和充分挖掘，国家金融管理中心地位得到进一步巩固，形成具有较强国际竞争力的金融产业集群，金融服务业增加值占全市的比重进一步提高。但与此同时，西城区的开发建设强度、人口密度已经顶破“天花板”。因此，西城区必然由适度限制与核心区不匹配的相关功能向疏解与核心区不匹配的相关功能转变，按照《京津冀协同发展规划纲要》控制总量、限制增量、疏解存量的要求，有序疏解非首都功能，西城区首当其冲。

作为首都功能核心区，西城区既是北京“四个服务”示范区，也是首都“四个中心”的重要承载区。北京城市战略定位和发展模式的调整，意味着西城区必须在首都功能新定位下找准自身的定位。做好功能定位研究，需要做大量扎实的工作。其中最基础、最重要的工作就是对西城区承载的城市功能进行梳理：比如哪些是首都功能，哪些是非首都功能？哪些功能是主导功能，哪些功能是辅助功能？哪些是支撑核心功能的产业和设施、项目，哪些属于非首都功能的产业和设施、项目？哪些服务和功能需要强化，哪些产业和功能需要疏解？哪些疏解任务要靠自己完成，哪些疏解任务需要上级协调？此外，还要研究解决“往哪疏解、谁来疏解、怎么疏解”等问题，特别是哪些事由中央政府统筹，哪些事由京津冀地方政府统筹，哪些事要由西城区政府自己统筹等，需要加强研究，列出具体清单，拿出具体建议。

城市功能调整的背后是利益格局的调整，这是西城转型面临的另一大挑战。西城区的城市功能背后是中央、国家部委、军队、企业总部、本地市民和外来人口等多方的利益，因此，西城区必须妥善处理好与中央、北京市的关系，处理好政府与市场的关系，尊重经济规律和市场规律，准确把握功能核心区的发展规律，重新思考区域的核心定位，通过深化改革不断强化提升首都功能、有序疏解非首都功能。

特大城市中心城区视角

国务院2014年11月20日发布的《关于调整城市规模划分标准的通知》规定，以城区常住人口为统计口径，将100万以上500万以下的城市划分为大城市，500万以上1000万以下的城市划分为特大城市。根据第六次人口普查公报，北京市仅中心城区的人口数量就远远超过了1000万，不包括卫星城和新区，按照这个新标准，北京已经跨越特大城市，进入“超大城市”行列。

城市中心区是一个综合的概念，是城市结构的核心地区和城市功能的重要组成部分，是城市公共建筑和第三产业的集中地，为城市及城市所在区域集中提供经济、政治、文化、社会等活动设施和服务空间，并在空间特征上有别于城市其他地区，集中体现城市的社会经济发展水平和发展形态，承担经济运作和管理功能。城市中心区在本质上是一个功能混合的地区。西城区就是这样一个典型的特大城市中心城区。除了具有经济功能、文化功能、居住功能、社会功能、公共服务功能等城市基础功能之外，还具备一般特大城市中心城区无法比肩的独特优势。但与此同时，西城区也存在比一般特大城市中心城区更严重的“城市病”问题，同样也受限于特大城市发展的政策约束。

当前，特大城市正面临一系列的政策导向。一是优化经济功能。《国家新型城镇化规划（2014—2020年）》指出，“特大城市要适当疏散经济功能和其他功能”，“推进中心城区功能向1小时交通圈地区扩散”。这意味着，特大城市调整经济功能和产业布局、中心城区功能疏解已是不可逆的大趋势；二是城市开发受限。国土资源部2014年2月份发布的《关于强化管控落实最严格耕地保护制度的通知》指出，除生活用地及公共基础设施用地外，原则上不再安排特大城市中心城区新增建设用地。这表明中心城区城市建设的重心将放在改善居住环境和提升城市品质上；三是人口严格控制。2014年7月，国务院印发的《关于进一步推进户籍制度改革的意见》提出，特大城市人口规模要严格控制。

综上，西城区必须跳出西城区来谋划发展，按照有序疏解非首都功能，实现京津冀协同发展的部署，用改革的思维和方式解决制约特大城市中心区可持续发展的问题。

推进国家治理体系和治理能力现代化视角

十八届三中全会通过的《中共中央关于全面深化改革若干重大问题决定》提出，“全面深化改革的总目标是完善和发展中国特色社会主义制度，推进国家治理体系和治理能力现代化。”推进国家治理体系和治理能力的现代化，是中国特色社会主义现代化建设和政治发展的必然要求。习近平总书记在北京考察时强调，“建设和管理好首都，是国家治理体系和治理能力现代化的重要内容”。因此可见，作为首都功能核心区，西城区的建设和管理水平事关国家治理体系和治理能力现代化。所以，西城区的城市治理和改革发展必须站在推进国家治理体系和治理能力现代化的高度去认识。

对于国家治理体系和治理能力现代化，中央编译局副局长俞可平的认识较为权威。他指出，国家治理体系包括规范行政行为、市场行为和社会行为的一系列制度和程序，政府治理、市场治理和社会治理是现代国家治理体系中三个最重要的次级体系。而碎片化、短期行为、政出多门、部门主义和地方主义，是我国现行治理体制和公共政策的致命弱点，严重削弱了国家的治理能力。

俞可平教授认为，衡量一个国家的治理体系是否现代化，至少有五个标准：其一是制度化，公共权力运行的制度化和规范化，它要求政府治理、市场治理和社会治理有完善的制度安排和规范的公共秩序；其二是民主化，即公共治理和制度安排都必须保障主权在民或人民当家做主，所有公共政策要从根本上体现人民的意志和人民的主体地位；其三是法治化，即宪法和法律成为公共治理的最高权威，在法律面前人人平等，不允许任何组织和个人有超越法律的权力；其四是效率化，即国家治理体系应当有效维护社会稳定和社会秩序，有利于提高行政效率和经济效益；其五是协调化，现代国家治理体系是一个有机的制度系统，从中央到地方各个层级，从政府治理到社会治理，各种制度安排作为一个统一的整体相互协调、密不可分。

从以上分析可以看出，西城区在推进城市治理体系建设时，必须构建政府治理、市场治理和社会治理的次级治理体系。因此，要加强顶层设计，从总体上考虑和规划各个方面的改革方案，注重对中央和国家治理体制改革相关精神的学习和落实。同时加强对特大城市核心区城市治理体系和治理能力现代化的战略研究，分阶段制定各领域体制机制改革的路线图和任务表；还要总结街道社区体制机制改革创新经验，及时将优秀的治理创新做法上升为制度规范。同时结合西城区的具体区情，学习借鉴国内外其他城市政府治理、市场治理和社会治理的先进经验，不断提升城市治理能力和水平。

国际一流和谐宜居之都视角

国际一流体现城市发展品质。什么是国际一流，从字面上讲，国际一流是指一个事物的品质在某一方面达到国际领先水平。“国际一流”应具有以下内涵：一是共通的，具有可借鉴性。北京建设和谐宜居之都，要符合和谐宜居城市的基本理念，具备和谐宜居城市的基本功能，代表和谐宜居城市的发展方向，从这个角度来讲，北京的和谐宜居城市建设是高水准的，对其他城市具有可借鉴的意义和价值，同时与国际上一些世界城市、发达首都的建设标准具有一定的共通性。二是动态的，反映发展进程。国际一流的标准不是一成不变的，而是动态的、持续发展的状态，能够反映城市发展的过程。三是趋势性的，能够解决实际问题。北京建设国际一流的和谐宜居之都，不是空中楼阁，也不是凭空想象的，而是针对当前首都发展的实际，从解决问题、推动发展的角度入手，立足长远，真正将和谐宜居之都的建设与首都的长期发展战略有机联系在一起，通过和谐宜居之都建设来推动首都的全面健康持续发展。

和谐是城市发展的动力和模式。习近平总书记说，“中华文化崇尚和谐，中国‘和’文化源远流长，蕴涵着天人合一的宇宙观、协和万邦的国际观、和而不同的社会观、人心和善的道德观”。和谐是全体人民各得其所、各依其序、各尽其能的社会，是民主与法治相统一、公平与效率相统一、活力与秩序相统一、人与自然相统一的全面小康社会。在城市发展过程中，作为发展的内在要素，和谐具有“发展性”意义，主要表现在两个方面：一是和谐是一种可持续的、包容性和高效率的发展状态。二是和谐是一种有效的动力机制，能够使各种同一性矛盾相互协调，形成合力，促进发展。由此可见，和谐是城市发展的动力和模式，要更加注重城市发展动力的研究和安排。

宜居是城市功能的完善。宜居城市可以概括为经济、社会、文化、环境协调发展，居住环境良好，能够满足居民物质和精神生活需求，适宜人类工作、生活和居住的城市。宜居体现的是城市功能的完善，既包括市政基础设施和公共服务设施等硬条件，也包括生态环境、文化建设、公共服务、城市管理和社会治理等软环境。从宏观层面来看，宜居城市应该具备良好的城市大环境，包括自然生态环境、社会人文环境、人工建筑设施环境在内，是一个复杂的巨系统。从中观层面来看，宜居城市应该具备合理的规划设计、齐备的生活设施、优美的城市环境、精细的城市管理以及和谐亲切的社区环境。从微观层面来看，宜居城市应该具备单体建筑内部良好的居室环境，包括居住面积适宜、房屋结构合理、卫生设施先进，以及良好的通风、采光、隔音等功效。

因此，从这个视角看，西城区的国际一流和谐宜居体系建设目标可设定为社会和谐、发展持续、环境美好、服务优质、生活便利等方面。其中，社会和谐重在解决城市发展的包容性和均衡度问题，发展持续重在解决城市发展模式和竞争力问题，环境友好重在解决城市的资源环境承载力问题，服务优质重在解决“四个服务”职能支撑体系和能力问题，生活便利重在解决城市生活服务圈和居民满意度问题。

四个谋划确立改革大格局

在推进京津冀协同发展中谋划

西城区是北京人口密度最高、空间资源最为稀缺、“大城市病”问题最为严重的城区之一，人口资源环境矛盾更加突出，转型发展尤为迫切。解决西城区的可持续发展问题，必须在京津冀协同发展的战略框架下谋划。

有序疏解非首都功能，调整和优化城市功能布局，是京津冀协同发展的首要任务和重中之重的工作，也是北京市转型发展的先手棋、重头戏。作为首都功能体现最为集中的区域，西城区也是非首都功能疏解的重点地区。西城区商贸服务业发达、教育医疗等公共服务资源密集、中央国家机关和北京市行政事业机构集聚，按照北京市提出的疏解一批制造业、一批服务业，一批教育功能、一批医疗卫生功能和一批行政事业单位的计划，分布在西城区的一些专业市场、中职院校、医疗机构和行政性、事业性服务机构等都在疏解之列。根据《京津冀协同发展规划纲要》，部分军队、总部企业也在疏解之列。疏解这些非首都功能，有助于西城区经济结构调整和城市功能优化，有助于降低人口密度和减缓城市管理压力、改善发展环境，提升“四个服务”保障能力，对探索特大城市核心区的城市治理模式有重要的促进作用。

发挥“优质资源＋”作用，推进区域互利共赢协同发展。西城区最鲜明的资源特征就是政务资源层级高、中央资产比重大、高端优质资源非常丰富，特别是大量的金融、资金、人才、技术、公共服务等优质资源集聚，优质资源在津冀更广阔区域内实现最佳配置和对接，有助于形成“优质资源＋”的创新驱动优势，带动整个区域内的整体创新，推动区域经济结构调整和发展方式转变，培育新的共同的经济增长点，实现互利共赢，协同发展。2015年6月，财政部、国家税务总局发布的《京津冀协同发展产业转移对接企业税收收入分享办法》指出，包括增值税、企业所得税、营业税“三税”地方分成部分纳入地区间分享范围，为京津冀产业对接协作提供有力支持，促进了京津冀协同发展工作有序进行。

破除隐形壁垒，为西城发展提供体制机制创新支撑。京津冀协同发展的前提和保障，就是打破“一亩三分地”的思维定式，破除隐形壁垒、打破行政分割，实现优势互补、一体化发展。要做到这一点，必须创新构建区域协同发展的体制机制。西城区作为北京市推进非首都功能疏解和协同发展改革的重点区域，率先探索破解深化改革，破除影响协同发展深层次矛盾和问题之策，尽快形成协同发展的体制机制，不仅可以大大促进西城区本身的转型发展，同时将为京津冀特大城市核心区转型发展、可持续发展提供成功路径。

在坚持和强化首都核心功能定位中谋划

西城作为首都核心区，应通过自身的发展更好地提升北京作为一个现代化国际大都市的发展内涵和质量。不管是服务还是发展，前提都是要与首都整体的发展战略相一致、相协调。西城区把疏解非首都功能放在重中之重的位置，就是要通过疏解，不断坚持和强化首都“四个中心”功能定位，在首都新一轮改革中发挥主动引领和示范带头作用。

《京津冀协同发展规划纲要》中指出，要进一步优化功能，增强区域发展实力。优化功能的前提是坚持和强化首都核心功能，调整和弱化不适宜首都的功能，把建设和谐宜居城市贯穿其中。优化功能的共同指向就是改善硬环境、提升软实力。要按照国际标准改善硬环境，加强城市基础设施建设，优化城市空间布局，加大城市非首都功能疏解和棚户区改造力度，对于疏解后腾退出来的空间，要做好后续规划，可以承载高端、高效、高辐射的项目，增强经济发展后劲；也可以用于停车、文体、连锁店等便民设施，弥补公共设施欠账；还可以用于绿化，改善生活环境。形成适度超前、相互衔接的城市设施体系。加快形成与世界城市相匹配的城市管理能力，完善城市网格化服务管理体系，创新社区治理模式，提高生活性服务业品质，把西城区建设成为国际一流的和谐宜居先行示范区。

在着力破解制约发展的深层次问题中谋划

改革开放的一条基本经验就是，不断破解束缚社会生产力发展的重大问题。矛盾无处不在，问题无时不有，新矛盾、新问题和历史遗留积累的旧矛盾、老问题交织叠加。

问题是事物矛盾的表现形式，也是破解矛盾的着力点。强化问题意识、坚持问题导向，把认识和化解矛盾作为打开工作局面的突破口。目前，西城在经济发展方面，进入了发展方式转变的“攻坚阶段”；在城市建设管理方面，进入了“实施精细化管理阶段”；在社会建设方面，进入了“加强服务管理创新阶段”；在文化建设方面，进入了“推动文化大发展大繁荣阶段”；在生态文明建设方面，进入了“高度重视人与自然和谐发展的阶段”。

进入发展“新阶段”的西城，面临着多方面的挑战。其中最大挑战就是发展思路、发展方式的转变。作为“模范生”，以前一直是做加法、做乘法，集聚资源求增长，现在则是做减法、做除法，疏解功能谋发展；以前是在自己的一亩三分地挖潜力，现在则是在16区县和京津冀范围求协同。为此，西城区应结合自身具体实际和存在问题，抓住那些制约经济社会科学发展的重大问题、群众反映强烈的突出问题，下决心、出实招，对症下药、辨证施治。既注重同中央总体谋划和决策部署相适应、相衔接，又要注重因地制宜、分清主次、牵住“牛鼻子”，而不是眉毛胡子一把抓。

在改革要于法有据和建设法治政府中谋划

习近平强调，凡属重大改革都要于法有据。改革要“于法有据”，这与当前全面依法治国的基本国策和建立法治国家的目标是一致的。在整个改革过程中，西城区高度重视运用法治思维和法治方式，发挥法治的引领和推动作用，加强对相关立法工作的协调，确保改革沿着法制轨道依法有序推进。

于法有据，是依法行政必须遵循的法治原则，是依法行政的内在要求。实现国家治理体系和治理能力现代化，必须以法律作为支撑，做到依法办事、依法改革、依法完善，真正运用法治思维和法治方式推进法治队伍建设和依法行政水平提升。推进依法行政，必须坚持事事于法有据，做到依法行政的章程涉及哪里、执法队伍的工作延伸到哪里，国家法律就跟进到哪里，使各项工作都在法律的框架下实施、在法治的轨道中运行，经受住法律的考验。

于法有据，要把坚持法律原则与改革创新相结合。既不能目中无法、冒进乱干、随意胡干，也不要畏首畏尾、因循守旧、裹足不前，要在“于法有据”的基础上，大胆想、大胆干、大胆闯，只要是有利于群众的事都要勇敢去做，只要是有利于维护社会公平正义的事都要勇敢去试。

在新一轮的改革中，西城要围绕法治政府建设，进一步推进科学民主决策，进一步推进依法行政，进一步加强政务公开，进一步推进简政放权。通过体制机制改革，建立和完善各项制度，用改革推进法治，用法制护航改革，从而开创改革与法治相得益彰的新局面。

四个率先推动改革实现大突破

率先在服务首都“四个中心”建设上取得突破性进展

以做好“四个服务”为核心，在服务全国政治中心建设上率先作为。西城作为首都核心区，最重要的不是经济问题而是政治问题，要有高度的政治自觉、高度的政治担当和高度的政治责任。政治自觉就是要做到“三个一盘棋”，即走好“全区一盘棋”，服务“全市一盘棋”，维护“全国一盘棋”。在服务中求发展，在服务中求突破，率先构建以服务促发展的新模式。所谓的政治责任就是“两条底线”，一个是安全底线，一个就是稳定底线。保持高度的政治自觉、高度的政治担当和高度的政治责任是西城区发展的重要基础和前提。

以文化引领发展为主线，在服务全国文化中心和国际交往中心建设上率先作为。“十三五”时期，西城区要高度重视文化的引领作用。第一，文化引领发展应当成为西城区“十三五”的主题，通过文化的发展来引领全区的发展。第二，把西城的文化资源优势转变成文化产业优势和文化竞争优势。西城区既有首都文化又有古都文化，既有传统文化又有现代文化，把这些丰富的资源优势转换为产业和竞争优势，将会获得更大的发展空间。第三，在建设全国文化中心上发挥示范作用，在制度建设和制度创新上对于全国有示范作用。第四，使历史文化街区成为国际文化交流平台和对外交流展示窗口。

以实施创新驱动发展战略为导向，在服务科技创新中心建设上率先作为。2014 年 8 月 18 日习近平总书记在研究实施创新驱动发展战略时指出“要推动以科技创新为核心的全面创新”，“要研究在一些省区市系统推进全面创新改革试验，形成几个具有创新示范和带动作用的区域性创新平台”。对西城区来说，一要发挥市场决定性作用，推动文化、金融、科技的融合发展，中关村和西城区科技园的融合发展；二要强化政府主导作用，推进城市社区综合创新改革试验，构建城市综合创新体系；三要实施更加积极创新人才政策，把西城区整合成为创新人才的集聚地。比如研究出台小微企业的创新创业计划，进而吸引人才，发展楼宇经济。

率先在重点领域和关键环节取得突破性进展

在全面深化改革的过程中，西城区提出要确保到 2020 年，率先在经济体制改革、城市建管体制改革、文化体制改革、社会事业改革、社会治理体制改革、政治体制改革、党的建设制度改革等重点领域和关键环节取得突破性进展。为此，要以项目管理的方式，细化目标、落实责任、分解任务、加强考核，以协调督查为保障，真抓实干求突破、凝心聚力抓落实。

实行项目化管理，就是把重点领域和关键环节的改革有机分解成独立具体的项目，建立全面深化改革项目库，按照项目管理的模式，设定目标标准，进行任务分解，落实工作责任，规定完成时限，实施考评奖惩。这是改进政府部门工作作风、提高效率、创新政府工作责任体系的新尝试，既可操作，又可考核，以确保改革举措落实。

改革重在落实。各单位“一把手”必须要亲自抓好协调督查工作，突出三个方面的协调督查：一是突出全局性、关键性问题抓协调督查。围绕市委、市政府和区委、区政府的重大决策部署，抓好协调督查，确保重大事项及时推进。二是突出年度目标任务抓好协调督查。要围绕每月重点工作抓好协调督查，及时跟踪工作进度，了解工作推进中存在的问题，提出解决问题的对策措施，确保全区目标任务的完成。三是突出热点、难点等事项抓好协调督查。对基层和广大人民群众反映强烈的热点问题、敏感问题以及在落实中难度大的事项，要以高度负责的精神，千方百计推进解决。

率先在制度建设上取得突破性进展

改革就是制度建设和制度创新。将改革聚焦于制度建设，不仅是全面深化改革的需要，也是建设现代文明国家的需要。只有在制度建设上发挥率先示范作用，推进制度建设和制度创新，才能保障各项事业的顺利实施。

西城区推进制度建设、制度创新注重三个维度：一是加快推进政府职权法定化。主要包括深入推进权责清单和行政审批制度改革，进一步完善和落实政府信息公开，加快推进行政权力监督常态化机制的建立；二是规范和健全行政决策制度。主要是围绕规范健全行政决策程序，明确和规范行政决策程序，健全重大行政决策公众参与制度、重大行政决策专家论证制度、重大行政决策风险评估制度、重大行政决策合法性审查制度、重大行政决策集体讨论制度，探索建立重大决策终身责任追究制度及责任倒查机制；三是改进和规范行政执法。围绕规范行政执法，建立健全行政裁量权基准制度，优化执法机制和执法程序，健全行政执法文书申请法院强制执行机制，完善行政执法与刑事司法衔接工作机制，探索建立行政执法廉洁性评估机制。

率先在城市治理体系和治理能力现代化建设上取得突破性进展

治理理论是一种全新的政治分析框架，是对传统理论的超越和发展。公共性是治理的灵魂和宗旨，其本质特征在于政府与社会对公共生活的共同治理，是国家权力与公民权利的持续互动过程。

首先，从治理能力角度看，强调将市场的激励管理机制以及私人部门的管理方法引入政府的公共服务，强调效率、市场化、竞争性和灵活性。其次，从治理主体角度看，强调政府、市场和社会的合作治理。政府作为第一部门、市场作为第二部门、社会组织作为第三部门，共同构成治理的主体。第三，从职责权限角度看，政府是提供公共物品的公权力机构；市场是提供私人物品的私权力组织；社会组织是提供公共物品的私营机构。三者彼此分离又相互依赖。

关于"多元共治"，其核心问题在于重构公共治理系统，实现治理权能的分化和转移，即由"政府""企业""社会组织"和"公民"对"公共事务"的共同治理。在这里，治理机制和治理关系发生根本转化，社会组织和公民不再简单是公共治理的客体，而应成为治理主体，进而实现治理主体的"自我统治"，即治理方式的民主化重构。

近年来，西城区在城市治理方面进行了积极探索，在政府治理、市场治理、社会治理中有许多亮点，创造了权力公开、食药安全、“全响应”模式等特色品牌。但与首都治理体系和治理能力现代化的目标相比，还有不小差距。作为首都治理体系的重要组成部分，西城区有责任率先在城市治理体系和治理能力现代化建设上取得突破性进展，但必须在改革中攻坚克难。

第2章

实践篇

坚定信心
在首都新一轮改革中走在前列

2014 年以来，西城区以总书记讲话精神为遵循，围绕北京市委关于全面深化改革工作的总体部署，立足于西城区的区位特征和功能定位，积极稳妥地推进各项改革，全面深化改革实现良好开局。有专家指出，西城区的改革工作启动早行动快，非常务实、富有成效，在北京市乃至全国基层改革中走在前列。

2014 年是改革元年，西城区认真落实中央和北京市委全面深化改革部署，率先组建区委全面深化改革领导小组、各专项小组和区委改革办；率先推出全面深化改革顶层设计和施工方案；率先探索建立新型智库，将改革的着力点放在发现问题、研究问题和解决问题上。研究制定了一系列政策措施，以改革的办法统筹推动区域产业升级、人口调控、协同发展等重点工作，特别是在教育改革上取得了重大突破，实现了全面深化改革的良好开局。

深化认识，为改革工作奠定坚实基础

中央全面深化改革领导小组第十二次会议指出，思想是行动的先导，要高度重视做好思想政治工作，改革推进到哪一步，思想政治工作就要跟进到哪一步。认真学习贯彻总书记讲话精神是西城区委常委会的头等大事。通过学习西城区干部更加深刻地理解了党的十八届三中全会提出的推进国家治理体系和治理能力现代化的改革总目标。更加清醒地认识到改革的目的是要建立健全一套完整、合法、有效的国家治理体系，也就是要形成一套更加成熟、更加定型的制度，提高国家治理能力，使其适应国家现代化的总进程。习近平总书记在北京考察时强调，建设和管理好首都，是国家治理体系和治理能力现代化的重要内容。治理体系的建设，从国家到北京市到西城区，环环相扣，每个环节都很重要，缺一不可。西城区作为首都核心区，核心区治理是建设和管理好首都的重要组成部分。因此要从国家治理体系的高度，深刻认识西城区全面深化改革工作的重要意义，在全面深化改革推进过程中，更好地体现"国家治理现代化"的功能与效应。

以总书记讲话精神统领改革工作

党的十八大提出全面建成小康社会的总目标。新一届中央领导第一次集体亮相，提出了党的使命，"人民对美好生活的向往是我们的奋斗目标"，把党和人民紧紧联系在了一起。习总书记在参观复兴之路展览时提出了中国梦，用中国梦凝聚合力，用中国梦团结人民，团结中华民族。十八届三中全会做出了全面深化改革的部署，十八届四中全会做出了依法治国的决策。深化改革是实现中国梦的动力，依法治国是实现中国梦的有力保障。在党的群众路线教育实践活动总结大会上提出全面推进从严治党。截至 2015 年 7 月，习近平总书记已经组织召开了 14 次中央深改组会议，亲自部署和及时推进改革落实（见表5）。习总书记重要讲话要求我们，要更加关注党的自身建设，更加关注法治政府建设，更加关注依法行政，更加关注民生，更加关注环境，更加关注协同发展，更加关注凝聚群众的共识。当前，习近平总书记系列重要讲话精神已经深入人心，已经成为西城广大干部群众的共识，成为西城工作的重要纲领和工作指针。

表5：中央全面深化改革领导小组十四次会议一览

会次	时间	审议和通过的文件
第一次	2014年1月22日	会议审议通过了《中央全面深化改革领导小组工作规则》《中央全面深化改革领导小组专项小组工作规则》《中央全面深化改革领导小组办公室工作细则》；审议通过了中央全面深化改革领导小组下设6个专项小组名单；审议通过了《中央有关部门贯彻落实党的十八届三中全会〈决定〉重要举措分工方案》；听取了各地区各部门贯彻落实党的十八届三中全会精神进展情况，研究了领导小组近期工作。
第二次	2014年2月28日	会议审议通过了《中央全面深化改革领导小组2014年工作要点》，审议通过了《关于十八届三中全会〈决定〉提出的立法工作方面要求和任务的研究意见》《关于经济体制和生态文明体制改革专项小组重大改革的汇报》《深化文化体制改革实施方案》《关于深化司法体制和社会体制改革的意见及贯彻实施分工方案》，听取了关于中央全面深化改革领导小组第一次会议以来各地区各部门改革工作进展情况汇报，部署了当前和今后一个时期工作。
第三次	2014年6月6日	会议审议了《深化财税体制改革总体方案》和《关于进一步推进户籍制度改革的意见》，建议根据会议讨论情况进一步修改完善后按程序报批实施。会议审议通过了《关于司法体制改革试点若干问题的框架意见》《上海市司法改革试点工作方案》和《关于设立知识产权法院的方案》。

（续表）

会次	时间	审议和通过的文件
第四次	2014年8月18日	会议审议了《中央管理企业主要负责人薪酬制度改革方案》《关于合理确定并严格规范中央企业负责人履职待遇、业务支出的意见》《关于深化考试招生制度改革的实施意见》，建议根据会议讨论情况进一步修改完善后按程序报批实施。会议审议通过了《关于推动传统媒体和新兴媒体融合发展的指导意见》《党的十八届三中全会重要改革举措实施规划（2014—2020年）》《关于上半年全面深化改革工作进展情况的报告》。
第五次	2014年9月29日	会议审议了《关于引导农村土地承包经营权有序流转发展农业适度规模经营的意见》《积极发展农民股份合作赋予集体资产股份权能改革试点方案》《关于深化中央财政科技计划（专项、基金等）管理改革的方案》，建议根据会议讨论情况进一步修改完善后按程序报批实施。
第六次	2014年10月27日	会议审议了《关于加强社会主义协商民主建设的意见》《关于中国（上海）自由贸易试验区工作进展和可复制改革试点经验的推广意见》《关于加强中国特色新型智库建设的意见》，审议通过了《关于国家重大科研基础设施和大型科研仪器向社会开放的意见》，建议根据会议讨论情况进一步修改完善后按程序报批实施。
第七次	2014年12月2日	会议审议了《关于农村土地征收、集体经营性建设用地入市、宅基地制度改革试点工作的意见》《关于加快构建现代公共文化服务体系的意见》《关于县以下机关建立公务员职务与职级并行制度的意见》《关于加强中央纪委派驻机构建设的意见》，审议通过了《最高人民法院设立巡回法庭试点方案》和《设立跨行政区划人民法院、人民检察院试点方案》，建议根据会议讨论情况进一步修改完善后按程序报批实施。
第八次	2014年12月30日	会议审议通过了《关于2014年全面深化改革工作的总结报告》《中央全面深化改革领导小组2015年工作要点》《贯彻实施党的十八届四中全会决定重要举措2015年工作要点》。会议审议通过了《关于进一步规范刑事诉讼涉案财物处置工作的意见》。会议还就构建开放型经济新体制、全面深化公安改革等问题进行了研究。

（续表）

会次	时间	审议和通过的文件
第九次	2015年1月30日	会议审议通过了《关于贯彻落实党的十八届四中全会决定进一步深化司法体制和社会体制改革的实施方案》《省（自治区、直辖市）纪委书记、副书记提名考察办法（试行）》《中央纪委派驻纪检组组长、副组长提名考察办法（试行）》《中管企业纪委书记、副书记提名考察办法（试行）》。
第十次	2015年2月27日	会议审议通过了《中国足球改革总体方案》《关于领导干部干预司法活动、插手具体案件处理的记录、通报和责任追究规定》《深化人民监督员制度改革方案》《上海市开展进一步规范领导干部配偶、子女及其配偶经商办企业管理工作的意见》。
第十一次	2015年4月1日	会议审议通过了《乡村教师支持计划（2015—2020年）》《关于城市公立医院综合改革试点的指导意见》《人民陪审员制度改革试点方案》《关于人民法院推行立案登记制改革的意见》《党的十八届四中全会重要举措实施规划（2015—2020年）》。
第十二次	2015年5月5日	会议审议通过了《关于在部分区域系统推进全面创新改革试验的总体方案》《检察机关提起公益诉讼改革试点方案》《关于完善法律援助制度的意见》《深化科技体制改革实施方案》《中国科协所属学会有序承接政府转移职能扩大试点工作实施方案》。
第十三次	2015年6月5日	会议审议通过了《关于在深化国有企业改革中坚持党的领导加强党的建设的若干意见》《关于加强和改进企业国有资产监督防止国有资产流失的意见》《关于完善国家统一法律职业资格制度的意见》《关于招录人民法院法官助理、人民检察院检察官助理的意见》《关于进一步规范司法人员与当事人、律师、特殊关系人、中介组织接触交往行为的若干规定》。
第十四次	2015年7月1日	会议审议通过了《环境保护督察方案（试行）》《生态环境监测网络建设方案》《关于开展领导干部自然资源资产离任审计的试点方案》《党政领导干部生态环境损害责任追究办法（试行）》《关于推动国有文化企业把社会效益放在首位、实现社会效益和经济效益相统一的指导意见》。

资料来源：根据媒体公开报道整理

深入理解全面深化改革的四个辩证关系

西城区为落实好全面深化改革的总体部署，认真学习和把握中央和北京市的精神和要求。中共中央文献研究室副研究员高长武曾撰文指出，全面深化改革要深入理解四个辩证关系。为此，西城区开展了相关研究工作，并将这一深刻认识贯彻到了全面深化改革各项工作的进程中。

一是改革与坚守的关系：改革不是为了改革而改革，“问题的实质是改什么、不改什么”，“应该改又能够改的坚决改，不应改的坚决守住”。推进全面深化改革，不能笼统地、不加分析地说什么都要改或者什么都不改，而应坚持改革与坚守的辩证统一，对于那些束缚和阻碍生产力发展和社会进步的体制、机制弊端，对于改革步入深水区后面临的那些“难啃的硬骨头”，要有自我革新的勇气和胸怀，跳出条条框框限制，克服部门利益掣肘，推进全面深化改革；而对于那些涉及改革方向和道路、理论、制度的根本性问题，必须立场坚定、旗帜鲜明。

二是全面改革与重点改革的关系：既要“注重改革的系统性、整体性、协同性”，又要“以经济体制改革为重点，发挥经济体制改革牵引作用”。全面深化改革是一个复杂的宏大的系统工程，零敲碎打调整不行，碎片化修补也不行，必须是全面的系统的改革和改进，是各领域改革和改进的联动和集成。同时，改革的推进必然涉及深层的社会关系和利益矛盾，牵动既有利益格局变化，各个领域各个环节改革的关联性互动性明显增强，每一项改革都会对其他改革产生重要影响，每一项改革又都需要其他改革协同配合。如果不能全面、统筹推进改革，改革措施不配套，导致相互牵扯甚至相互抵触，全面改革就很难推进下去，即使勉强推进，效果也会大打折扣。

三是政府与市场的关系：“使市场在资源配置中起决定性作用”，但“并不是起全部作用”，还要“更好发挥政府作用”，“‘看不见的手’和‘看得见的手’都要用好”。政府与市场是辩证统一、不可偏废的。

在资源配置方面，既各有长处，又各有缺点，因此，不可偏废，不能割裂。世界各国处理政府与市场关系的相关理论和实践表明，市场配置资源是最有效的形式，这符合市场经济的一般规律。虽然市场在资源配置中起决定性作用，但并不是起全部作用，因为市场本身有自发性、盲目性、滞后性等弊端，导致“市场失灵”现象的出现，这就需要政府及时补位，进行合理调控和干预，保障经济健康发展。因此，在市场作用和政府作用的问题上，“看不见的手”和“看得见的手”都很重要，形成市场作用和政府作用有机统一、相互补充、相互协调、相互促进的格局，将是实现经济社会持续健康发展的重要途径。

四是加强顶层设计与摸着石头过河的关系：强调加强顶层设计，并不是“现在再摸着石头过河就不能提了”，二者“都是推进改革的重要方法”。习近平总书记指出，加强顶层设计和摸着石头过河都是推进改革的重要方法，二者是辩证统一的，不能割裂、对立起来。改革面临的矛盾错综复杂、利益互相交织，许多问题牵一发而动全身，加强顶层设计，注重改革的系统性、整体性、协同性，关系全面深化改革大局。摸着石头过河是富有中国特色、符合中国国情的改革方法，改革开放就是通过先试验、后总结、再推广，不断探索、不断积累一步一个脚印地走过来的。实践证明，渐进式改革可避免因情况不明、举措不当而引起的社会动荡，确保改革目标的逐步实现。同时，摸着石头过河取得的经验，可以为顶层设计提供重要参考，为设计方案的科学性、合理性提供保证；而加强顶层设计，可以更好地为一些具体领域的改革提供路径指导，提高摸着石头过河的效率。

积极推动改革工作实现四个转变

一是在工作推进上，由完成任务型向解决问题型转变。过去的工作主要是上级布置什么就干什么，工作重心放在交给的任务上，工作目标是完成任务。现在则更强调解决问题，特别是在破解群众反映强烈的突出问题上，解决涉及民生、与群众生活息息相关的问题上，始终坚持问题导向、需求导向、目标导向，工作方式发生了巨大变化。

二是在区域发展上，由“筑巢引凤”型向“腾笼换鸟”型转变。由于发展空间十分有限，过去西城区主要是靠多建一些设施，加高加大，“筑巢引凤”。现在则既注重增量发展，更注重存量调整，从现有建筑中寻找潜力，通过“腾笼换鸟”疏解低端业态、引入高端业态，既克服了空间资源的不足，也解决了空间资源利用效率低、区域产业结构不尽合理的问题。

三是在工作方法上，由各自为战向协同发展转变。西城区已经探索形成了一些机制，包括联席会、领导小组等，做到了上下一致、力量整合、互联互通。比如拆违的协同联动机制，人口调控的部门联动、综合施治机制，环境方面的多方共建机制，等等。下一步，还要在京津冀一体化中探索建立协同机制。

四是在价值取向上，由领导表扬型向群众评价型转变。改革工作不仅要得到领导的肯定，更要得到群众的认可，让群众评价，让群众满意，让群众高兴。特别是在办实事项目上，在办理人大代表建议、政协委员的提案上，不仅仅停留在办结上，而是要把该解决的问题解决好，该做的工作做好，真正实现工作做实、任务落地、结果满意，每一件都要让群众满意，都要让人大代表和政协委员满意。

凝神聚力，在重点领域改革取得新突破

在体制机制改革上取得新突破

2014 年以来，西城区各专项小组、各有关部门结合工作实际，认

真落实全面深化改革的实施意见和年度工作要点，制订具体方案，稳步实施，确保改革落到实处。一是西城区把教育重点领域综合改革作为全面深化改革的突破口，研究出台了《中共北京市西城区委北京市西城区人民政府关于推进义务教育重点领域综合改革的实施意见》，积极探索学区制、集团化，大力推进教育改革，促进教育公平；二是在区域协同发展工作中，专题研究加强京津冀合作，落实北京市西城区与河北省廊坊市、保定市合作发展框架协议的有关事宜；三是在国资国企改革中，研究制定西城区国资国企改革发展指导意见，积极推动中央、市国资国企改革在西城区落地。四是在医疗卫生体制改革工作中，着力推进区域医疗联合体建设，积极推进国际化医院建设；五是西城区率先在北京市推进纪委内设机构改革，在机构总数不变、行政编制总数不变、领导职数不变的情况下，将70%的力量都集中在办案工作上，进一步强化监督执纪问责职能。五是围绕发展中的问题，其他领域改革也正积极推进各项改革工作。

在业态调整上取得新突破

西城区着力以深化改革的办法调整旧业态、培育新业态。一是制定西城区禁止和限制新增产业目录，坚决摒弃占用资源多、人力密集型产业，着力解决产业功能过度聚集问题。二是坚持“转移、调整、升级、撤并”的工作思路，加大业态调整力度，对不符合发展要求的坚决转移撤并，对需要调整升级的积极引导、有序推进。三是加大市场监管力度，全面完成21个市场的撤除、升级、改造任务，继续引导个体工商户转型为企业。四是主动参与京津冀协同发展，加快产业基地建设，实现全方位、多层次合作。

在人口调控上取得新突破

根据2013年北京人口抽样调查结果，从常住人口密度来看，核心区人口最稠密，每平方公里超过了2万人，其中西城区为25787人/平方公里。可以说，西城区的人口规模控制已迫在眉睫，然而控制人口规模是一项系统工程，需要不断探索创新，深化改革。西城区在推进人口规模与结构调控的过程中，采取了多种改革措施。一是坚持“以业控人、以房管人、以证管人”的工作思路，通过非首都功能疏解有序引导人口转移。二是针对违法建设、群租房、非法出租等带来的流动人口管理难题，加大治理力度，2014年完成拆除违法建设6万平方米、整治普通地下室200处和地下人防工程15处的目标任务。三是规范户籍管理与人才引进相关制度，严控人口迁入，完善重大项目中户籍迁出奖励政策，加大人户分离清理力度，利用多种手段完成人口调控任务。

主动作为，促进区域经济平稳增长

以投资和消费拉动发展

投资和消费对于拉动经济增长都有着积极的促进作用，是实现经济结构合理化的两个重要手段，也是加速社会进步、保证经济持续增长的主要驱动力。西城区把握局势、抢抓机遇，充分发挥投资和消费的双拉动作用。一是加大政府投资力度，发挥引导带动作用，充分调动社会投资积极性，最大限度提高投资效益。二是健全重大项目推进机制，抓住关键环节促进投资落地，完成金融街重点项目土地入市，推进天桥艺术中心等项目建设，推动产业提升、环境优化和民生改善。三是制定文商旅融合发展三年行动计划，出台实施惠民消费政策，支持企业开展“2014北京西单时尚节”等促销活动，培育多元消费，提振消费信心，为经济发展提供有力支撑。

以高端产业引领发展

高端产业是现代产业体系的核心，具有高技术含量、高附加值、高成长性、高市场占有率和低资源消耗、低环境污染等特点，占据产业链条的高端环节，是引领现代产业的发展方向。西城区坚持高端产业引领发展，促进产业结构优化升级，探索各领域具体发展路径。一是统筹推进功能区建设，加大资源置换力度，积极打造一流的高端产业和特色文化空间载体。二是重点关注改革衍生的新生新设机构，引导优质要素资源聚集，深度调整产业内部结构。三是巩固金融产业优势，为全国中小企业股份转让系统发展和企业上市做好服务，推进中国水权交易所等机构入驻，加强与驻区金融机构战略合作，举办第三届金融街论坛和第九届北京国际金融博览会，进一步提升金融街影响力和辐射力。四是深入推进金融、科技、文化产业融合，依托中关村西城园政策优势，着力促进高新技术、文化创意等产业发展，增强区域经济内在动力。

以服务促进企业发展

为企业创造良好的投资、发展环境，促进实体经济发展，是政府义不容辞的责任。西城区树立服务大局意识，多举措服务企业发展。一是扎实落实行政权力公开透明运行各项工作，完善市场监管机制，承接下放行政审批事项，优化行政服务流程，提升窗口单位的服务质量和服务水平，努力打造良好发展环境。二是积极稳妥推进区属国有企业整合重组，加快重点企业集团化和上市步伐，加大领军人才选拔培养力度，提升区属国有企业市场竞争力。三是落实减税减负政策，大力扶持中小企业发展壮大，鼓励、支持、引导非公有制经济发展，激发企业活力。

全力以赴，打造和谐宜居之都

以文化建设提升城市软实力

文化，具有撬动城市治理的能力。在诸多城市治理工具中，文化是一种润物细无声的软性力量，可以发挥出独特的难以替代的作用。西城文化底蕴深厚，文化资源丰富，文化载体多样，文化形态完整。近年来，通过不断探索，把文化融入城市的每一个角落，增强了区域文化软实力。一是把培育和弘扬社会主义核心价值观作为一项根本任务，使其内化为精神追求，外化为自觉行动，以“北京榜样”等活动凝聚和传递正能量。二是积极传承优秀传统文化，加大历史文化名城保护力度，将文化元素融入城市有机更新中，深化“名城、名人、名业、名景”工作理念体系，保护好重点区域、胡同和院落，让城市留存更多记忆。三是全面推进“文化惠民 365 工程”，开辟更多阅读空间，推出一批文化服务精品项目。四是完善基层文化建设体系，大力推进机关文化、社区文化、学校文化、企业文化、军营文化和家庭文化建设，打造“记忆西城、书香西城、艺术西城、时尚西城”。

以环境建设提升城市形象

环境是城市文明的重要体现。西城区大力推进环境建设，促进城市品位和城市形象的全面提升。一是以更高标准做好亚太经合组织峰会和国庆 65 周年环境服务保障，高质量完成涉及峰会的“三区”“八线”“四周边”等重点线路、重点区域整治工作。二是依托打好“六大战役”，集中整治 40 类“城市病”（见表 6），大力解决城市痼疾顽症和背街小巷环境脏乱差问题。三是推进清洁能源改造和“煤改电”工程，加大机动车尾气、扬尘治理力度，确保年度空气质量改善目标任务顺利完成。四是推进太平街二期、西直门内大街等 12 项市政道路

表 6：西城区城市精细化管理 40 类问题

序号	分类	“城市病”现象	主责部门	释义
1	环境秩序类问题	僵尸车	环境办	指长期搁置，无人使用，无牌照、破损或满身灰尘的无人认领的车辆。
2		废弃物暴露垃圾	街道	指无主的堆放在公共场所里的废弃物以及暴露的生活垃圾。
3		露天烧烤	城管	指露天烤箱或墙体外挂烤箱的，存在店外经营的，群众举报强烈的烧烤摊位。
4		无照废品回收点	城管	指无照经营的，周边环境秩序脏乱的废品回收点。
5		违法违规集贸市场	环境办	指全区现有的无照经营、违法建设、非法经营的违规市场。
6		黑车	分局治安分队	指没有运营资格的，市、区挂账的，群众举报的，整治后易出现反弹的，长期存在趴活揽客的汽车盘踞点。
		黑摩的黑三轮	分局治安分队、城管	指没有运营资格的，市、区挂账的，群众举报的，整治后易出现反弹的，长期存在趴活揽客的三轮摩托车、人力三轮车和电动三轮车长期盘踞点。
7		燃煤点	环保局	指餐饮业用于经营性燃煤的小餐馆。
8		交通堵点	市政市容委	指平均车速低于 20 公里 / 小时的路段或者在交叉口两个路灯不能通过时的交通拥堵点。
9		绿化养护	园林市政中心、街道	指存在植被缺乏、死植、黄土露天等情况的绿化带。
10	管理类问题	精品胡同精品小区	街道	指西城区 2014 年打造 15 条精品街巷胡同的重点工作任务，以及各街道自主创建的精品胡同精品小区。
11		地下人防出租	民防局	指将地下人防工程（注册及非注册）进行出租的行为。
12		地下室出租	房管局、综治办	指将地下室出租给外来人口居住的行为。

（续表）

序号	分类	“城市病”现象	主责部门	释义
13	管理类问题	部门出租房	区属各单位	指将区属各部门产权的房屋进行出租的行为。
		街道出租房	街道	指将属街道产权的房屋进行出租的行为。
14		群租房	流管办	指有群租现象的行为。
15	执法类问题	违法游商	城管	指无证无照的流动商贩。
16		安全隐患	安监、消防	指在生产经营活动中存在的可能导致不安全事件或事故的危险状态，如无照经营、违法建设、非法储存、证照齐全但被安全生产部门认定为安全隐患的情况。
17		违法建设	环境办	指在规划控制区范围内，未经建设、规划行政主管部门批准或违反建设审批规定的建设项目，未按规定取得有关建设许可证的建设行为。
18		非法教育机构	教委	指全区现存的非法办学机构，含大、中、小学及幼儿园。
19		文物隐患	文委	全区各级文物保护单位、博物馆、文物库房及文物收藏单位和古建筑维修工地中，存在文物火灾、被盗、人为破坏等安全隐患的。
20		非法经营七小场所	街道、工商	指无证无照经营的小餐饮、小浴室、小娱乐场所（网吧、歌厅）、小诊所、小发廊、小旅馆、小建材商。
21		堆物堆料及建筑垃圾	街道、城管	指由装修、建设等施工产生的影响环境秩序的建筑类施工渣土及堆物堆料情况。
22		污水外溢	城管	日常检查发现的污水流溢的点位。
23		流动人口疏解	街道	指各街道在 2014 年底前需要完成疏解的流动人口。
24		开墙打洞	房管局、规划分局、街道	指未经房管所同意，在直管公房上开墙打洞，无证无照对外经营的行为。

（续表）

序号	分类	“城市病”现象	主责部门	释义
25	执法类问题	违法饲养动物	街道	指违反相关饲养动物管理规定的，私自饲养动物干扰他人正常生活的行为。
26		违法饲养犬类	公安分局	指违反《北京市养犬管理规定》，非法饲养犬类干扰他人正常生活的行为。
27		违章广告	市政市容委	违反《北京市户外广告设置管理办法》和《北京市户外电子显示屏设置规范》中的相关规定进行广告的行为。
28		私装地锁	街道、房管局、交通支队	指未经批准在公共区域内私自安装的地锁。
29	建设类问题	城中村边角地	市政市容委	通过摸排需要整治的环境脏乱点及居民生活条件普遍较低的地区。
30		应回收公共资源	街道、规划分局	指在街道范围内，建设之初作为提供区域公共服务的配套房，进行对外出租的房屋数量。
31		断头路	住建委、市政市容委	指按规划未能完成实现的道路，导致不同等级之间不能接通。
32		破损设施	市政市容委	破损的公共设施。
33		盲道残缺	市政市容委	指盲道残缺不全的个数。
34		损坏的无障碍设施	市政市容委、住建委	指不能正常保障残疾人、老年人、孕妇、儿童等社会成员使用的，已损坏的无障碍设施。
35		监控盲区	应急办	根据每个街道有效面积探头数量核算，每平方公里密度标准为60个，不足的区域为监控盲区。
36		架空线	市政市容委	指架在空中的各种线缆。按照市政市容委下发的环境整治任务要求，结合区市政市容委勘查掌握情况汇总的数据。

（续表）

序号	分类	“城市病”现象	主责部门	释义
37	资源政策类问题	养老助残资源	民政局	缺少养老助残资源的数量。
38		公共文化资源	文委	指缺少公共文化资源的小区数量（如社区文化中心）。
39		物业资源	街道	指目前缺少的物业个数。
40		失管小区	房管局	指无托管单位、无物业管理、无维修资金的老旧住宅小区。

图表说明：针对城市管理问题，西城区梳理出40种常见的“城市病”问题，并确定了责任单位。区委督查室、区政府督查室制订了西城区开展“城市病”治理专项工作督查方案，各主责单位每月上报这40项城市精细化管理相关问题统计数据，区城管监察指挥中心进行汇总统计，建立了西城区城市精细化管理相关问题台账。

资料来源：西城区委改革办提供

改造，实施地铁7号线、16号线站点工程，完成北二环城市绿廊西城段环境项目，科学规划、合理利用腾退出的空间资源，优先用于休闲、绿地、停车等公共服务设施建设。

以改革创新推动精细管理

城市重在建，更在管。城市管理点多面广、战线很长，有许多攻坚的地方，西城区充分认识到其重要性、紧迫性，并通过改革创新，规范管理，提升效益。一是积极探索核心区城市治理有效模式，开展城市管理体制改革试点工作，进一步明确部门职责，强化街道统筹作用，推动管理重心下移，完善城市综合管理体系，形成环境建设、运行管理、施工作业、应急处置、考核监督、行政执法“六位一体”的工作格局。二是深化城市分类分级管理模式，充分运用现代信息技术，不断提高城市管理效能。三是探索社会参与、居民自治环境管理办法，试行“西城随手拍”环境监督方式，最大限度地发挥“门前三包”作用，使广大居民成为城市建设管理的支持者、参与者和受益者。

多措并举，做好民生服务保障工作

把改善群众居住条件作为最大的民生工程

2014 年，北京市将“着力改善群众居住条件”列为十大为民办实事之首。西城区积极响应号召，以改革创新作为推动工作的重要抓手，以改善群众住房条件和环境质量为出发点和落脚点，切实加快棚户区改造和环境整治工作。一是总结推广百万庄北里项目经验，加快推进 33 个改造项目，完成全年 1 万户棚改年度目标。二是完善保障性住房建设融资模式，加快回龙观二期、长阳、南苑等项目建设进度，进一步完善房源分配方式，有效缓解中低收入家庭的住房困难。三是加快老旧小区改造，重点做好黑窑厂西里小区等 20 栋楼房抗震加固和节能改造，推进板章路 11 号等危楼腾退，加强三义里、小红庙小区综合整治，努力为群众创造更好的居住条件。

把满足群众生活需求作为改善民生的根本任务

习近平总书记要求各级领导要在解决人民群众学有所教、劳有所得、病有所医、老有所养、住有所居上持续取得新进展。西城区深刻地认识到改善和保障民生必须要满足人民群众的生活需求，解决好人民群众关心的现实问题，建设了一批与人民群众息息相关的民生工程。一是深化“以居家养老为基础、社区养老为依托、机构养老为支撑”的养老服务体系，推进区级养老综合服务中心及 15 个街道养老照料中心项目建设，支持社会力量参与养老服务。二是成立西城区人力资源公共服务中心，完善就业信息平台，全方位帮扶失业人员就业择业，完成“充分就业区”目标。三是发挥教育集团的引领作用，稳步推动中小学的撤并重组，完善校长教师激励机制和轮岗交流制度，推动升学竞争向办学质量转化。四是积极构建整合型医疗服务体系，深化社区卫生综合配套改革，完善全科医生执业方式和服务模式，开展“医养结合”试点，健全西城特色的三级康复体系，为群众提供优质的健康服务。五是实施生活性服务业三年行动计划，以优质、规范、便捷为导向，构建社区生活服务体系，做好“菜篮子”、早餐等便民网点建设，让群众生活得更加便利、舒心。

把创新社会治理作为改善民生的重要手段

党的十八大以来，党中央坚持以民为本、以人为本执政理念，把民生工作和社会治理工作作为社会建设的两大根本任务。西城区牢牢把握服务民生的任务要求，重点推动四方面的工作。一是深化“全响应”网格化社会服务管理体系建设，大力推进“三网融合”，不断提高响应能力和处置问题能力。二是进一步提高街道社区服务管理水平，在加强出租房管理、破解停车难问题等方面尝试居民自治新办法。三是深入推进社区综合受理、延时工作、预约办理、全区通办等工作制度，强化“一刻钟便民服务圈”建设，完成36个“六型社区”第二轮评估。三是完善区街两级枢纽型社会组织工作体系，建立“一中心多基地”三级社会组织发展基地，全面加强社会组织能力建设。四是完善社会建设专项资金管理办法，健全政府购买社会服务工作机制，强化志愿服务体系建设，引导激励社会力量参与社会治理。

从严治党，全面提升党建科学化水平

坚持党要管党、从严治党，以党的群众路线教育实践活动为契机，全面加强党的建设，以信念凝心、以作风提神、以事业聚力，为全面深化改革和推进各项事业发展提供坚强有力保障。

进一步抓好教育实践活动

一是严格按照规定程序和要求，精心组织、严密实施，确保教育实践活动善始善终、善做善成。二是坚持聚焦“四风”、动真碰硬，以整风精神开好处级班子专题民主生活会和基层党组织专题组织生活会，认真做好民主评议党员工作，用好批评与自我批评武器，积极开展健康的思想斗争，坚定理想信念，增强政治定力、政治敏锐性、政治鉴别力。三是认真梳理反馈问题，细化整改措施，明确整改责任，抓好处级领导班子和领导干部整改措施制定工作，确保全部问题整改到位。四是坚持着眼长远、注重长效，研究制定“废改立”工作计划，梳理完善规章制度，努力形成一批制度成果、建立一批长效机制。

进一步提升执政能力

一是强化西城区委把方向、谋全局能力，加强资源统筹、力量统筹及对重点工作、关键环节的协调，着力攻坚克难。二是强化领导班子和干部队伍建设，建立完善领导班子分析研判制度和干部考核体系，研究制订西城区干部教育培训实施方案，健全干部到基层一线、艰苦岗位挂职锻炼制度，不断增强履职能力。三是强化基层党组织战斗堡垒作用，健全上下联动、横向互动的区域化党建组织体系，加强服务型党组织建设，加强流动党员教育服务管理，综合治理基层党组织软弱涣散现象，提高服务群众能力。

进一步汇聚强大合力

一是紧紧依托党的政治、组织优势，发挥统筹作用，把各方力量汇聚到改革发展大局中来。二是加强和改进对西城区人大工作的领导，支持人大及其常委会围绕区域重大事项行使决定权，找准人大监督工作在推动改革、破解难题上的着力点，多途径发挥代表作用，积极运用执法检查、专题询问、备案审查等方式回应社会关切，增强依法监督实效。三是支持政协加强履职能力现代化建设，发挥政协作为协商民主重要渠道作用，积极推进协商民主广泛多层制度化，围绕社会治理、国企改革等重点工作深入调研、建言献策。四是调动一切积极因素，采取多种形式广泛听取各民主党派、工商联和无党派人士意见，扎实开展新的社会阶层和党外知识分子统战工作，充分发挥工会、共青团、妇联等人民团体作用，认真做好民族、宗教、侨务、对台、双拥各项工作，齐心协力推进改革发展。

进一步夯实安全稳定基础

一是始终把维护首都安全稳定作为第一位政治责任，以高度的政治敏锐性和鉴别力做深做细维稳各项工作。二是积极学习借鉴“枫桥经验”，加强信访矛盾源头预防，完善重大决策社会稳定风险评估机制，提高矛盾纠纷化解能力。三是紧紧围绕突出隐患、重点部位、重大活动，做实网格防控，做强联动防控，做精科技防控，做大群防群控，广泛动员各方面力量加强信息情报工作，严密防范暴恐事件，严厉打击违法犯罪行为。四是坚持最严标准、全面监管，加大隐患排查力度，加强食品药品等领域专项治理，切实做好防汛工作，坚决守住安全红线。

进一步落实党风廉政建设主体责任

一是明确各级党政领导班子成员要牢固树立不抓党风廉政建设就

是严重失职的意识，一把手要切实承担起第一责任人的职责，对党风廉政建设不仅要进行领导，而且要亲自做执行和推动的工作。班子其他成员要根据分工认真履行“一岗双责”。二是积极支持纪检监察机关转职能、转方式、转作风，紧紧围绕发现问题、形成震慑的要求深化巡视工作，严肃查处违法违纪案件。三是加大责任追究力度，对领导不力、不抓不管导致不正之风滋长蔓延，或者屡屡出现重大腐败问题而不制止、不查处、不报告的，严肃开展责任倒查，严格追究同级党委主体责任和纪委监督责任。四是加强责任追究典型案例通报，强化警示教育，推动党风廉政建设和反腐败工作不断深入。

突出改革重点　健全工作机制

改革既没有现成的经验可以套用，也没有固定的模式可以照搬，唯一可以“对表”的，是实践中不断变化发展的各种问题。改革的议题由“问题”决定，改革的路径由“问题”选择，改革的成果由解决“问题”的成效来评判。

强化改革领导　完善保障机制

十八届中央委员会第三次会议公报指出，中央成立全面深化改革领导小组，负责改革总体设计、统筹协调、整体推进、督促落实。各级党委要切实履行对改革的领导责任。2013 年 12 月 30 日，中央全面深化改革领导小组成立，由习近平担任组长。其主要职责是研究确定经济体制、政治体制、文化体制、社会体制、生态文明体制和党的建设制度等方面改革的重大原则、方针政策、总体方案；统一部署全国性重大改革；统筹协调处理全局性、长远性、跨地区跨部门的重大改革问题；指导、推动、督促中央有关重大改革政策措施的组织落实。中央全面深化改革领导小组在中共中央政治局、中共中央政治局常委会领导下工作。各地区各部门都要指定一个机构负责改革工作，主要领导同志要亲自抓。北京市全面深化改革各项工作启动早、推进快，迅速组建了领导机构、专项小组，建立了工作机制。2014 年 1 月 16 日，北京市委全面深化改革领导小组成立，市委书记郭金龙任组长。1 月 29 日，北京市委全面深化改革领导小组第一次全体会议召开（见表 7）。

表 7：北京市全面深化改革领导小组会议一览

会议	时间	审议和通过的文件
第一次会议	2014 年 1 月 29 日	确定了《中共北京市委全面深化改革领导小组工作规则》《中共北京市委全面深化改革领导小组办公室主要职责及工作细则》，讨论了《中共北京市委全面深化改革领导小组专项小组组建方案》和落实《中共北京市委关于认真学习贯彻党的十八届三中全会精神全面深化改革的决定》责任分工方案。
第二次会议	2014 年 3 月 28 日	听取了全市改革工作进展情况的汇报，研究制订落实习近平总书记对北京工作重要批示和在北京考察时重要讲话的任务分解方案，部署 2014 年重点改革任务，并决定根据新的任务将专项小组增至 14 个。
第三次（扩大）会议	2014 年 6 月 11 日	审议《关于进一步创新体制机制 加快全国科技创新中心建设的意见》《关于全面深化市属国资国企改革的意见》。
第四次（扩大）会议	2015 年 2 月 11 日	审议《关于 2014 年全面深化改革工作的总结报告（讨论稿）》《市委十一届四次全会重要改革举措实施规划 (2014–2020 年)(讨论稿)》《市委全面深化改革领导小组 2015 年工作要点（讨论稿）》《法治中国首善之区建设 2015 年工作要点（讨论稿）》。
第五次会议	2015 年 4 月 16 日	审议了 2015 年市委全面深化改革领导小组全体会议研究的重点议题以及民主政治和法治建设领域改革专项小组领导成员及办公室设置调整建议方案。审议了《2015 年各区县重点探索推进的改革事项》和《北京市关于深化预算管理制度改革的实施意见》。

资料来源：根据媒体公开报道整理

建立“双组长”领衔的深改组 +12 个专项小组改革领导机制

西城区作为首都功能核心区，在改革工作部署和推进中一直走在北京市的前列。2014 年 2 月 11 日，十一届区委常委会第 51 次会议研究决定成立西城区委全面深化改革领导小组及办公室，由区委书记和区长担任区委深改组双组长。西城区委深改组多次组织区领导深入学习党的十八届三中全会和习近平总书记系列重要讲话精神，深入贯彻落实北京市委改革部署，与区委改革办及有关部门、智库机构研究探讨加强顶层设计、创新体制机制等重大问题。3 月 3 日，组织召开西城区委专题会，专题研究各全面深化改革专项小组组建方案、领导分工和领导小组工作规则等事项，安排部署有关工作。结合党的群众路线教育实践活动，四套班子领导集中学习领会中央领导同志在省部级主要领导干部学习贯彻十八届三中全会精神全面深化改革专题研讨班上的重要讲话精神，并结合分管领域，研究改革工作。4 月 2 日，西城区委深改组一次会议召开，由相关区领导领衔分别组建的经济体制改革、区域协同发展工作、转变政府职能改革、民主政治和法治建设领域改革、文化体制改革、历史文化名城保护与城市规划建设体制改革、科技教育体制改革、医疗卫生体制改革、社会建设与社会治理体制改革、生态文明与城市管理体制改革、党的建设制度改革、纪律检查体制改革等 12 个全面深化改革专项小组正式成立。

建立“一体两翼多点”的改革研究机制

习近平总书记指出：“调查研究是谋事之基、成事之道。没有调查，就没有发言权，更没有决策权。”研究问题、制定政策、推进工作，刻舟求剑不行，闭门造车不行，异想天开更不行，必须进行全面深入的调查研究。2014 年 3 月，西城区委改革办、区委区政府研究室、智库机构共同组成联合调研组，分 12 个领域，调研走访了西城区纪委、区委组织部、区发展改革委等25家单位，共同研究工作思路、分析当前工作中存在的问题，使调查研究工作同改革工作和决策需要紧密结合起来，为西城区委、区政府改革决策部署提供智力支撑。西城区委深改组依托西城区专家顾问团、区委区政府研究室、智库机构，探索建立“一体两翼多点”的研究机制，充分调动各方面的研究力量，深入实际、深入基层、深入群众，多层次、多方位、多渠道地调查了解情况。既调查机关，又调查基层；既调查干部，又调查群众；既解剖典型，又了解全局；既总结经验，又研究问题。要求对接需求、实践联系理论，更好地为党委和政府科学决策服务，提高党的领导能力和执政水平（见表8）。

表8：西城区全面深化改革领导小组会议一览

会议	时间	审议和通过的文件
第一次会议	2014年4月2日	审议通过了《中共北京市西城区委全面深化改革领导小组工作规则》《中共北京市西城区委全面深化改革领导小组专项小组及区领导分工》等文件，决定成立12个专项小组。
第二次会议	2014年7月14日	审议并原则通过了《中共北京市西城区委关于贯彻落实中央和市委部署全面深化改革工作的实施意见》和《区委全面深化改革领导小组2014年工作要点》。
第三次（扩大）会议	2015年4月30日	审议通过了《关于区委全面深化改革领导小组成员及经济体制改革等5个专项小组领导成员调整的建议方案》《西城区重要改革举措实施规划（2014—2020年）》《区委全面深化改革领导小组2015年工作要点》等文件。

资料来源：根据媒体公开报道整理

建立块上统筹条上对接的改革工作机制

西城区委改革办在分析各省市、各区县做法的基础上，综合考虑对接、统筹、特色、高效等因素，研究制定了《中共北京市西城区委全面深化改革领导小组工作规则》《中共北京市西城区委全面深化改革领导小组专项小组及区领导分工》《中共北京市西城区委全面深化改革领导小组专项小组工作规则》《中共北京市西城区委全面深化改革领导小组办公室主要职责及工作细则》等文件，为西城区全面深化改革工作的高效推进夯实基础。此外，还研究制定了《西城区委全面深化改革领导小组全体会议服务工作规范》《西城区委全面深化改革领导小组专项小组联络员会议制度》《西城区委改革办工作手册》等一系列规章制度，不断规范工作程序、明确工作标准、提高工作效能。与此同时，12 个专项小组也制定了工作规则，明确了本组牵头单位、成员单位，确定了具体的联络员或协调人，健全了内部联系机制。推进全面深化改革工作，要求各专项小组、西城区委改革办、牵头单位和参与单位，建好工作机制，做到既各司其职、各负其责又加强协作配合，形成工作合力。为此，西城区委改革办主动加强与各专项小组的沟通联系，及时传达通报北京市委改革办关于各领域改革工作的最新要求，全面掌握各领域改革进程。各专项小组也都与对口的市级专项小组建立联系机制，及时了解本领域的最新工作部署。沟通联系机制、信息报送机制很快建立起来。

攻克改革难点需坚持问题导向

坚持问题导向，找准问题是前提

总书记的“2 · 26”讲话对北京发展具有重要的里程碑意义，北京市委书记郭金龙对首都发展提出了十个方面的新认识（见表9），点到了问题的实质。群众反映的最现实、最紧迫的问题是改革要重点解决的问题，而事关城市定位和发展方向的问题则是改革首要解决的根本问题，西城区需要深入思考未来的发展。在西城区委深改组一次会议上，西城区委王宁书记提出要重点研究12个问题，为推进西城区改革找准了问题，理清了思路。

一是关于核心区功能定位的问题。习总书记在首都新的功能定位中没有提金融中心，同时也谈到首都不提经济中心，并非不要经济发展，而是要发展“高精尖”产业。那么西城区的支柱产业怎么去定位，下一步金融怎么发展，发展什么？虽然提到文化中心、科技创新中心，但并不是说科技产业、文化创意产业中的所有业态，都适合西城区发展。

二是关于调整疏解非首都功能的问题。按照总书记的要求和改革的要求，西城区需要研究哪些是非首都功能，要制定产业选择的清单，对不符合区域定位的企业，研究疏解的渠道和方式。此外疏解以后补充什么，如何运用和整合也需要在下一步改革中进行研究。

三是关于京津冀协同发展的问题。对产业和科技、卫生、教育等公共服务资源，需要研究疏解哪些、怎么疏解、怎么协同、如何合作，特别是在扩大金融资源的辐射力等优质资源的问题上，如何形成实质性的合作。在优势互补、协同发展的基础上，如何解决好西城自己的问题。

四是关于破解“城市病”的问题。人口调控是最大的问题，这与功能疏解密切相关，如何完成市里下达的指标，如何形成长效机制，需要进一步研究。此外还有流动人口管理、交通拥堵、大气污染治理等问题也要高度重视。

五是关于城市建设问题。在城市规划上，需要考虑人口资源环境的承载能力，怎么控制城市的开发强度，城市生态红线是什么。在基础设施建设上，怎么体现“适度超前、互相衔接、满足未来需求”，“打造首都建设的精品力作”。在棚户区改造上，到底需要什么政策，采用什么样的建设途径和手段，需要创新思路，拿出改革措施，争取市里的支持。

六是关于历史文化名城保护问题。总书记对北京旧城保护提出“该修则修、该用则用、该建则建”三条原则，要求“处理好名城保护和改善民生的关系”，西城应该怎么体现？比如文物保护还面临怎么腾退、如何使用等难题，都需要拿出改革的办法和举措。此外，西城已经有的一些很好的思路，比如“名城、名人、名业、名景”工作理念体系，如何通过改革把这些成果固化下来，也需要认真研究。

七是关于城市管理问题。西城一直在研究城市管理体制问题，以“加强市政设施运行管理、交通管理、环境管理、应急管理，推进城市管理目标、方法、模式现代化”，体制机制上怎么创新，都需要破题。

八是关于激发文化活力的问题。作为文化大区，如何更好地激发文化活力，挖掘文化潜力，将文化资源优势真正转变为发展优势，是困惑西城区很长时间的问题。比如文化与金融怎么结合，文化金融创新中心如何建设；区域内中央和市属的文化资源如何实现区域共享；城市文明道德素质如何养成，软环境如何营造，都需要有改革思路和办法，在领导方式、领导体制上进行探索。

九是关于公共服务的问题。政府服务边界在哪里，哪些需要政府抓，哪些可以通过购买服务的方式由市场和社会来解决，需要研究。比如对于公共服务资源，如何进行统一规划、合理调配。

十是关于社会治理的问题。如何进一步理顺区街体制机制，理顺街道与部门关系，找准条、块之间的平衡点。目前社会组织的公信力和服务能力还不够，很难有效承接政府转移的职能，怎么来培育扶持，需要哪些政策。如何将涉法涉诉信访纳入法制轨道解决，与司法机关怎么衔接，都需要深入研究。

十一是关于党的建设制度创新问题。加强和改善党的领导，既是全面深化改革的重要保障，也是全面深化改革的重要内容。在民主政治制度建设方面，区人大如何完善讨论决定重大事项制度，加强预算决算审查监督。区政协怎么完善协商民主体系，政府怎么与人大、政协对接；在组织人才建设方面，怎么在竞争性选拔干部过程中防止唯票取人、唯分取人的问题，怎么完善人才引进政策和机制；纪检监察体制改革力度很大，怎么更好地落实党委负主体责任、纪委负监督责任的要求，深化权力公开透明运行，这些都需要进一步研究。

十二是关于改革的目标问题。改革不是一蹴而就的，通过改革，西城区的群众要达到什么样的生活质量，和谐宜居之都的要求在西城区怎么体现，有什么样的指标体系，都需要在改革当中深入研究。

表 9：学习贯彻总书记重要讲话精神的“十个新认识”

序号	新认识	具体阐释
1	首都工作的特殊重要性	时刻牢记党中央对我们的要求，时刻牢记人民群众对我们的期望，责无旁贷、心无旁骛地工作，创造一流的业绩，努力在全国发挥表率作用；时刻以兢兢业业、如履薄冰的态度，不折不扣地把每一项工作做好，把北京这座伟大的城市建设好、发展好、管理好，让党中央放心，让人民群众满意。
2	首都城市战略定位	努力做到想问题自觉把握城市战略定位，做决策自觉考虑到发挥首都的影响和示范作用，按照战略定位科学规划、科学建设、科学管理。作为全国政治中心，要时时处处讲政治、顾大局，在思想上、政治上和行动上始终与党中央保持高度一致；作为全国文化中心，要弘扬中华优秀传统文化、荟萃民族文化精华，努力打造中国特色社会主义先进文化之都；作为国际交往中心，要不断提高国际影响力，努力打造国际活动聚集之都；作为科技创新中心，要充分发挥科技资源优势，不断提高自主创新能力，努力打造世界高端企业总部聚集之都、世界高端人才聚集之都。

（续表）

序号	新认识	具体阐释
3	控制人口无序过快增长	当务之急是痛下决心，综合施策，坚决遏制住人口无序过快增长的势头。各区县要主动作为，深入研究人口调控的措施办法，抓好以业控人、以房管人、以证管人，把控制中心城区人口过快增长作为人口调控工作的重中之重，推动中心城区人口向新城、小城镇和周边地区疏解。
4	调整疏解非首都功能	处理好“舍”与“得”的关系，克服“舍不得”的思想，对不符合首都城市战略定位要求的产业要有所不为，下决心“舍”，痛下决心、壮士断腕，坚决把一般性产业特别是带有污染性质的产业清理出去；另一方面对符合首都城市战略定位的产业要有所为，更好地转方式、调结构，发展“高精尖”产业，提升首都经济发展质量和水平。
5	提升城市建设特别是基础设施建设质量	坚持国际一流标准，按照新的理念搞好北京城市规划，以创造历史、追求艺术的高度负责精神，打造首都精品力作；控制城乡建设用地规模和开发强度，划定城市增长边界和生态红线，遏制城市“摊大饼”式发展，同时扩大绿色空间，把青山绿水留给市民。
6	提高城市管理水平	正确处理“硬”和“软”的关系，既要重视各项建设，打造城市硬环境，更要重视管理，培育城市软实力；要把加强城市管理放在更加重要的位置，在严格依法管理上下功夫，集中力量解决城市管理方面的一些突出问题，建立健全具有首都特点的特大城市治理体系。
7	保护古都风貌	妥善处理古都保护和现代化建设的关系，一方面不断融入现代元素，使城市设施更加符合现代生活的要求；另一方面保护和弘扬优秀传统文化，延续文脉，承载乡愁。同时要处理好保护古都风貌与改善居民生活条件的关系，让广大市民能够找到记忆中的老北京。
8	加大大气污染治理力度	落实好清洁空气行动计划，进一步强化压减燃煤、控车减油、治污减排、清洁降尘等措施；建立大气环境承载能力监测预警机制，健全以改善环境质量为核心的生态文明建设指标体系和考核机制；加大利用科技手段治污的工作力度，力争不断取得新突破；落实大气污染联防联控工作机制，共同构建京津冀大气污染防治体系；全面加强节能、节水、节地各项工作，涵养生态环境，实现天更蓝、地更绿、水更净的目标。

（续表）

序号	新认识	具体阐释
9	推动京津冀协同发展	自觉打破自家“一亩三分地”的思维定式，跳出北京看北京，着力推动三地经济继续朝着目标同向、措施一体、作用互补、利益相连的路子走下去，努力实现一加一大于二，一加二大于三的效果。要加快京津冀区域交通一体化，加强产业对接合作和生态环境保护合作，推动教育、医疗等公共资源在区域内共建共享，通过这些措施，进一步推动区域协调发展，切实提高区域发展整体水平，着力打造现代化的新型首都经济圈。
10	维护首都安全稳定	坚持下先手棋、打主动仗，坚决把问题预见于未发之时、解决在萌芽之中；在重大的政治原则和大是大非面前，要旗帜鲜明，敢于亮剑，敢于发声；学习推广好“枫桥经验”，从源头上预防和减少矛盾纠纷；始终绷紧反恐防暴这根弦，严密防范暴力恐怖事件。

资料来源：根据北京市委书记郭金龙在第十一届五次全会上的讲话整理

坚持问题导向，群众利益是根本

问题找准后，如何解决问题，要以群众利益为出发点和落脚点。西城区立足于处理好“标”与“本”的关系，治“标”为先，重在“治本”，标本兼治。不满足于“头痛医头、脚痛医脚”，地区治理不当“救火队”“修理工”，对群众关心的问题，坚持善谋全局、善谋长远，抓住牵一发动全身的关键点，多做一举两得、一举三得的事情，达到一加一大于二的效果，甚至产生乘数效益。从解决好群众最现实、最迫切的问题入手，在解决好群众当前利益的同时，立足于长远发展和顶层设计，通过全面深化改革，满足人民群众的长远利益和根本利益。

维护好群众的当前利益必须真正把群众放在主体地位，变任务导向为需求导向。要善于从群众那里发现工作中的问题，发现问题，不能只考虑“高、大、上”，更要剥茧抽丝，理出事情“只差一点点”到底差在哪里，练就一份“眼疾手快”的做事方法，掌握一种“查漏补缺”的做事本领。要下功夫解决问题，解决的措施和办法越具体越好、越实越好。需要协调办的事，别老围着中心绕圈圈，谁都抱着部门职责不往前多走一步，要主动作为、主动担当，多搭把手、多添把劲，事情就解决了。要真正把条上的力量下沉到街道社区，像公安、城管、地税、工商、交通、房管、卫生、消防等部门，都要梳理科站队所的职能，看看能为社区群众做什么，哪些工作还没有做到位，哪些工作群众还不买账。“条”与“块”要结合起来，各尽其责、互相搭台，事前、事中、事后都要倾听老百姓的声音，及时调整和完善做法，把好事办好。解决群众困难就要不达目的誓不罢休，不见成效绝不回头，抓一件成一件、积小胜为大胜，在解决具体问题中让群众看到政府作风的新变化，以作风建设新成效赢得群众对我们的信任、对党的信任。

解决问题必须要研究问题。要分清轻重缓急、把握先后次序，要从党和政府关心、人民群众关注、社会普遍存在、切实能够解决的问题发力，从任务急迫的、群众期盼的改起。

坚持问题导向，创新理念是关键

解决好人民群众的长远利益和根本利益，需要从根本上转换发展思维、创新发展理念。过去抓发展，搞总部经济，搞聚集效应，是科学发展，现阶段疏解非首都功能，割舍、调整部分眼前利益，这也是一种科学发展。西城区把满足人民群众的新期待与坚持和强化首都核心功能、破解发展难题统筹起来，盯紧目标、全力推进。

在非首都功能上做好减法。抓住“人口、资源、环境相适应”这条主线，舍弃“占用资源多人力密集型”产业，调整产业链中“劳动密集”环节，疏解“不适应、可替代”的城市服务功能，发展“占用资源少智力型”产业形态，特别是要发展这些产业的前端环节，发挥西城区智力、信息、管理、高层次交流密集的优势。主动融入京津冀协同发展，在京津冀地区形成资源共享、服务互补、产业支撑的格局，进一步推动产业、功能疏解。

在人口控制上综合施策。一方面，要坚决控制住人口无序过快增长的势头。深入研究人口调控的措施办法，抓好以业控人、以房管人、以证管人，把控制中心城区人口过快增长作为当前工作的重中之重。另一方面，利用政策导向和市场机制，合理配置优质资源，推动中心城区人口向新城、小城镇和周边地区疏解，减少人口聚集效应。

在软实力提升上下硬功夫。宜居城市更注重人文环境、社会环境、生态与自然环境，这些都属于区域软实力，也是群众更高层次的需求。软实力上去了，西城区的发展才有依托、才有底气、才可持续、才更有意义。文化是最重要的软实力。积极发掘和利用西城区丰厚的文化基因、文化资源和文化传承，为传统与现代相结合文化产品的生产创造更好的环境和条件，把文化资源外化为文化产品，内化为人民群众的精神生活；要延续老北京的文脉，探索保护古都风貌的新机制，把留下历史的记忆和乡愁与现代生活结合起来，打造“老北京、新社区”；总结提炼区域文化特征，在城市建设中更加注重文化元素的植入，使文化成为城市发展永恒的符号，以“创造历史、追求艺术”的高度责任精神，让城市更有文化内涵、文化魅力和文化品位，让人民群众共享文化发展成果，努力为群众构建一个健康向上的精神家园。

此外，还要从民主法治、公共服务、社会治理、政府职能转变和党的建设等方面全面深化改革，构建现代化的治理体系。改革会有破有立，也会动一些人的奶酪，触动一些利益。但是只要对党和人民事业有利的、对最广大人民群众有利的，该改的就要坚定不移地改，这才是对历史负责、对人民负责。

必须认识到，改革没有所谓的“模板”，也没有僵化的“套路”，只有根据实践的变化、问题的发展不断做出新的探索，唯有坚持求真务实、实事求是，在问题的引导下不断前行，各项制度才能日臻完善，真正符合实际的需要。

部署改革任务要抓重点抓统筹

全面深化改革抓住 7 大重点领域

2014 年 7 月 25 日，西城区委十一届七次全会上审议通过了《中共北京市西城区委关于贯彻落实中央和市委部署全面深化改革工作的实施意见》（以下简称《实施意见》）。《实施意见》充分体现了党的十八届三中全会和习近平总书记的系列讲话精神，充分贯彻了中央和市委全面深化改革的决策部署，提出了新时期西城区全面深化改革的指导思想、总体目标、基本原则、实施步骤和主要任务。《实施意见》以中央改革的 336 条和北京市委改革的 57 条为遵循，共确定 36 条内容。该意见内容务实创新、重点特色突出，针对性操作性强，是一个总揽全局、凝聚共识的改革行动纲领。

《实施意见》提出，坚持社会主义市场经济改革方向，以促进社会公平正义、增进人民福祉为出发点和落脚点，进一步解放思想、勇于探索，着力破解制约发展的深层次问题，加快建立有利于可持续发展的体制机制，为实现西城区新发展提供强大动力和制度保障。

《实施意见》将未来 7 年的工作划分为三个阶段，2014 年至 2016 年为重点突破阶段，2017 年至 2018 年为集中攻坚阶段，2019 年至 2020 年为成果巩固阶段。强调到 2020 年要在重要领域和关键环节改革上取得决定性成果，在首都全面深化改革进程中走在前列，为建设国际一流的和谐宜居之都做出更大贡献。

《实施意见》明确了经济体制改革、城市建管体制改革、文化体制改革、社会事业改革、社会治理体制改革、政治体制改革、党的建设制度改革等 7 大重点领域和关键环节，共涉及 28 项内容。（见表 10）。

表 10：西城区全面深化改革重点领域和关键环节

序号	改革领域	改革要求
1	深化经济体制改革，再创区域经济发展新优势	推进产业结构优化升级
		深化区属国资国企改革
		支持非公有制经济健康发展
		促进区域协同发展
		加快转变政府职能
		加快市场监管体制改革
2	深化城市建管体制改革，推动城市发展迈上新台阶	提高城市规划建设水平
		创新历史文化资源保护利用模式
		健全城市精细化管理体制机制
		探索“城市病”治理的有效机制
		完善生态文明建设体系
3	深化文化体制改革，促进文化大发展大繁荣	加强社会主义核心价值体系建设
		完善文化管理体制
		健全现代文化市场体系
		构建现代公共文化服务体系
4	深化社会事业改革，提高保障和改善民生水平	推进科技体制改革
		深化教育领域综合改革
		深化医疗卫生体制改革
		建立更加公平可持续的社会保障制度
5	深化社会治理体制改革，促进社会和谐激发社会活力	改进社会治理方式
		健全社会动员工作体系
		强化区域安全稳定体系

（续表）

序号	改革领域	改革要求
6	深化政治体制改革，推进社会主义民主法治建设	推动人大工作创新发展
		推进协商民主广泛多层制度化发展
		落实司法体制改革部署
7	深化党的建设制度改革，提高党的执政能力和水平	强化组织保证和人才支撑
		加强权力运行制约和监督
		完善惩治和预防腐败体系

资料来源：根据《中共北京市西城区委关于贯彻落实中央和市委部署全面深化改革工作的实施意见》整理

以项目制任务清单形式抓好落实

中央深改组二次会议审议通过了《中央全面深化改革领导小组2014年工作要点》等文件，为各地推进改革工作指明了方向和重点。

西城区主动承接中央和北京市委改革领导小组2014年工作要点，积极对接在《实施意见》中强调的重点领域和关键环节，在各项专项小组年度工作要点的基础上，研究制定《西城区委全面深化改革领导小组2014年工作要点》（以下简称《改革要点》）。《改革要点》以任务清单的形式，从12个专项小组和改革办所负责的领域，明确了2014年全区改革工作的150项重点任务。为更加突出改革主线，《改革要点》在起草过程中，按照北京市提出“六个不写”（即一般性举措不写、重复性举措不写、纯属发展性举措不写、中央事权的改革举措原则上不写、部门可直接抓落实的举措原则上不写、非年度任务不写）原则，制定改革要点，体现整体性、计划性，然后分步实施，特别是要在体制机制上下功夫，尽可能最大限度地释放改革的红利。

截至2014年底，除了因中央和北京市相关文件出台需进一步对接的28项改革要点外，2014年各改革专项小组已经完成和基本完成122

项改革任务（见表 11）。2015 年 5 月，涉及 107 项改革任务的西城区委全面深化改革领导小组 2015 年工作要点正式推出。

表 11：2014 年西城区各专项小组改革工作

序号	改革领域	进展情况
1	经济体制改革	研究制定了《进一步深化西城区国资国企改革发展的指导意见》；拟定了与区域功能定位不符的产业清单，提出疏解不宜发展产业的思路和举措；制定了政府购买服务的实施意见；研究落实《西城区人口调控工作方案》。
2	区域协同发展改革	加强与河北省相关市、县对接了解情况、交流发展信息。与廊坊市达成合作共识，签订了《西城区与廊坊市合作发展框架协议》，确定将其作为西城区产业转移和功能疏解的主要承接地。
3	转变政府职能改革	建立和完善了政府权力清单制度，梳理区政府行政权力 5517 项。加快了西城区行政审批制度改革，形成了《西城区承接北京市下放行政审批事项目录》《西城区取消市级行政审批事项目录》和《西城区区级行政审批事项保留目录》。研究区投资项目审批流程改革细化措施和实施细则。
4	民主政治与法治建设改革	积极开展检察官办案责任制试点工作，通过整合内设机构、优化办案组织、明确执法权限责任等措施，着力构建职权配置合理、运行顺畅、公正高效的办案机制。坚持依法科学民主决策，出台《建立区政府重大决策向区政协通报协商制度的意见》，邀请各领域专家、居民代表和驻区代表、区人大代表和区政协委员参加区政府常务会，实施区政府常务会全程微博直播。区政府法律顾问直接参与区重大项目的咨询、论证 14 次。推进社会矛盾多元调解，签订“司法与行政良性互动机制框架协议”。加强行政监督与问责，形成“监督－约谈－监察建议－问责”工作链。
5	文化体制改革	构建现代公共文化服务体系，形成了《关于推动西城区基层文化建设的报告》《关于进一步加强西城区基层文化建设的若干意见》，编制了《西城区基层文化建设折子工程》和《西城区进一步加强新形势下基层文化建设工作手册》。初步完成西城区文化创意产业促进办公室、西城区互联网信息管理办公室筹备组建方案。加快完善现代文化市场体系，促进文化、科技、金融、商业、旅游业的融合。

（续表）

序号	改革领域	进展情况
6	历史文化名城保护与城市规划建设体制改革	组织编制了《西城区历史文化名城保护与城市规划建设体制改革专项小组工作方案》。结合《西城区人口疏解补偿安置实施办法》实现效果，做好补充完善。推动人口疏解、危改两类棚户区改造项目实施工作。通过多种途径集中解决33个项目的1万户居民住房改善问题。
7	科技教育体制改革	修订了《西城区科技计划项目经费管理办法》和《西城区可持续发展项目经费管理办法》；完成《北京设计之都核心区设计产业发展规划》，成立北京设计之都有限责任公司，承担“设计之都”大厦运营、设计服务促进等工作。研究出台了《关于推进义务教育重点领域综合改革的实施意见》，推出了8类改革新举措，主要包括扩大优质教育资源、探索实施学区制、完善学校教育教学功能、统筹社会素质教育资源、破解择校难题、师资队伍建设、教育评价导向机制、现代学校管理体制等方面。
8	医疗卫生体制改革	着力推进区域医疗联合体建设，宣武医院医联体、复兴医院医联体已经正式签约。在全区范围内全面推行医养结合工作。全区34家养老机构和相应的医疗机构，分别通过养老机构内部设置医疗分支机构、医疗和养老协议合作以及养老机构内部设置独立医疗机构等三种模式，全部完成了医疗和养老资源的结合。
9	社会建设与社会治理体制改革	进一步完善和深化全响应网格化社会服务管理工作体系。出台了《关于加强和改进社区服务群众工作的指导意见》，在全区256个社区推行社区事务综合受理、全科服务、延时工作、全区通办，加强和改进社区服务群众工作。积极探索老旧小区“社区服务＋物业管理＋居民自治”管理模式。建立区社会服务中心－街道社会服务中心（基地）的“一中心多基地”促进社会组织建设发展模式，促进社会组织参与社会治理。出台《西城区进一步引导社会单位资源开放，推进区域共建共享的指导意见》，引导驻区单位开放资源服务民生。
10	生态文明与城市管理体制改革	深入开展城市管理体制机制研究，拟制顶层设计方案。完成了《关于深化城市管理体制机制改革，促进环境精细化管理的建议》等建议和方案。制定并下发了《西城区城市环境分类分级管理综合标准化试点工作方案》。启动了国家级城市环境分类分级管理综合标准化试点工作。

（续表）

序号	改革领域	进展情况
11	党的建设制度改革	深化区委权力公开透明运行，将区党代会、区委全委会、区委常委会及其成员的职权和对应的流程图全部上网公开。制发《西城区委关于进一步加强区级政府工作部门和人民团体党组建设的意见》。制定实施西城区处级党政领导干部选拔任用工作流程、民主推荐办法、处级非领导职务选拔任用工作办法和考察工作办法；改进竞争性选拔工作，完善了西城区竞争性选拔处级领导干部工作办法；建立处级领导干部和后备干部履职业绩档案，形成了西城区干部工作“1+5”的制度体系。制定《关于进一步加强基层服务型党组织建设的实施意见》。健全集聚人才体制机制。
12	纪律检查体制改革	在全市率先推进纪委内设机构改革，在机构总数不变、行政编制总数不变、领导职数不变的情况下，将70%的力量都集中在办案工作上。出台了《西城区纪委监察局约谈制度》，规范了工作流程，明确了约谈人和约谈对象、约谈方式和内容、约谈程序、约谈要求四方面内容。

资料来源：根据2014年西城区全面深化改革工作总结整理

统筹“十三五”改革做好规划衔接

2014年8月18日，习近平主持召开中央全面深化改革领导小组第四次会议并发表重要讲话。他强调，2014年是党的十八届三中全会提出全面深化改革的元年，要真枪真刀推进改革，为今后几年改革开好头。各地区各部门要狠抓工作落实，实施方案要抓到位，实施行动要抓到位，督促检查要抓到位，改革成果要抓到位，宣传引导要抓到位，让人民群众感受到实实在在的改革成效，引导广大干部群众共同为改革想招、一起为改革发力。会议审议通过了《党的十八届三中全会重要改革举措实施规划（2014—2020年）》。该规划对未来7年的改革实施工作做出整体安排，突出了每项改革举措的改革路径、成果形式、时间进度，是指导今后一个时期改革的总施工图和总台账。

西城区主动对接中央和北京市委重要改革举措实施规划（2014－2020年），衔接和统筹“十三五”时期的改革工作，根据《实施意见》强调的重点领域和关键环节、时间节点和路线图，委托第三方机构开展《西城区重要改革举措实施规划（2014—2020年）研究》，积极组织各专项小组共同编制《西城区重要改革举措实施规划（2014—2020年）》（简称《改革规划》），将理论研究和实践相结合，统筹衔接关联改革，进一步调整梳理了139条改革举措，从改革路径、成果形式、时间节点、责任单位等方面规划改革步骤，实化细化改革成果，及时解决实施中的矛盾问题，力争把改革任务做实。《改革规划》在2015年4月30日召开的西城区委深改组三次会议上正式审议通过。

落实改革举措要有序推进分类施策

改革的集合号已经吹响。一分部署，九分落实。改革蓝图有了，关键是把蓝图一步步变为现实。科学扎实推动改革，不能急于求成，要有序推进，分类施策。

习近平强调，“要有序推进改革，该中央统一部署的不要抢跑，该尽早推进的不要拖宕，该试点的不要仓促推开，该深入研究后再推进的不要急于求成，该得到法律授权的不要超前推进”。对于基层政府而言，有序推进改革，该上级统一部署的不盲目抢跑，该尽早推进的不要观望等待，该试点的要积极争取，该深入研究后再推进的要加强调研、提前谋划，该超前推进的要于法有据。根据这一原则，西城区按照改革进度进行分类施策，确保改革有序、有效。西城区委副书记、区长王少峰在区委深改组二次会议上进行了部署 。

对已经启动的改革工作，要抓好深化和完善

改革领导小组成立以来，特别是各专项工作组全面启动工作以来，在教育改革、人口调控、区域协同发展、社会治理创新和城市管理试点等领域都取得一些阶段性成果。有的出台了文件，有的做了工作部署，有的还在进行试点。对于已经启动的改革工作要注意以下三点：

一是要做好政策解读。正确把握中央和市委相关文件精神，通过有针对性的宣教和解读，帮助广大干部群众更好地学习理解中央、市委及区委关于全面深化改革的重大理论观点、重大战略思想、重大工作部署，进一步提高认识、统一思想、凝聚共识。

二是要研究配套措施。改革是一个长期的复杂的系统的过程，一个政策的出台，需要一系列的配套措施来保证政策的实效性。分管领导和各专项小组部门对于已经启动的改革要深入研究还有哪些措施、哪些意见需要配合改革工作出台，以保证改革工作的整体性、系统性和协调性。比如现在正在进行的义务教育重点领域综合改革，教工委需要研究教师校长的交流机制、相关职级管理制度等一系列的配套措施。

三是要形成强大合力。要加强组织领导，整合资源，综合发挥各部门的优势，大力协调和统筹各方面的力量，充分调动各方面的积极性，形成共同推进的强大合力。

对已经开始调研的改革，要抓好重点和试点

改革涉及方方面面，有的改革已经启动了，有的还正在调研。各专项工作组在调研、在推动、在提出建议的时候，要把握三个要点：

一是要积极回应群众呼声。要从群众反映强烈的突出问题入手，从基层迫切需要解决的问题入手，抓紧时间研究确实影响到工作推进的、不改不行的问题，并及时向区委提出建议。

二是要主动承接上级部署。北京市委和市里相关部门已经布置的改革工作，要抓紧时间研究落实。西城区的教育改革工作能够取得今天的成绩，主要的原因就是因为启动早、研究充分。

三是要切实做好改革试点。改革一方面需要自上而下的主导、支持，另一方面也需要自下而上的试点、示范，两方面相辅相成，缺一不可。要支持各部门各街道开展多层次多方式的试点。要通过抓重点，抓试点，探索经验，提炼好做法，在全区进行推广。通过点的突破带动相关各条线的推进，这是重要的工作方法。

对已经部署的相关工作，要抓好落实与督查

要根据出台的文件和工作部署对改革任务分解，进一步落实责任，协调推进：

一是要强化工作落实。各专项小组、各部门是落实改革的承担者，其执行状况如何，直接决定着改革的成败，要充分发挥局部和基层的主观能动性。

二是要加强督促检查。由于各种原因，各个部门的工作节奏不一样，推进程度也不一样。区委督查室、区政府督查室要抓好督办、落实和检查，确保各项任务都能够按时完成。

三是要做好信息工作。要加强信息的反馈与报送，客观、全面、迅速地反映各项工作改革任务的推进情况，便于区委及时总结经验。

对已经有明确意见和阶段性成果的，要抓好汇报和评估

一是加强经验总结。对于已经取得阶段性成果的改革。比如义务教育重点领域综合改革要做好经验总结，为改革的深入开展打下基础。

二是及时汇报情况。及时向区委，包括市里相关部门汇报改革进展情况，有什么问题需要克服，有什么工作需要支持。

三是开展工作评估。要对改革的成效进行评估，及时发现工作中的不足，向区委全面深化改革领导小组提出来，必要的时候可以以政策建议的形式向市有关部门报告。

对各专项改革工作，要抓好支持和协同

各专项工作组启动以后，很多部门都是在多个组中承担任务，这就需要加强统筹协调，相互配合协同。

一是要主动争取上级支持。各专项小组要与市有关部门多沟通、多汇报，及时了解市里的情况、进展程度。在城市管理体制改革上，正是通过与市相关部门多次、主动沟通对接，才最终争取到市里的支持，为下一步推进城市管理体制改革工作赢得了主动权。

二是要加强工作协同配合。改革工作既有专项领域的，又有需要各个专项小组和部门协作完成的，各部门要加强协作。区委改革办、各专项小组办公室在出台文件的时候，要加强研究，考虑问题要全面一些，特别是要对需要出台综合性政策推进的改革，要尽可能考虑到方方面面的因素，避免少项漏项缺项。各专项小组办公室之间要畅通信息流转渠道，构建资源共享平台。

三是要积极借助外脑作用。要学会用好别人的经验。西城区的全面深化改革邀请了智库机构全面参与，要发挥好他们在信息收集、政策解读等方面的优势。同时各专项小组也要通过自己的信息渠道，及时了解兄弟区县的做法，好用的、管用的，要拿来进行嫁接、修改、完善，在西城区落地生根。

推进经济体制改革
促进区域经济优质高效

把经济体制改革作为全面深化改革的重点，切实处理好政府与市场的关系，处理好功能街区建设与产业优化升级的关系，处理好国资国企主导作用与激发非公经济活力和创造力的关系，促进区域经济优质高效持续发展。

深化财税体制改革预算信息公开

改革进展与成效

一是贯彻落实北京市财税体制改革相关工作。加强财政工作精细化管理，建立健全预算管理基础信息库；深化预算信息公开，进一步细化“三公经费”公开内容。二是衔接推进国家、北京市税收征管改革相关工作。落实“营改增”扩容至电信行业、扩大小微企业所得税减半优惠范围等政策，成立工作领导小组，制订工作实施方案。三是协调区相关部门积极推进财政财务改革、注册资本登记改革、小额税费减免等重点改革工作，并取得积极成效。四是根据《北京市关于政府向社会力量购买服务实施意见》，制定西城区政府购买服务指导性目录，将部分公共服务由“直接举办、直接提供”转为“购买服务、质量监督”。

改革方向与重点

一是继续深化区域财政财务预决算信息公开工作，贯彻落实财政管理制度改革和三年滚动预算试编工作；二是全面落实各项税收政策，推进税种管理的科学化、精细化，优化纳税服务环境，推进税源分级分类管理，做好税收风险管控。

投融资体制改革推行项目制

改革进展与成效

一是创新金融体制改革。积极主动地做好国家监管机构和大型金融机构配套服务和新设机构的落地承接工作。积极做好区属国有企业和中小企业上市培育服务。积极利用西城区与沪、深、港交易所以及新三板市场的战略合作优势，助推西城区区属国有企业和中小企业上市和挂牌。二是创新政府投融资渠道。进一步放开社会资本进入领域，继续引导民间资本进入特色街区、棚户区改造等城市建设，拓宽政府融资方式。三是进一步完善政府投资项目管理。研究出台《北京市西城区政府投资管理暂行规定》。

改革方向与重点

一是进一步加大对高端金融机构的引进力度。二是提高金融街服务区域经济社会发展能力。三是发挥西城区政府与上交所、深交所、港交所及新三板市场战略合作优势，推动区属国企上市，服务国资国企改革。

国资国企改革推进顶层设计

改革进展与成效

一是结合国务院和北京市国资国企改革有关要求，研究制定《进一步深化西城区国资国企改革发展的指导意见》。二是完善国资监管制度体系，研究修订国有资本收益收缴管理暂行办法，修订完善《西城区国有资产重大事项管理办法》。三是进一步深入调研，搭建平台，充分发挥资产评估、会计师事务所等各类中介机构的作用，着力引导区国有企业、非公有制企业发展混合所有制经济。

改革方向与重点

一是推进区属国有企业分类监管，进一步规范企业经营者业绩考核与薪酬管理，研究修订国有资本收益收缴管理暂行办法。二是明确出资人审批事项清单，细化完善战略规划、投融资、公司治理等重大事项管理，依法合规履行出资人职责。三是研究出台西城区国有企业领导人员管理办法，探索开展市场化选聘企业高级管理人员，在已建立规范董事会的企业按照相关规定和程序落实董事会选人用人权。

优化产业结构和调控人口

改革进展与成效

一是开展《西城区功能街区发展模式及战略问题研究》课题研

究，从功能街区发展的实践中总结经验，提出了西城区功能街区“486发展模式”。二是起草了《关于西城区人口调控督查工作的实施办法》，对重大项目开展人口评估工作，探索全区人口评估工作长效机制。三是积极落实《北京市人民政府办公厅关于印发〈北京市人口动态监测工作方案〉的通知》，建立西城区人口动态监督台账。四是出台《关于促进西城区产业优化发展的实施意见》《开展西城区市场业态清理整顿工作方案》等文件，对不符合西城区功能定位的产业和业态暂停审批，整顿清理。五是研究制订《西城区生活服务业三年行动计划（2014—2016）》。积极开展生活服务业试点工作，加大整治违法经营建设等方法加大户籍人口调控力度，积极推进流动人口调控工作。

改革方向与重点

一是通过群租房整治、清理地下空间、拆违撤市等措施，减少非服务首都所必需的流动人口规模；通过充分发挥市政、棚改、疏解等大项目带动常住人口外迁作用，切实降低常住人口存量。二是对街道开展分级分类个性化指导。对直管公房数量较多的街道开展直管公房转租转借清理试点。对产业转移升级任务较重的街道等偏重产业转移和功能疏解等工作。三是完善人口动态监测和市级监测点工作机制，建立人口会商预警制度和人口调控奖励机制。四是探索建立功能街区评价指标体系。

优化经济发展的市场环境

改革进展与成效

一是进一步优化区域开放型经济发展环境。促进区域涉外经济的发展壮大。二是完善征税机构改革工作。根据西城区经济发展特点，西城区地税局成立金融专业税务所、涉外税务所、国际税收管理科，区国税局成立税务档案管理中心，并新增一个大企业管理税务所。

改革方向与重点

一是实行企业登记“三证合一”，推进登记制度便利化。二是落实企业信息公示制度，开展信用监管。推进信用体系建设，建立新型“宽进严管”监管模式，完善登管衔接工作机制。三是推进“先照后证”，进一步降低市场准入门槛，强化工作监管。四是全力推进落实《西城区生活性服务业三年行动计划》。五是进一步优化区域开放型经济发展环境。搭建发展平台，完善西城区“双自主”企业库，加大对“双自主”企业支持力度，编印 2015《西城商务服务指南》。

推进统计制度改革

改革方向与重点

一是不断完善区域监测评价机制。加大人口、资源、环境、生态领域监测，探索建立文商旅融合发展监测评价体系。二是积极落实和实践统计方法制度改革。在基层层面积极探索区域 GDP 核算方法改革，力求区域经济总量核算反映真实客观情况。三是有效整合统计数据资源。完善部门联席会议机制，探索数据发布和应用的新方式、新工具。

促进非公有制经济发展

改革方向与重点

一是促进区域非公企业科技创新。宣传鼓励企业创新政策，促进各项扶植政策落地。引导非公企业充分利用公共科研平台开展技术合作，坚持走“专、精、特、新”之路，推动企业转型升级。二是积极拓展非公企业发展空间。紧抓京津冀协同发展有利契机，拓展非公企业在外埠发展新空间。积极争取京外投资意向地的利好政策。三是发挥政府引导和市场主导作用，处理好非首都功能疏解中的非公经济发展问题。

强化非首都功能疏解
推进京津冀协同发展

京津冀协同发展的核心是疏解非首都功能。西城区的“动批”包含9个市场、1.2万个摊位、3万余从业人员、聚集人口近10万，是疏解的关键战役。“集聚是发展、疏解也是发展”，“动批”疏解是挑战更是机遇、机遇大于挑战、挑战先于机遇，“动批”疏解已经成为疏解非首都功能、京津冀协同发展的标志性事件。

主动参与京津冀一体化进程

改革进展与成效

一是与廊坊市签订合作发展框架协议，确立了两地领导的会商机制和工作部门的协调调度机制；在西城区协同发展小组下增设永清物流园建设办公室，调度部署物流园建设工作。二是积极服务对接工作。津冀地区20余县市与西城区卫生局、区旅游委、区功促局、北展地区建设指挥部、金融街集团等单位就物流产业、园区开发、金融、地产开发、医疗卫生协同发展、旅游等领域内容进行沟通对接。三是通过招商推介会、项目对接会等形式，帮助有需求的非公有制企业向京外转移，促进非公有制经济进一步发展。

改革方向与重点

一是落实《京津冀协同发展规划纲要》。做好核心区城市总体规划和“十三五”规划衔接工作，加强对核心区非首都功能疏解和京津冀协同发展等领域的调查和研究，把协同发展的总体思路、发展目标、重大任务、重要举措落到实处。二是进一步完善协同发展的体制机制。逐步完善共建产业园区的体制机制。完善跨行政区的规划对接机制，推动经济社会发展规划、城乡建设规划、土地利用规划、环境保护规划、水资源利用规划等“多规合一”。三是建立健全跨区域产业联盟、园区联盟，发挥商会、行业协会的作用，加快市场一体化进程，促进资本、技术、产权、人才、劳动力等各种要素按照市场规律在区域内自由流动和优化配置。四是着力推动产业合作。加强政府间的沟通交流，完善相关配套政策，与津冀地区开展实质性合作对接；发挥首都核心区优势，集中推动永清现代物流园、固安“天恒产业园”“金融街固安新城”的建设取得实质性进展；推进万通小商品市场调整疏解方案可行性研究，推动廊坊市香河县筹建的万通新世界商城主体工程建设。

落实北京市禁止和限制新增产业目录

改革进展与成效

为深入贯彻落实首都城市战略定位，加快构建“高精尖”的经济结构，落实北京市发展改革委等 10 部门联合发布的《北京市新增产业的禁止和限制目录（2014 年版）》，西城区制定并实施《西城区新增产业的禁止和限制目录（2014 版）》和《西城区新增产业禁止和限制的管理措施（2014 版）》。

完善对口支援和区县协作机制

改革进展与成效

西城区与河南省邓州市签订《对口协作框架协议》，制定对口协作计划，明确对口协作思路、目标、重点领域和主要任务，扎实推进对口协作工作。采取“政府搭台、企业唱戏”的方式，促进两地企业按照自身发展需求，通过资源的合理配置实现互动交流，在经贸合作、人才开发、技术交流、公共服务和帮扶协作等领域加强合作，共同构建京豫南北共建、互利共赢的区域发展格局。

改革方向与重点

一是继续推进与南水北调水源地河南省邓州市的对口支援与交流合作。二是完善与西藏、新疆、内蒙古等省区有关城市（区）的对口支援机制。三是健全与北京市兄弟区县协作发展机制，在保障房建设、公共服务设施建设、教育医疗合作等方面加强对接，实现优势互补、联动发展。

加快非首都功能疏解

改革方向与重点

西城区将全面推进《京津冀协同发展规划纲要》落实，把非首都功能疏解作为未来几年的改革重点：一是重点统筹和推进“动批”“天意”市场的疏解。其中，“动批”包含9个市场、1.2万个摊位、3万余从业人员、聚集人口近10万，是疏解非首都功能的关键战役。二是依照产业均衡布局或职住平衡的原则，谋划、推动西城区的优质制造业企业组团转移的方案。三是适度调整医疗资源，借助新城建设在定向安置项目中配置医疗资源，探索医、养结合新模式。四是启动对职业教育资源的搬迁和疏解，推进河北省对接地教育基础设施转移项目的建设工作。五是以生活性服务业三年行动计划实施为契机，加快整治区域内百姓生活服务中心的建设，通过生活性服务业优化升级，疏解不合法、不规范等不宜发展的生活性服务业实体。六是加大“三里河—金融街—中南海”区域的工作力度，把“三金海”周边区域率先打造成为西城区的和谐宜居示范区。

深化行政体制改革　推动政府职能转变

转变政府职能的实质就是推进政府自身改革，拿政府的体制机制开刀、拿政府自身利益开刀、拿资源配置的行政权力开刀。西城区要切实转变政府职能，在建立“权力清单”制度的基础上，推进“责任清单”“负面清单”制度建设。创新行政管理方式，建设法治型政府和服务型政府，提升政府治理体系和治理能力现代化水平。

建立权力清单制度公开权力运行流程

改革进展与成效

在实施步骤上，坚持分步实施、总体推进；在实施方法上，坚持职权法定原则；在公开内容上，坚持做到“四个必须”。截至2014年底，西城区共梳理区政府行政权力5517项，其中本级行政权力156项、区政府部门行政权力5297项、街道办事处行政权力64项；共梳理区政府、委办局领导班子成员职责4299项；共梳理委办局、街道等单位办公会职权615项；共梳理涉密不公开行政权力34项。通过对权力事项的进一步梳理，权力行为的进一步规范，有效地预防和遏制腐败的发生，有效地保障和扩大了公民的知情权、参与权和监督权，进一步提高了为人民服务的能力。

行政审批制度改革：“承接”“取消”并举

改革进展与成效

一是认真梳理，进行承接和取消。自行政审批制度改革工作开展以来，北京市分三批共计下放、取消 369 项行政审批事项，其中下放 195 项，取消 174 项。西城区编办与各单位沟通明确，做到逐条对应，逐项衔接（见表 12）。二是梳理核准，编制目录。形成《西城区承接北京市下放行政审批事项目录》《西城区取消市级行政审批事项目录》和《西城区区级行政审批事项保留目录》三个目录。西城区属各单位（不含垂直管理单位）取消的行政审批事项 31 项，对应承接市级下放事项共 35 项，保留行政审批事项共 277 项，其中行政许可 186 项，非行政许可审批 91 项。三是与行政服务标准化相结合，优化审批流程。在国家级行政服务标准化试点工作基础上，对西城区行政服务事项进行梳理，调整规范政务服务事项 269 项。四是加强监督检查，指导制订承接方案和监管措施。凡是依据西城区区级文件设立的，一律取消或改变管理方式，不再进行行政审批；同时新承接的行政审批事项要制订承接方案，对取消的行政审批事项要制定监管措施。五是深入调研，加强事中事后监管。首先是采取例会制度，审批各部门间定期互相通报情况；其次是日常巡视与执法巡视相结合，以日常检查和执法队的监管、处罚相结合来实现监管；再次是在一些专业性强的领域，聘请专家审核、校验，确保审核结果；最后是依靠跨部门间紧密协作，在一项审批流程链条上的各行政部门密切沟通，通过信息共享实现监管。六是纳入绩效考核，规范管理。将行政审批工作纳入政府年终考核范围，实行评分制，分别对精简行政审批事项完成情况、行政审批行为规范情况和整改提高情况等 3 大块 9 小项内容进行考核。对北京市下放的行政审批事项，从对应承接到承接方案制订、清单的实时更新和审批流程的公开进行统一要求；对北京市取消的事项，从对应取消到事后的监管措施的制定进行统一考核，将规范化建设纳入管理，进一步规范了行政审批制度的管理。

此外，出台西城区政府投资管理规定，细化优化投资项目审批流程。2014 年 10 月 16 日，西城区政府发文《北京市西城区人民政府关于印发北京市西城区政府投资管理规定（暂行）的通知》，这是自行政区划调整以来，西城区政府投资管理制度的重大成果。

表 12：西城区对北京下放、取消行政审批事项的分类

审批事项	分类	举例
北京市下放行政审批事项（195 项）	正常承接无疑问的（172 项）	区人力社保局承接了市人力社保局下放的“企业实行综合计算工时工作制和不定时工作制审批”。
	下放区县但西城无管理对象的（23 项）	市农业局“征收渔业资源增殖保护费”和市粮食局“陈化粮购买资格认定”。
北京市取消行政审批事项（174 项）	区县取消无疑问的（43 项）	市发改委取消“煤炭经营企业设立资格审查”，区发改委也对应取消。
	市级权限不涉及区县，即事权自始不在区县的（131 项）	市园林绿化局“在森林防火期内进入林区、国有林场、自然保护区证明核发”和市国土局“开办独立选、洗矿场批准”。

资料来源：西城区转变政府职能改革专项小组提供

改革方向与重点

一是根据北京市编办（审改办）的统一部署，进一步加大简政放权力度。二是继续做好2015年市级取消和下放行政审批事项的清理、承接工作和督促检查工作。三是清理并逐步取消非行政许可审批事项。四是研究制定加快西城区行政审批制度改革的指导意见。五是将行政审批制度改革与绩效考评工作相结合，引入第三方监督评价机制，协调配合区人大、政协的日常监督工作，建立西城区行政审批制度改革工作管理的长效机制。

推进政府职能转变和机构改革

改革进展与成效

一是研究提出西城区委全面深化改革领导小组办公室的具体组建方案。设立西城区委改革办，负责承办西城区委深改组的日常事务。核定西城区委改革办行政编制10名。二是根据北京市文件要求，组建西城区卫计委，不再保留西城区卫生局、区人口计生委。将人口规划和年度计划、西城区人口和计划生育工作的综合协调职能划给区发改委；将职业卫生监管职责划给区安监局；将设在西城区市政市容委的区爱卫会办公室划给西城区卫计委。三是对西城区科委与西城区信息办两个机构进行了调整，组建西城区科信委。将西城区信息办的政务办公系统建设职责划给西城区政府办，将其他职责划入西城区科信委。四是根据北京市文件要求，调整西城区侨务工作。将西城区政府民宗侨办负责的侨务工作职责划入西城区政府外办。机构名称根据职责一并做相应调整。五是规范部门管理机构设置。根据北京市文件要求，区县不再设立部门管理机构，将西城区房屋管理局列为西城区政府工作部门，机构规格正处级。

改革方向与重点

2015年6月15日，西城区卫计委、西城区科信委正式挂牌。同时成立西城区委卫生计生工委、西城区卫生计生委，分别作为西城区委派出机构和区政府工作部门合署办公；新组建的西城区科信委为西城区政府工作部门，加挂北京市西城区知识产权局牌子。

此外，西城区推进事业单位登记管理工作法制化建设。取消事业单位法人年检，实行年度报告公示制度，完成西城区事业单位法人证书换发工作。

落实北京市控编减编方针政策

改革进展与成效

一是推进改革，从源头控制和减少机构编制需求。二是明确规定，从严控制机构编制增长。除北京市委、市政府和市编办另有要求的，西城区全年未向各机关单位增加行政和事业编制。议事协调机构和临时机构不设实体性办事机构，不核定人员编制。三是创新管理，积极盘活用好现有编制资源。根据市编办部署，推进公益类事业单位人事制度、社保制度、预算制度改革，积极探索事业单位人员需求的多种实现方式。结合政府职能转变和机构改革，对职能取消、转移、下放、弱化的单位以及机构和职能整合的单位相应精简编制。收回和核减的编制由机构编制部门统筹使用，重点向基层和一线倾斜，向事关全区中心工作、全局工作和重大民生保障等方面倾斜。四是严肃纪律，强化控编减编考核监督。做好“吃空饷”和在编不在岗专项整治工作。

根据北京市有关部署，开展超职数配备干部专项整治，规范领导职数、非领导职数的配备和使用。清理议事协调机构和临时机构。清理各类自设机构。清理规范各级机关事业单位编外用人（见表 13）。

表 13：西城区控编减编措施

序号	措施
1	以区编委会名义向全区发布严格控制机构编制总量，不再新增机构和不再新增事业单位编制的文件。
2	根据市编办等 6 部门印发的《关于开展“吃空饷”、在编不在岗、编外大量聘用人员情况专项整治工作的意见》精神，对全区情况进行摸底调查后，提出整改意见，上报市编办。
3	在机关、事业单位招考录用工作时，对编制进行事先审核，审核标准如下：（1）确定比例，明确空编招录比为 3：1 至 5：1，即有 3 至 5 名以上空编的单位才可以招录；超编和满编单位不得招录。（2）针对区域特点和实际，放宽教育、卫生和一线单位的招录比例；适当放宽新设立单位的招录比例。
4	根据北京市“深入开展地方机构和人员编制核查全面推行机构编制实名制管理”工作部署，推进西城区的机构和人员编制核查及机构编制实名制管理工作。
5	根据北京市“核减机关工勤事业编制和机关后勤服务机构中工勤人员占用事业编制”工作部署，推进西城区核减机关工勤事业编制和机关后勤服务机构中工勤人员占用事业编制的工作。
6	根据深化行政管理体制改革、转变政府职能改革的要求，调整机构设置的同时，对合并或撤销的部门及内设机构，核减相应编制，有序推进机关行政编制向街道基层一线部门倾斜。
7	根据《北京市机构编制委员会关于西城区精简市属议事协调机构和临时机构的通知》（京编委〔2014〕50 号）文件精神，提出西城区精简区属议事协调机构和临时机构的方案，提交区编委会审议，通过后贯彻落实。根据深化行政管理体制改革、转变政府职能改革的要求，机构设置调整完毕后，对相应的议事协调机构进行清理和调整。

资料来源：西城区转变政府职能改革专项小组提供

改革方向与重点

创新机构编制管理、推进实名制管理工作。一是严格落实机构编制只减不增要求，通过控制总量、盘活存量、创新机制，并积极探索购买服务的用人方式，提高编制使用效能，保障重点领域和部门的需求。二是继续巩固“吃空饷”和在编不在岗专项整治成果，推进机构编制实名制管理工作，按照北京市级实名制管理办法，实现实名制信息动态维护制度，推动信息资源整合和共享。

坚持依法行政推进重点领域体制改革

改革方向与重点

一是配合做好西城区法院、检察院系统人财物统一管理的调查研究和试行聘用制司法辅助人员制度的相关工作。二是借鉴试点区县经验，做好固定资产投资项目审批事项清单梳理等有关工作。三是推进行政处罚事项清单的梳理工作。四是推进依法行政建设，深化行政执法体制改革的研究工作，进一步理顺城管执法体制，按照北京市提出的区县城管执法队从垂直管理改为双重管理的指导性意见，做好西城区城管执法队管理模式的调整工作。五是按照北京市的要求，推进西城区城市管理体制改革工作，明确街道办事处在城市管理领域的职责，优化区、街在环境建设、环境保护等方面的机构设置、职能配置和运行机制。六是按照北京市批复精神，在研究审核西城区卫计委、科信委“三定”规定的基础上，做好爱卫会、职业卫生、侨务等相关职能划转工作，完成西城区房屋管理局由部门管理机构调整为政府工作部门的相关工作。七是完成事业单位分类的批复工作；根据中央和北京市有关部门制定的财政、人事、收入分配、养老保险等事业单位改革配套政策，研究细化西城区配套政策。八是根据中央和北京市统一部署，推行统一的不动产登记管理制度。

发展民主政治　深化依法治国领域改革

坚持党的领导、人民当家做主、依法治区有机统一，推动人大工作创新发展、推进协商民主广泛多层制度化发展、深化法治建设领域改革。推进社会主义民主政治制度化、规范化、程序化，发展更加广泛、更加充分、更加健全的人民民主，强化法治保障和法治秩序。

推动人大工作创新发展

改革进展与成效

一是探索将决定权与监督权的行使有机结合，启动常委会讨论决定重大事项规定的修改工作；二是探索建立代表自主选择参加常委会执法检查、视察调研的工作机制；三是完善代表接待选民日制度，推进代表与群众直接联系经常化、制度化。

改革方向与重点

一是进一步完善讨论决定重大事项的工作机制和程序，改进和加强人大监督工作；二是改进代表议案办理工作，提升代表议案办理质量。

推进协商民主广泛多层制度化发展

改革进展与成效

一是完善协商民主重大决策工作制度，研究出台《关于建立西城区政府重大决策向区政协通报协商制度的意见》和《关于政风行风民主监督工作实施意见》；二是完善西城区政协与区委、区政府联系协调机制，建立《西城区委、区政府工作部门政协工作联系人制度》；三是完善《中共北京市西城区委与民主党派政治协商制度》和《民主党派、无党派人士直接向西城区委提出建议的工作办法》，把政治协商纳入决策程序；四是制订《西城区委统战部推进创建社区统战人士小组，加强基层统战工作的方案》，探索创建社区统战人士小组，发挥统一战线在促进基层民主协商中的积极作用。

改革方向与重点

一是学习落实中央《关于加强社会主义协商民主建设的意见》。二是研究制定西城区委、区政府和区政协年度协商工作计划实施办法、西城区政协专题协商会议工作规范；三是进一步推进协商民主广泛多层制度化发展；四是推进统一战线法制化建设，打造工作经验、政策、法规三位一体统战工作格局。

深化依法治国领域改革

改革进展与成效

一是推进主任检察官办案责任制改革试点。西城区检察院以检察权的合理配置和规范运行为目标，整合内设机构，在公诉处等 5 个部门开展试点工作，明确划分主任检察官依法独立行使的权力和应当报送检察长审批的权力，在刑诉法框架内，最大限度赋予主任检察官与其履职相对应的执法办案权限；构建起院级、部门、办案组三层监督制约体系，确保案件依法公正办理。二是探索主审法官办案责任制工作。西城区法院成立了司法改革工作小组，以金融街法庭作为主审法官负责制试点部门，组建了 6 个审判团队，初步建立了主审法官绩效考评体系，严格规范落实庭长审判监督管理权、案件评查制度、诫勉谈话制度、工作留痕制度、重大事项汇报制度等配套措施。三是全面推进司法公开工作。落实司法公开三大平台建设要求，自 2014 年 1 月 1 日起，除法律规定不宜公开的外，对所有生效裁判文书进行上网公开；全面推进审判流程公开工作；积极筹备执行信息公开平台建设，于年底实现了执行信息全面公开。四是落实北京市警务管理体制与公安队伍管理制度改革。以法制教育大讲堂为依托，创新“基层执法业务骨干案卷审核实战”培训班等全新培训模式，全面落实领导干部法律学习制度和全警执法培训制度，积极打造“最廉洁警队”，主动应对好检法机关垂直管理后对公安工作提出的更高要求。五是积极落实北京市加强社区矫正工作的意见。研究决定在社区矫正和安置帮教工作科加挂“北京市西城区司法局社区矫正管理支队”牌子，在矫正帮教科成立矫正执法监察队；积极探索个体矫正新模式，探索引入专业性社会组织适当参与社区矫正和安置帮教工作。六是积极推进涉法涉诉信访事项剥离工作。按照《关于依法处理涉法涉诉信访问题的意见》要求，对涉法涉诉信访事项实行“三不”原则，即不受理、不转办、不答复，向信访人做好政策宣传教育工作。七是重新修订《信访工作考评细则》。对加大各部门预防和化解矛盾纠纷的工作力度提出新要求，针对街道和委办局工作特点分别制定考核标准；建立区、街联合接访平台；西城区人力社保局等单位进驻信访接待大厅；西城区 15 个街道利用政务办事大厅的平台，实现各职能部门的科、队、站、所与街道联合接访。八是完善人民建议征集制度。建立完善了区级人民建议特邀建议人队伍，聘请 41 名社会各界人士作为特邀建议人；组织进社区挂职干部代表和人民建议征集员代表召开座谈会，收集意见建议。

改革方向与重点

一是进一步强化检察官的办案主体地位，保障检察官依法独立行使办案权；进一步探索检察人员分类管理，保障办案部门与综合部门协调推进；启动法官员额制测算工作，进一步推进审判权运行机制改革试点工作；完善多元化纠纷解决机制，继续推进落实司法公开工作。二是进一步贯彻依法治国基本方略，深化维稳格局建设，全面提升平安建设能力；进一步推进改革创新，狠抓执法规范化建设，提升分局法治建设水平；进一步强化政治建警，以推进队伍正规化建设，提升公安队伍履职能力。三是贯彻落实国家机关“谁执法谁普法”的普法责任制，普遍建立法官、检察官、行政执法人员、律师等以案释法制度，成立律师普法讲师团，加强普法志愿者队伍建设；加强社区矫正机构和队伍建设，科学创新社区矫正工作方法，提高社区矫正工作水平。进一步强化首办责任制；坚持法定途径优先，推进涉法涉诉信访问题的剥离。

深化文化体制改革
构建现代公共文化服务体系

进一步加强基层文化建设，围绕培育和践行社会主义核心价值观，以满足人民群众精神文化需求为出发点和落脚点，以“记忆西城、艺术西城、书香西城、时尚西城”为引领，大力推进“机关文化、社区文化、企业文化、学校文化、家庭文化、军营文化”建设，从城市文化入手定位西城城市品格。

完善社会主义核心价值观宣教体系建设

改革进展与成效

一是学习贯彻中办《关于培育和践行社会主义核心价值观的意见》，大力弘扬社会主义核心价值观。二是深入推进公民道德建设。三是研究探索未成年人思想道德建设协调沟通机制。深入推进“做一个有道德的人”主题活动；推动学校教育、家庭教育、社会教育、网络教育有效衔接，扎实推进北京市妇联“预防儿童伤害干预”项目在西城区试点工作等；不断优化未成年人健康成长的社会文化环境，进一步深化校园周边三级防控体系建设，加强义务监督员队伍建设，持续促进全时、全地域覆盖的群管群防工作网络建设；强化关工委工作机制。

改革方向与重点

一是研究制订《西城区培育和践行社会主义核心价值观行动方案》，搭建创新平台，构建宣教体系，推动自觉践行；推出示范工作，培树先进典型，展示教育成果。二是完善“四位一体”新闻发布制度，建立分级分类新闻发布模式。运用互联网思维，推动传统媒体和新兴媒体融合发展，建立网络西城。

构建现代公共文化服务体系

改革进展与成效

一是重点完善基层文化建设体系，提出“书香西城”的理念，并将全国重点文物保护单位——万松老人塔打造为全市首个非营利性公共阅读空间——“砖读空间”。二是研究形成《关于推动西城区基层文化建设的报告》《关于进一步加强西城区基层文化建设的若干意见》，编制了《西城区基层文化建设折子工程》和《西城区进一步加强新形势下基层文化建设工作手册》。

改革方向与重点

一是深入研究“记忆西城、艺术西城、书香西城、时尚西城”等“四个西城”的科学内涵，准确把握基层文化建设的本质；以“机关文化、社区文化、企业文化、学校文化、家庭文化、军营文化”等“六个文化”作为抓手和途径，不断推进基层文化建设。二是以政府购买服务的形式，借助社会资源搭配公共文化服务，提高基层文化服务质量。进一步挖掘粤东新馆等会馆以及名人故居的文化价值，结合文物征收和腾退，探索其作为公共文化服务场所利用模式，丰富公共文化设施场所。三是加大对区域内文博图场所、名人故居、经典民居等资源的规划、整合和建设；实现宣南博物馆的展陈改造提升与非遗展示中心的有效结合，打造动静结合的新型博物馆。

文化管理体制和文化事业单位改革

改革进展与成效

一是深入研究西城区文化创意产业促进办公室、西城区互联网信息管理办公室筹备组建方案。二是召开文化体制改革专题会，研究讨论西城区可经营性文化事业单位资源整合事宜。三是会同西城区教委、区编办、区文化委、区国资委、区总工会、北京大观园管委会，完成西城区可经营性文化单位情况进行摸底工作（见表 14）。

表 14：西城区属可经营性文化事业单位分类

区属可经营性文化事业单位（16家）	分类	内容
	按机构类型分类	电影院8家，剧院2家，剧团3家，文化宫2家，管委会1家
	按拨款形式分类	差额拨款单位6家，自收自支拨款单位10家
	按资产分类	资产总额大于5000万元的事业单位1家，为大观园管委会；资产总额大于1000万元（含）、小于5000万元的2家，分别为北京市广安门电影院、中华电影娱乐宫；资产总额大于100万元（含）、小于1000万元的9家；100万元以下的4家

资料来源：西城区转变政府职能改革专项小组提供

改革方向与重点

一是探索在区域内公共文化服务机构建立理事会制度，用制度化的形式来保证社会化运营模式，营造全新的西城阅读模式。二是推进国有经营性文化单位转企改制，研究探索转制的可行性与实现路径。

加快完善现代文化市场体系

改革进展与成效

深化文化产业融合发展：一是文化金融融合。会同有关部门组织召开“新华 1949”园区建设工作协调组会议，改善道路环境；协助做好云中万维、柠檬微趣、遨游网等 40 余家北京文化创新工场车公庄核心示范园企业的入驻工作；会同西城区文化委、区金融办，助力北京春秋鸿文化投资股份有限公司登陆“新三板”市场。二是文化科技融合。西城区科委完成 2014 年西城区科技计划项目和区可持续发展项目支持方案，支持资金基本到位；区科委及有关部门，深入调研大栅栏地区知识产权保护情况，帮助老字号企业做好知识产权保护和促进工作。三是文商旅融合。正式发布《西城区旅游与文化、商业融合发展三年行动计划（2014—2016）》；完成西城区历史街区特色文化主题酒店发展研究工作，编制《加快推进西城区历史街区特色文化主题酒店发展的指导意见》；积极推动组建什刹海和大栅栏地区旅游企业合作联盟，目前，什刹海合作联盟已经组建完成，大栅栏合作联盟将于 2015 年 10 月份正式成立。

改革方向与重点

一是继续做实文化金融创新中心的业务功能配套，按照“企业服务企业”的理念，完善服务平台建设，打造专业服务模式，提升区域吸引力。二是全力实施《西城区旅游与文化、商业融合发展三年行动计划》。三是出台《西城区旅游产业专项引导资金管理办法》，确定专项引导资金的支持方向及管理细则。四是深化落实《加快推进历史街区特色文化主题酒店发展的指导意见》，促进住宿业转型升级。五是深化文化企业资产重组工作，指导天桥盛世投资集团进一步规范管理，完善各项制度流程，制定天桥盛世投资集团五年发展战略规划。

着力推动文化产业科学发展

改革进展与成效

一是推进文化金融服务平台建设，开展文化企业运营服务工作。二是组织驻区文创企业举办惠民文化消费季活动，推出首届 CCIP 文创产业园发展高峰论坛、天宁寺室内书市、首发中国城市文化护照—“商旅通 2015 版”等 10 项活动。三是深化产业集聚发展。研究编写《中关村西城园产业发展总体规划》《西外地区产业综合提升规划》和《广安产业园产业发展规划》；配合中国设计交易市场和西城区设计服务业建设与发展，启动《关于促进设计服务业发展的办法（试行）》研究工作。

探索名城保护模式　完善城市功能体系

创新历史文化保护利用模式和政策，探索多种运作机制，疏解文保区居住人口，实现旧城保护与有机更新相互衔接，历史风貌保护与改善居民生活的和谐统一。以国际一流标准做好城市规划设计，严格控制建筑体量，注重既有建筑改造，扩大绿色空间，形成适度超前、相互衔接、满足未来需求的城市功能体系。

开展城市总体规划修编专题研究

改革进展与成效

按照北京市城市总体规划修改工作计划安排，制订西城区《关于开展北京城市总体规划修改专题研究的工作方案》，完成 3 个重点专题、14 项重点内容和区县规划实施评估工作课题研究，形成《北京城市总体规划修改专题研究》《西城区旧城功能定位与功能优化引导》《西城区旧城人口总量控制与结构优化引导》《平房保护和有机更新工作计划》《西城区旧城环境改善总体策略研究》和《西城区交通系统改善策略》6 个专题报告。

改革方向与重点

一是编制“十三五”时期历史文化名城保护规划。二是进一步完善名城委工作架构，通过设立不同专业委员会的方式，提高名城保护工作专业性。三是扩大宣传渠道，积极利用好西城区名城保护微信平台。

探索住房保障和供应体系建设

改革进展与成效

制定印发《北京市西城区定向安置房调配使用管理办法》《关于定向安置房购房人变更程序的通知》《关于进一步明确定向安置房使用过程的责任分工和加强监管的通知》，规范了定向安置房源调拨管理工作，从定向安置房源的申请、调配、收回、居民购房资格、配售标准及责任分工等方面做出明确规定；组织研发了北京市首个区县自主建设的定向安置房业务管理系统——西城区定向安置房业务管理系统，使西城区的定向安置房调拨管理工作进入系统化、信息化新阶段。

改革方向与重点

通过分析西城区人口疏解项目实施主体，在项目推进过程中所遇的问题，研究在西城区疏解项目补偿安置政策标准相对统一情况下，实施主体自主选择补偿安置方式问题。

探索历史文化名城保护新模式

改革进展与成效

一是积极推动直管公房划转和改造工作机制创新。以大栅栏杨梅竹直管公房划转为模式，进一步完善研究直管公房划转流程、补偿标准，形成初步意见。二是深入研究历史文化保护区征收工作机制，研究完善文物征收的条件和程序。三是以什刹海历史文化风景旅游区为重点，加强历史文化街区后期管理模式研究，在部门联动工作机制、功能定位与规划、传统风貌保护、公共秩序管理、应急疏导等方面进行了探索。四是引入专家资源，主动开展合作，促成了西城区与中国文物保护基金会开展战略合作，开展“名城、名业、名人、名景”等“四名”工作体系研究，开展名城保护项目的梳理、跟踪和实时反馈，并建立了项目数据库。

改革方向与重点

一是充分总结2014年什刹海、白塔寺等人口疏解试点项目取得的成功经验，结合《西城区人口疏解补偿安置办法》，研究西城区定向安置房源调整后，人口疏解项目如何持续推进问题。二是深入研究大栅栏杨梅竹斜街直管公房划转模式，力争规范完善直管公房划转流程、补偿标准等，使直管公房划转工作逐步在人口疏解项目中推开。三是研究探讨历史文化街区精细化管理工作，选取试点区域，力争在2015年内开展相关工作。四是进一步加大历史文化名城保护力度，加快“文道”建设，深化“四名”工作体系。

推广百万庄居民住房改善项目实施模式

改革进展与成效

一是制订《西城区旧城棚户区改造和环境整治工程组织实施方案》，成立棚户区改造工作领导机构，同时依托各个功能街区成立棚改项目分指挥部，做到棚改项目指挥部全覆盖，建立了成熟、高效的棚改项目协调推进机制。二是总结百万庄棚改试点工作经验，为后续项目推进提供了模式借鉴。

改革方向与重点

总结百万庄居民住房改善项目实施模式，进一步完善组织机构、工作制度、决策机制，形成棚改项目成熟工作模式。

推进教育均衡发展　创新科技体制机制

“要实现中华民族伟大复兴的目标，就必须坚定不移贯彻科教兴国战略和创新驱动发展战略，坚定不移走科技强国之路”。大数据是当前科教兴国和创新驱动最显著的时代特征，西城区要抢抓“互联网+”“大数据×”发展机遇，不断加强和发挥金融、科技、信息、人才等优势资源和创新要素作用，在推动科教兴区和协同创新中实现持续发展。

教育领域综合改革取得新突破

改革进展与成效

一是制定实施《关于推进义务教育重点领域综合改革的实施意见》。深化集团办学改革，撤并重组19所小学，教育集团总数扩大到17个，试点设立了高校和优质中学附属小学，小升初学区派位入学比例增长到77%。二是研制《西城区基础教育设施专项规划》，规划和调整教育用地，大力推进校“圆”工程，主要解决学校场地不足、增加学位、改善环境和办学条件，完成118项校园改造工程。三是着眼素质教育，加大社会资源参与统筹力度，启动了“城宫计划”；研究修订了《西城区进一步推进全面实施素质教育评价方案》与学校（幼儿园）督导评价指标体系和实施细则。四是健全完善教师评价激励机制，新成立退休特级教师、市学科带头人组成的导师团，让更多学生享受到了优质教育。五是加强信息化建设投入与管理，发挥街道、公安等部门职能作用，打破部门局限，形成权责明确、统筹协调、规范有序的管理体制。

改革方向与重点

一是通过扩大优质校规模、优质校植入学区、引进高校资源合作办学等方式进行初中资源整合，扩大初中阶段优质学位数量。二是继续完善学区制，将小升初学区由7个调整为与小学对应的11个。三是出台《西城区小学直升中学办法》，启动首次对口直升工作，做好对口直升入优质初中工作。四是出台《西城区小学直升中学对口工作方案》，积极探索优质教育资源纵向渗透，最大限度地开发、扩大优质教育资源，提升义务教育阶段的整体质量。五是完善小学优质校不足学区的资源配置。六是两年内完成新增15个幼儿园的任务，逐步形成每个街道都有教育部门办园或分园的格局。七是发挥教育部门办园和分园的辐射作用，提高街道园的办园质量。八是完善奖励扶持政策，鼓励社会单位办园的积极性；加强业务指导和督导评价，促进其可持续发展。九是从保障儿童人身安全和接受合格教育权益的角度，坚决取缔非法幼儿园。十是研究启动区属职业教育学校的搬迁工作；推动职成教育转型发展。

加强科技体制改革研究

改革进展与成效

一是修订了《西城区科技计划项目经费管理办法》和《西城区可

持续发展项目经费管理办法》。二是根据西城区财政局对“西城区科技计划专项”和“西城区可持续发展专项”绩效考评的反馈意见，拟定了可持续项目专家评审标准，研究制订针对科技项目的专项经费拟增长方案。三是建立经济分析、稳增长领导小组办公室、京津冀协同领导小组办公室等各项改革创新运行机制。四是积极推进京津冀一体化发展战略工作，开展唐山市路北区、东戴河开发区、曹妃甸开发区政策推介企业产学研分离需求调查工作；启动区域创新人才发展战略研究。

改革方向与重点

一是完成西城区科信委机构组建工作，并对科室及人员进行调整，进一步优化职能分工，更好地发挥科技和信息化融合的协同效应。二是根据西城区功能街区特点，建立综合知识产权服务平台，在功能街区中推动集知识产权代理、法律服务、管理咨询、培训等业务为一体的综合性知识产权服务。三是修订《西城区可持续发展项目管理办法》，设置专家项目评审指标体系，完善重大项目论证制度，建立项目绩效评估长效机制。四是创新开展首都科技条件平台西城工作站、投融资及企业信用平台、技术合同登记服务等创新平台建设。五是探索西城园党工委基层党建工作新模式。明确西城园工委、街道工委职责和任务，形成园区党建由西城园工委与属地街道工委双重管理的党建工作模式；建立健全园区党的组织网络和工作体系。建立与属地街道党工委联系协调机制，定期研究会商园区企业党建工作；创新党建工作方式和手段，形成党建工作与高新技术企业创业发展的良性互动，提升园区企业党建工作整体水平。

探索促进高新技术产业和新兴战略产业发展机制

改革进展与成效

一是发挥设计之都核心区作用，研究制定了《北京设计之都核心区设计产业发展规划》和《北京市西城区促进设计服务业发展办法》，编制了《设计产业发展指导目录》。二是积极探索国家级出版创意产业园的运行机制和发展方式，扩大出版改革试点。三是建立高新技术产业促进的联动机制，研究制定《中关村西城园创业孵化聚集区实施办法》，积极协调工商等部门探索创业孵化聚集区试点工作。四是完成《西城区科技金融发展战略措施研究》，构建科技金融创新发展新思路；初步建成科技金融创新服务促进平台和园区投融资服务平台，建设普天德胜互联网金融示范基地。推动与中关村知识产权局开展“知识产权园中园试点”。

改革方向与重点

一是开展西城区科技服务业发展现状调研，提出西城区科技服务业重点发展领域和基本思路，研究提出促进科技服务业发展的措施。二是总结梳理北京市科委与西城区，北京市新闻出版广电局、航天二院与西城区合作模式，探索整合区域特色高端资源及要素的工作机制，促进园区设计创意、出版创意、智慧城市等特色产业发展。深入推进设计之都核心区和北京出版创意产业园区建设，提升品牌、规模、品质和影响力。三是深化完善西城园管委会体制机制建设。加强与中关村管委会等市级相关部门的工作对接，争取政策及资源支持；进一步完善管委会联席会议制度，发挥管委会政策聚焦、联动效力，破解发展难题、提升服务的能力；加强园区各类协会和产业联盟等社会组织建设，进一步理顺政府与社会组织的职责关系，使协会组织在畅通政府与企业的沟通联系、促进企业间交流协作、推动政府转变职能方面发挥更大作用。四是进一步完善产业政策体系。结合政策中期评估和落实《国务院关于清理规范税收等优惠政策的通知》（国发〔2014〕62号），会同西城区发改、区财政等部门，着手对园区政策进行中期调整。推动设立园区产业投资引导基金，通过股权投资方式支持新兴产业创新创业。调整现有政策中涉及税收和财政贡献挂钩的政策，将政策支持重点进一步倾斜到自主创新、公共服务、环境建设、基础设施建设方向。调整出部分资金额度重点支持引进增量、培育新兴产业、提升品质和业态调整上。五是加大创新创业人才服务力度。调研园区创新创业人才总体情况与需求，提出促进创新创业人才发展工作思路，探索完善人才培养激励机制；协调北京市人力社保局等部门，以西城园为试点，开展工业设计、出版等专业技术人才资格认定工作。六是开展创业孵化集聚区试点工作。会同工商等部门研究出台科技型创业孵化集聚区实施办法，探索具有都市型科技园特色的产业发展模式。

推进分级医疗体系建设
深化医疗卫生体制改革

深化医疗卫生体制改革，推进医疗卫生服务体系建设。西城区要坚持政府主导与市场机制相结合，推进分级医疗体系建设，加快推进公立医院改革，开展基层卫生综合改革，完善公共卫生服务体系，加快区域卫生信息化建设。同时要积极推动“互联网 + 医疗”，实现优质医疗资源更合理、更高效率的配置。

大力推进分级医疗体系建设

改革进展与成效

一是推进分级医疗体系建设。启动西城区整合型医疗服务体系建设，初步明确了建立分工协作、资源共享和社区首诊、预约医疗和双向转诊、专科与全科有效对接、人才共建、考核激励等六个机制和一个统一的信息化平台的建设思路。推进区域医联体建设，按照“分片管理、一体化医疗”的原则，提出了“5+1+S”的区域医联体构架（见表 15），构建分片区的分级医疗、急慢分治、双向转诊的诊疗模式。二是健全康复护理和老年医疗服务体系。进一步发展康复、护理、老年医疗等延续性医疗服务体系。作为北京市首批“医养结合”试点区，通过养老机构内部设置医疗机构分支机构、医疗和养老协议合作、养老机构内部设置独立医疗机构等三种模式，在北京市率先实现了辖区养老机构全部具备基本医疗条件，实现了“医养结合”的养老机构全覆盖。三是鼓励和引导社会资本办医。积极落实北京市关于鼓励和扶持社会资本办医的“京十八条”政策，结合西城实际，出台了《北京市西城区卫生局关于进一步做好社会资本举办医疗机构设置审批工作的实施意见(试行)》，使社会资本办医的条件更加透明，流程更加规范。加强医疗卫生监督执法力量，规范和强化对社会资本办医机构的监管，对社会资本办医机构监督覆盖率达到100%，对涉及社会资本办医机构医疗纠纷投诉受理率 100%，办结率 100%。

表 15：“5+1+S”的区域医联体构架

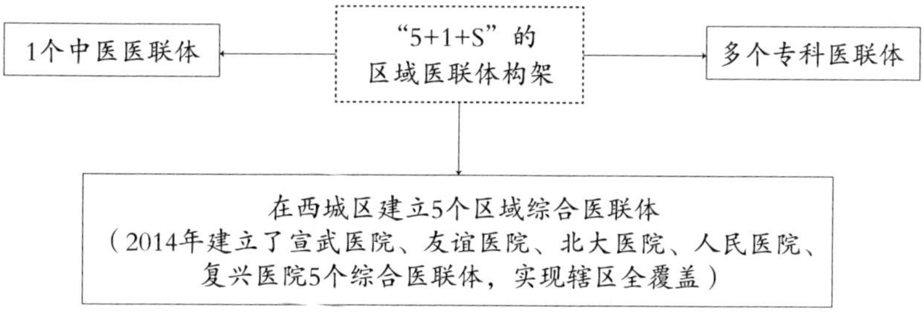

资料来源：西城区医疗卫生体制改革专项小组提供

改革方向与重点

重点是学习贯彻《全国医疗卫生服务体系规划纲要》，进一步探索完善以居民需求为导向的医疗卫生服务体系：一是推进西城区整合型医疗服务体系建设，以信息化建设为纽带，实现各级各类医疗卫生机构多点对多点互联互通、资源共享、分工协作，有效整合辖区优质的医疗卫生资源和服务，依托家庭医生签约服务，为辖区居民提供优质优先便捷的医疗卫生服务，逐步形成社区首诊、分级诊疗的有序就医格局。二是继续推进综合医联体建设，完善合作机制，并启动区域中医医联体和专科医联体建设，逐步形成全属性、全级别、全专业医疗机构的医联体区域全覆盖。三是加强康复护理服务体系建设，加快西城区属康复特色医院的康复专业建设，加大区域康复人才培养力度，鼓励和引导社会资本发展康复护理服务机构，提升区域康复服务能力。四是完善“医养结合”工作，加大医疗机构对养老机构的支持力度，探索科学合理的“医养结合”服务模式。

积极探索公立医院改革

改革进展与成效

一是开展医院管理和服务创新。积极开展现代医院管理探索，在护国寺中医医院、北京市第二医院等区属医院引入国际医疗质量管理标准（JCI）。开展医药分开改革研究。建立了以公益性质和运行效率为核心的区属公立医院绩效考核体系和第三方评价机制。建立和完善西城区医疗质量控制与持续改进体系，推进西城区国际化医院建设。制订了《西城区集中开展涉医突出问题专项治理实施方案》，从制度层面保护正常的医疗行为。二是加强中医药的传承与发展。健全和完善中医药、民族医药服务体系，积极开展医院等级评审工作。加强中医治未病网络建设，区属二级以上中医医疗机构全部设有“治未病中心”和“治未病科”，11家独立设置的社区卫生服务中心统一设立“岐黄馆”（中医综合诊区），充分发挥中医药在预防保健上的特色优势。积极开展为65岁及以上常住居民和0–36个月儿童提供中医药健康管理服务的工作。

改革方向与重点

推进西城区属公立医院改革：一是不断优化西城区属医院资源配置和结构调整，进一步明确区属医院的发展定位和服务功能，积极探索区属公立医院资源整合，打造功能更加完善的区域医疗中心。二是积极引入现代医院管理理念，鼓励部分西城区属医院试点引入国际医疗质量认证标准（JCI），提高区属医院管理水平。三是继续开展以公益性质和运行效率为核心的西城区属公立医院绩效考核和第三方评价工作，探索建立与绩效考核结果挂钩的财政补偿机制，引导区属医疗机构提高医疗服务质量和服务效率。四是开展西城区属公立医院医药分开改革研究，做好相关数据测算和分析，研究探索财政经费补偿、绩效考核和薪酬分配、药品采购等综合性的医药分开改革思路，根据北京市统一安排适时开展医药分开改革试点。

深入开展社区卫生改革

改革进展与成效

一是进一步推进全科医生执业方式和服务模式改革试点，完善试点工作方案（见表16）。进一步强化居民的签约意识，引导社区首诊、分级诊疗制度的建立。探索家庭医生团队服务新形式，建立起以有效整合资源为特点的“家庭医生工作室”模式。二是扎实开展为期三年的国家卫生计生委基层卫生综合改革重点联系点试点工作。按照国家卫计委要求，制订《西城区基层卫生综合改革重点联系点工作方案》和《西城区基层卫生综合改革重点联系点2014年工作计划》，积极开展基层卫生综合改革重点联系点监测与调查、政府购买社区卫生服务相关政策研究和社区卫生服务项目成本测算等工作，不断完善稳定长

表 16：西城区全科医生服务模式改革创新的 8 个方面

序号	改革创新内容	序号	改革创新内容
1	加强全科医生团队建设	5	实施全科医生团队能力提升工程
2	研究制定“签约服务包”	6	建立服务导向的分配机制
3	优化签约服务流程	7	健全质量监管和效果评估机制
4	构建全科医生协同服务模式	8	发挥中医药在基层独特的优势

资料来源：西城区医疗卫生体制改革专项小组提供

效的多渠道补偿机制、财政补助方式、收支管理制度和分级诊疗模式，稳固基层医务人员和居民契约服务关系。三是不断完善社区卫生服务运行机制。整合二级、三级医疗资源，建立以全科医生为基础的多渠道分级诊疗协作机制。构建全科——专科医生协同服务模式，建立专科医生对全科医生团队的技术支撑，积极引入专科医生参与家庭医生服务。优化家庭医生签约服务流程，通过信息化系统，实现就诊预约、定向分诊、诊前服务、预约复诊，提升签约服务质量。进一步完善社区卫生服务绩效考核机制，加大了绩效考核力度。

改革方向与重点

将继续巩固和完善社区卫生改革：一是继续开展全科医生执业方式和服务模式改革试点、国家卫生计生委基层卫生综合改革重点联系点工作，制定以基本公共卫生服务和健康管理服务为核心的、更加有吸引力的家庭医生签约服务包，探索建立以家庭医生签约服务为导向的新型全科医生激励机制，进一步巩固全科医生团队与居民的契约服务关系。二是开展“政府购买社区卫生服务”模式研究，科学合理界定社区卫生服务机构的工作任务、财政补偿机制等，探索建立能够充分调动社区医务人员积极性的新型社区卫生服务机构运行机制。

完善公共卫生体系改革

改革进展与成效

一是推进公共卫生资源整合，分别完成了疾控、妇幼、精防等公共卫生机构的整合，统一了业务流程和工作标准，强化了公共卫生服务和管理职能。二是将从业人员健康体检等区属公共卫生机构承担的临床服务职能，逐步调整到医疗机构，强化公共卫生机构政府职能、技术优势和整体优势，弱化市场行为。三是对卫生行政审批事项进行了再次梳理，将现有相关行政许可、备案事项共 13 大类 59 项全部进行整合，实现全部卫生行政许可事项和备案事项集中受理、集中办理、集中送达，完善了“一站式”审批服务体系。四是推出审批便民措施，将医疗机构执业登记和医师注册及变更事项的办理时限由原来的 30 个工作日缩短为 10 个工作日，医疗机构校验事项的申报材料由原来的 11 份减少为 2 份，极大地方便了申请人办理。

改革方向与重点

将进一步完善公共卫生服务体系建设：一是全面优化整合公共卫生资源，提高卫生管理和突发事件应急处置效能，建立扁平化、一体化、紧密型的公共卫生管理和应急指挥机制。二是加强精神卫生服务体系建设，实现 15 家社区卫生服务中心精神卫生科设置全覆盖；探索建立社区心理卫生服务网络，提高人民群众心理卫生知晓率。

统筹推进卫生领域其他改革

改革进展与成效

一是加大财政投入补偿力度。统一了中医医院绩效考核财政补助经费标准，建立了局属医院大型医疗设备补偿机制，提高了公共卫生经费保障力度，加大了区级预算投入，有力地保障了西城区公共卫生工作的开展；不断完善社区卫生服务发展保障措施，提高聘用合同制职工工资标准和社区返聘退休专家补贴标准，实现社区医务人员同岗同酬同待遇。二是推进医疗保险改革。开展区域医保总额管理工作，建立和完善了包含总额控制、普通门诊费用管理、住院费用管理、综合管理和日常检查管理五大类27个子项目的“五位一体”考评体系，把总额控制细则纳入定点医疗机构补充协议管理，实施动态监测，西城区165家参加总额控制的定点医疗机构全年指标额度使用率98.16%，低于北京市平均水平。三是推进区域卫生信息化建设。完成了整合型医疗服务信息平台一期开发，开展驻区三级医院、全部区属医院与社区卫生服务机构的资源共享和协作，在全部区属医院全面启动电子病历建设工作。在新街口社区卫生服务中心构建了一套具有西城区特色的新的社区卫生服务信息系统，将逐步在各社区卫生服务中心推广应用。四是加强卫生人才队伍建设。按照“关系不变、双向流动、能进能出，报酬随岗”的原则，建立卫生系统卫技人员轮岗制度，促进卫生人才在系统内自由流动。五是启动区级临床重点专科建设，遴选第一批共计10项临床重点专科，扶持区属医院不断提高专科服务能力和学科水平。推进区属医院与高等院校开展教学科研基地建设，不断提高区属医院教学科研水平。

改革方向与重点

重点加快区域卫生信息化建设：一是完善西城区医疗卫生机构网络基础设施建设，升级改造覆盖西城区各医疗卫生机构的卫生专网，充分保证医疗卫生机构多点间的互联互通和数据信息的快速、稳定、安全传递。二是完成西城区属医院电子病历系统建设和社区卫生服务机构数字医技系统建设。三是进一步完善新开发的社区卫生服务信息系统，上线运行，并逐步在各社区卫生服务中心推广应用。四是启动西城区医疗协作信息化平台（整合型信息化平台）设计和建设，逐步实现区域内各医疗卫生机构互联互通、资源共享和业务协同。五是开展集市民卡、门诊卡、银行卡和电子健康卡于一体的居民健康卡建设试点，逐步满足辖区居民自我健康管理、卫生服务预约、医疗服务结算以及卫生服务电子记录等需要，实现区内就医一卡通行。

推进社会组织管理改革
创新社会治理体制

在大数据时代背景之下，西城区社会治理要适应挑战、主动转型。社会治理体制要从碎片化向网格化转变，社会治理方法要从以个案为基础做到“用数据说话”转变，社会治理模式要从静态治理到动态治理转变，社会治理方式要实现从简单粗放到科学决策转变。

深化社会治理体制改革

改革进展与成效

一是制定《北京市西城区全响应网格化社会服务管理信息化建设规划（2013—2015）》，完善全响应数据库，实现对基础数据和五位一体各专业数据的深度集成和管理。区街两级指挥调度系统对接运行，逐步实现监控、预警、上报、处置、分析、评价（系统）全生命周期管理。二是进一步加强网格管理工作，统一划分标准、规范分级管理、落实人员配备，将工作力量下沉到网格。三是制定《西城区社会建设专项资金管理办法》（西财政法〔2014〕143号），调整社会建设专项资金的安排拨付和管理程序，印发《西城区社会建设项目管理手册》，在向社会组织购买服务方面做出了积极探索。四是探索多元调解工作机制。制定多元调解工作考核办法和行政调解工作信息报送制度；重点加强街道级规范化调委会建设，分层次、多领域开展人民调解员培训工作；组建“多元调解工作专家团”；加强行业性、专业性调委会建设，筹备成立妇女、儿童人民调解委员会。

改革方向与重点

一是推进全响应网格化社会服务管理体系建设。按照“高效运转、有序运行、科学运作”的原则，充分发挥区、街全响应网格化社会服务管理指挥中心、分中心、社区、网格的作用，建立城市管理、社会管理、社会服务、行政服务、应急处置五位一体、四级联动的社区、网格“微循环”、街道“小循环”和全区“大循环”的分级处置工作体系。二是深入推进街道管理体制改革。落实北京市委全面深化改革领导小组关于街道社区管理体制改革的要求，围绕加强城市管理和社会治理主题，从理顺区街条块关系入手，进一步明确街道职责定位，强化街道统筹协调职能，建立地区社会服务与城市管理委员会运行机制，推进街道“大部制”改革，健全完善街道综合管理执法机制，不断提高街道社会治理和公共服务水平。

深入推进社会组织管理改革

改革进展与成效

一是完善区、街两级“枢纽型”社会组织工作体系。在已认定

22家区级“枢纽型”社会组织的基础上，新认定65家街道级“枢纽型”社会组织。同时搭建“一中心多基地”社会组织健康发展的工作平台，建立常态化、可操作的扶持制度。二是印发《关于进一步加强社会组织登记管理工作的通知》，制定并落实社会组织分类目录和四类社会组织直接登记具体办法。西城区民政局会同相关部门做好直接登记类社会组织过渡衔接工作、境外非政府组织代表机构登记和已在工商部门登记的境外非政府组织代表机构转登工作。取消社会组织分支（代表）机构的等价审批；取消社会组织会费标准备案，规范会费管理。三是推进了行业协会商会与行政机关脱钩和一业多会试点工作。

改革方向与重点

一是落实中央社会组织登记制度。推进行业协会商会脱钩和一业多会工作，依法对四类社会组织直接登记。建立统一登记、各司其职、分组负责、依法监管的管理体制，完善“两级管理、三级服务”社会组织工作机制。指导社会组织按照现代社会组织要求完善法人治理，加强内部体制机制建设，探索建立社会组织职业薪酬体系。建立健全“第三方”社会组织评估、审核机制。加快建设社会组织管理信息平台，完善社会组织信息披露制度和失信惩罚机制，加大执法清理力度，建立并完善社会组织退出机制。二是积极培育社会组织发展，激发社会组织活力。通过政府购买服务等形式委托社会组织办理，为社会组织发展和发挥作用让渡空间。加快推进社会组织服务基地建设，加快形成区、街、居三级的“一中心、多基地、N空间”社会组织服务网络。充分发挥社会建设专项资金的支持、引导作用，进一步规范专项资金的使用、管理，加大对社会组织管理、发展、服务的支持力度。三是进一步健全“枢纽型”社会组织工作体系。加强区级“枢纽型”社会组织对同类别、同性质、同领域社会组织的服务和管理工作，充分发挥“枢纽型”社会组织政治上的桥梁纽带、业务上的发展龙头、日常服务管理上的平台窗口作用。

促进基本服务全覆盖

改革方向与重点

一是进一步完善政府购买社会组织服务工作机制。贯彻落实政府向社会购买服务的指导意见。进一步规范社会建设资金的使用，引导社会组织有序承接、承办的政府事项。培育发展社区社会组织，通过政府购买社区文化服务，促进社区社会组织参与社区建设，提高社区服务的供给数量和质量。推进“三社联动”深入开展，引进专业社工机构，带动持证社区工作者和社区志愿者，针对特殊群体提供个体化、专业化服务，推进社区服务的社会化和专业化水平。二是深化社会保障公共服务改革。按照《社会管理和公共服务综合标准化试点细则》以及《北京市西城区国家级社会保障公共服务标准化试点工作方案》要求建立健全社会保障公共服务标准体系框架，调整完善区、街社会保障公共服务运行机制。组织论证、修改完善，并审定发布包括服务基层、服务保障和服务提供等内容的公共服务标准体系。采取多种形式，对公共服务标准体系进行宣传贯彻和培训，使相关部门工作人员掌握相关标准。做好标准实施的相关记录、检查、指导和督导，开通内、外部监督渠道。建立公共服务标准化工作持续改进制度。

加快推进社区治理改革

改革进展与成效

一是出台了《关于进一步加强和改进社区服务群众工作的指导意见》，西城区 256 个社区全部实行延时工作制。二是广泛搭建居民参与社区活动和公共事务的平台。探索形成了“社区服务 + 物业管理 + 居民自治”“专家 + 社会组织 + 专业社工”、自管会带动居民自治等工作模式。三是在德胜、月坛、金融街街道开展“北京市社区治理与服务创新实验街道”的试点工作。研究起草了《西城区推行参与式协商基层民主自治试点工作的实施方案》，首批确定了 22 个“参与式”协商治理试点社区。四是选择有条件的街道试点“多居一站”功能式社区模式。五是研究《关于进一步加强社区工作者队伍建设的若干意见》，制定了促进社区工作者队伍“本土化”政策，为推进社区治理改革奠定基础。

改革方向与重点

一是推进地域功能性社区建设，在具备条件的街道试点“多居一站”社区管理新体制，形成社区承接行政事务与开展自治事务相分离、政府管理体制与居民自治功能互补的新型社区管理模式。二是增强社区自治功能，建立社区居民代表大会常务会议制度，推行“参与式协商”民主机制，健全社区听证、社区评议等民主协商制度。三是推进社区减负增效，建立社区工作准入机制，清理整合对社区的评比考核，将社区主要精力转向社区服务，满足居民需求。

完善社会动员机制

改革进展与成效

一是出台了《西城区关于进一步引导社会单位资源开放推进区域共建共享的指导意见》，从政策层面引导驻区单位开放资源、服务民生。建立了更为科学的社会单位资源开放奖励办法和评价体系，奖励77家资源开放共享的社会单位，社会单位资源开放共建共享工作体系基本形成。二是大力推进志愿服务体制机制建设。完善志愿服务培训体系，规范西城区志愿者注册、服务记录、团队管理和项目发布，推动建立制度化、组织化、社区化的志愿服务机制。

改革方向与重点

一是完善志愿服务体系，统筹社会志愿者管理。将“北京市西城区志愿者联合会”正式更名为“北京市西城区志愿服务联合会”。明确志愿服务联合会受区文明办领导，接受区文明办的指导和监督，业务主管单位为团区委。建立志愿服务联席会制度，定期沟通、协调志愿服务工作。在各街道和各系统建立志愿服务联合会分会。制定《西城区志愿服务三年行动计划》，设立志愿服务专项资金，用以扶持志愿服务团队建设、志愿服务项目开展和对志愿者的激励保障。着力打造志愿者管理平台，培育一批西城特色志愿服务项目。健全志愿服务激励机制。二是以动员公众参与为重点，推进多元共治。建立健全组织化的社会单位资源开放共享机制，实行共建共享项目化运作，由区域化党建工作机构制定共驻共建工作目标，引导驻区单位对接社会需求和群众诉求，结合各自优势，开放资源，认领服务项目，为居民群众提供人性化、多样化的便民利民服务。探索具有西城特色的资源共享荣誉激励机制。按照群众认可、社会化评选的原则，开展“西城好邻居”评选活动，增强资源开放单位的社会认可度，促进企业社会责任的建立。三是进一步加强社会工作队伍建设。加强街道干部队伍建设，统筹社会工作培训，建立分级、分类的培训体系，建立街道系统科级干部交流机制，选派街道优秀干部到西城区委、区政府职能部门进行交流，开阔视野，提升综合能力和素质。研究制定《关于进一步加强社区工作者队伍建设的若干意见》，完善社区工作者培养、使用、管理、激励机制。扶持社工事务所发展，加快推进社会工作者专业化职业化进度。

创新养老服务政策体系和支撑体系

改革进展与成效

一是推进国家养老服务业综合改革试点工作，确定了养老服务业综合改革的五大目标；二是实施《关于对社会力量兴办养老服务机构实施以奖代补的通知》《西城区老年人社会保障和社会优待办法》等相关政策。

改革方向与重点

将创新具有西城特色的养老服务政策体系和支撑体系作为主要任务。一是打造信息化的养老服务平台，引入各类为老服务资源，以科技支撑养老事业。二是建立健全养老服务引导扶持政策，研究制定西城区居家养老服务补贴系列制度，完善养老服务的政策体系。

开展“城市病”治理
推进城市管理体制改革

积极探索首都功能核心区城市治理的有效模式。编制生态环境全域规划，研究制定西城区生态文明建设指标体系和考核机制，努力实现绿色、循环、低碳发展。破解“城市病”难题，使城市管理向精细化、精准化转变，加快形成与世界城市相匹配的城市管理能力，推进城市管理目标、方法、模式的现代化。

深入开展“城市病”治理和城市管理体制机制改革研究

改革进展与成效

按照精细化管理的要求，西城区梳理出了城市管理和环境建设中“环境秩序类、管理类、执法类、建设类和资源政策类”5 大类共 40 种城市病问题。这 40 种城市病，是西城区长期存在的“疾痼顽症”，许多问题如违法建设、黑车、车辆乱停放、占道经营、无照经营、游商、胡同环境卫生等问题依然处于久治不绝、反复出现的局面。为此，西城区委督查室、区政府督查室制订了《西城区开展“城市病”治理专项工作督查方案》，建立城市精细化管理相关问题台账，按月销账。此外，围绕城市管理体制机制改革，启动顶层设计研究，拟制顶层设计方案。先后商榷、研讨完成了《关于深化城市管理体制机制改革，促进环境精细化管理的建议》《西城区城市综合管理委员会组建方案》等建议和方案。

改革方向与重点

一是深化城市管理工作研究，提出城市管理体制机制改革建议。二是拟制城市管理体制和机制改革方案，推进形成市、区、街三级城市管理运行保障模式与体系，促进城市管理工作现代化、规范化、科学化。探索建立从根源上解决40种“城市病”问题的体制机制。治理相关执法机制。三是加强城市环境分类分级管理综合标准化研究，拟制辖区社会管理与公共服务精细化、标准化管理体系及具体落实方案；四是开展国家级社会管理和公共服务综合标准化试点工作，编制西城区城市环境建设、管理、作业、考核、执法、监督综合标准体系，并积极推进实施。五是加强城市交通拥堵与停车问题研究，制订西城区进一步缓解交通拥堵与停车泊位建设的方案，有效缓解区域交通拥堵和停车难题。

创新城市环境建设管理机制

改革进展与成效

一是召开了相关部门领导和专家参加的座谈会，就标准化试点工作进行了探讨。二是制订并下发了《西城区城市环境分类分级管理综合标准化试点工作方案》。三是西城区召开了城市环境建设部署动员大会，启动了国家级城市环境分类分级管理综合标准化试点工作。

改革方向与重点

西城区将着力加强城市环境规划建设，进一步完善环境建设体制机制体系。一是研究制订区域环境建设计划；二是研究制定环境建设项目实施标准。

加强生态文明建设和完善环境保护体制机制

改革方向与重点

积极探索生态文明建设体制机制改革：一是加强辖区生态环境建设研究，拟制西城区生态文明体制机制改革的思路与方案；二是深化区域自然资源状况调查，配合开展西城区自然资源资产负债表编制工作；三是研究制定辖区碳排放权交易管理办法。

与此同时，扎实开展区域大气污染治理，不断完善环境保护体制机制体系。一是完善辖区清洁空气行动计划督查考核办法；二是研究建立辖区环境污染防治资金投入与财政收入挂钩的增长机制；三是认真学习研究国务院办公厅关于加强环境监管执法的通知精神，进一步深化环保执法体制机制改革研究，拟制西城区环境保护执法体制和机制改革方案，不断改善区域环境质量。

推进党的建设制度改革
落实全面从严治党

党的建设制度改革是全面从严治党的必然要求，也是全面深化改革取得成功的重要保证。西城区委提出“党员意识和党员作用的双提升”目标，着力打造区域化党建品牌，加强基层服务型党组织建设，开展党组织、党员“双报到”，将党组织建在民生项目上、建在网格里，揪住了党建工作这个“牛鼻子”，把党的建设与推动改革发展、保障改善民生紧密结合起来。

深化区委权力公开透明运行制度

改革进展与成效

西城区动态调整区委权力清单，将区党代会、区委全委会、区委常委会及其成员163项职权和对应的112张权力流程图全部上网公开，为群众查询和监督提供便利。规范公开西城区88个部门党（工）委、党组的网上职权4612项。开展职权梳理，完善调整职权1340项，确保了西城区委依权履职的有效性。制定《中共北京市西城区委重大事项决策规则》，进一步完善重大事项决策制度，不断提升西城区委决策的规范化、民主化。制发《关于进一步规范各级党（工）委、党组决策议事机制的通知》，明确各级党（工）委、党组的权力公开工作主体责任，切实落实一把手“一岗双责”。

改革方向与重点

一是坚持依法决策，进一步拓宽公开方法和渠道，强化区委决策程序各环节的衔接和制约，不断巩固区委常委会决策公开成果。二是推进基层创新，指导各党（工）委、党组完善决策机制，有效发挥党组织在“三重一大”决策中的政治核心作用。三是推动各级党组织决策落实社会稳定风险评估报告审核和备案制度，进一步落实科学民主决策机制。四是加强制度体系性建设，完善各党（工）委、党组决策列席制度，开展党（工）委、党组决策会议议题向区委定期报告工作，加大各级党组织决策会议的公开力度。五是紧密结合党风廉政建设工作，加强各党（工）委、党组制度落实的督促检查，积极构建制约和监督权力公开运行的工作体系。

全面加强思想理论建设

改革进展与成效

一是加强和改进党委（党组）理论中心组学习工作。认真执行《关于进一步加强和改进党委（党组）中心组学习的实施意见》，下发了《关于进一步加强西城区委、区政府理论学习中心组学习工作的通知》，进一步强化和完善了学习考勤制度、集中学习制度、个人自学制度、学习档案制度、学习成果交流制度、课题调研制度等，规范了党委（党组）理论中心组学习。二是研究制订西城区贯彻落实《北京市贯彻落实＜2013–2017 年全国干部教育培训规划＞的实施意见》的实施方案，系统谋划了西城区委进一步加强干部教育培训工作的总体要求、主要内容、培训对象、方式方法、质量要求和工作基础，全面深化了干部教育培训改革，切实发挥了干部教育培训在建设高素质干部队伍中的先导性、基础性和战略性作用。

改革方向与重点

一是加强和改进党委（党组）理论学习中心组学习，进一步强化和完善学习考勤制度、集中学习制度、个人自学制度、中心组学习秘书培训制度、学习成果交流制度、课题调研制度等，不断规范党委（党组）理论学习中心组学习，提高学习质量，增强学习实效。二是以学习型党组织建设为依托，不断完善《学习型党组织建设考核评价体系及考核办法》，进一步加强全区党员领导干部的理论学习。三是发挥西城区委党校和红色教育基地的作用，加强党性锻炼，开展“三严三实”专题教育，贯彻落实《西城区委关于进一步加强干部教育培训工作的实施意见》，联系实际、注重实效，做到学而信、学而用、学而行，坚定党员干部理想信念，提升宗旨意识，锤炼优良作风，提高道德修养。

深入推动领导班子建设

改革进展与成效

一是进一步完善了领导班子分析研判制度，加强对领导班子日常运行情况的了解和掌握。结合年度考核、“一报告两评议”结果，加强对处级领导班子的研判，对西城区 90 个处级领导班子从主要领导、班子成员之间的协作配合、优势互补，班子配备、年龄结构、知识结构、班子运行情况等方面逐一分析，形成书面报告，为进一步加强领导班子和干部队伍建设提供了科学依据。二是加强党组建设。制定《西城区委关于进一步加强区级政府工作部门和人民团体党组建设的意见》，进一步明确了党组的主要职责、工作原则和工作内容，通过科学设置、强化考核，进一步规范了党组的运行。三是完善领导班子民主生活会制度，严格执行会议程序，严肃开展批评和自我批评，提高党内政治生活的政治性、原则性、战斗性。四是进一步完善《西城区处级领导班子和领导干部考核评价办法》，把对德的考核放在干部考核评价的首要位置，研究设置德的反向考核指标，考准考实干部的德。

改革方向与重点

重点把从严治党要求贯穿领导班子建设始终。一是根据北京市委制定实施的《2014—2018年北京市党政领导班子建设规划纲要》，进一步完善领导班子定期分析研判制度，掌握领导班子日常运行情况，加强动态调整，不断优化班子结构，增强班子整体功能。二是加强党工委建设，研究制订《关于加强直属党工委建设的意见》，进一步强化党建责任落实。三是根据市委《关于进一步提高处级以上党政机关党员领导干部民主生活会质量的实施意见》的要求，研究制定西城区实施办法，加强对处级领导班子民主生活会的指导和监督，严格执行会议程序，严肃开展批评和自我批评，提高党内政治生活的政治性、原则性、战斗性。

深化干部选拔任用制度改革

改革进展与成效

一是认真学习贯彻《党政领导干部选拔任用工作条例》，充分发挥党委（党组）和组织部门在干部选拔任用工作中的领导和把关作用，制定实施西城区处级党政领导干部选拔任用工作流程、民主推荐办法、处级非领导职务选拔任用工作办法和考察工作办法；改进竞争性选拔工作，完善了竞争性选拔处级领导干部工作办法；建立处级领导干部和后备干部履职业绩档案，形成了干部工作“1+5”的制度体系，积极引导干部在实干、实绩上竞争，为全面、历史、辩证地看待干部，公平公正地评价干部，科学选拔使用干部打好制度基础。二是研究制定了《西城区党外干部管理制度》，加强党外干部的培养、选拔和管理。及时跟踪全区党外干部配备现状，动态跟踪党外干部发展情况。对人大、政府（及其工作部门）、政协、检法机关、企事业单位、民主党派机关及群团机关中的42名党外处级干部摸底调查，梳理总结党外干部工作成果，分析研究党外干部发现储备和培养举荐方式，为促进党外干部成长、推动干部选拔使用夯实工作基础。

改革方向与重点

一是严格落实新修订的《党政领导干部选拔任用工作条例》，进一步推动《西城区处级党政领导干部选拔任用工作流程》《西城区选拔任用处级党政领导干部民主推荐办法（试行）》《西城区处级非领导职务选拔任用工作办法（试行）》和《西城区处级党政领导干部考察工作办法》的有效实施，充分发挥党委（党组）和组织部门在干部选拔任用工作中的领导和把关作用。二是建立完善处级领导干部和后备干部履职业绩档案，做到全面、历史、辩证地看待干部，公平公正地评价干部。优化干部队伍结构，加强党外干部的培养、选拔和使用，开展党外后备干部专项培训，推动党外干部进行挂职和交流。

严格处级领导干部管理

改革进展与成效

一是结合西城区实际，按照严格教育、严格管理、严格选拔、严格考核、严格监督的指导思想，加强对处级领导干部的理想信念、政治纪律、思想理论和党风廉政教育。二是严格加强对领导干部职数管理、日常管理，按照北京市委组织部清理超职数配备、防止“一刀切”、清理裸官、企业兼职等文件的有关要求，在对西城区各单位处级领导和非领导职数进行了摸底、核清的基础上，逐一分析各部门职数，提出具体的整改方案。三是坚持和完善谈心谈话制度，完善纪检、组织、审计、信访、巡视等有关部门联席会议制度，形成干部管理监督合力。四是制定干部监督举报工作办理流程、干部出国监督管理、组织工作重要事项请示报告等专项制度，不断提升干部监督规范化水平。严格执行党风廉政建设、经济责任审计、重大事项报告等监督制度，加强对干部选拔任用工作的监督和检查。

改革方向与重点

一是按照严格教育、严格管理、严格选拔、严格考核、严格监督的指导思想，研究制定《关于进一步加强对处级党政“一把手”监督管理的意见》和《关于加强处级领导干部管理工作办法》，加强对处级领导干部的理想信念、政治纪律、思想理论和党风廉政教育。严格加强对领导干部职数管理、日常管理，坚持和完善谈心谈话制度，完善纪检、组织、审计、信访、巡视等有关部门联席会议制度，形成干部管理监督合力。二是严格执行党风廉政建设、经济责任审计、重大事项报告等监督制度，加强对干部选拔任用工作的监督和检查。三是进一步完善《西城区处级领导班子和领导干部考核评价办法》，将班子考核、党建考核和绩效考核有机结合，党委（党组）重点考核把方向、促发展、抓班子、带队伍、转作风、建机制、强保障的情况，把对德的考核放在干部考核评价的首要位置，进一步完善考核指标，考准考实干部的德。四是坚持平时考核与年度考核相结合，研究制定《加强领导班子和领导干部日常考核的工作意见》，加强日常考察，对作风慵懒、群众基础差、责任心不强、担当精神欠缺、不适合现职岗位的干部及时调整。坚持考核的导向性，突出综合性，科学设置指标权重、丰富考核评价手段、扩大参与考评主体、综合运用考评结果，注重对考核结果的综合分析，把考核结果作为干部选拔任用、培养教育、管理监督、激励约束的重要参考，注重考核结果的综合分析运用，切实从严管好干部。

完善党员干部直接联系群众制度

改革进展与成效

一是贯彻中央关于完善党员直接联系群众制度的意见，健全和完善党员领导干部深入基层调查研究制度、基层联系点制度、基层挂职任职制度、党员“双报到”承诺践诺制度、党代表直接联系群众制度，以了解群众、学习群众、服务群众、引导群众为主要任务，密切党同人民群众的血肉联系。二是认真总结第一批 255 名干部进社区挂职工作，继续选派 100 名优秀机关干部到社区挂职。一年全脱产挂职，派往涉及重点工程、重大项目、棚户区改造以及基础较薄弱的社区，担任社区党委副书记或社区居委会副主任。2015 年，西城区又有 14 名优秀机关干部下社区，竞选社区党委书记。三是开展在职党员到社区报到工作。2014 年，全区机关、企事业单位党组织和在职党员已全部完成报到工作，包括中央和市属单位在内，到社区报到的单位党组织1164个，在职党员46195人，其中以单位形式报到的在职党员44922名、以个人形式报到的在职党员1273名，已开展服务的单位党组织1450个次、在职党员21810人次。

改革方向与重点

贯彻中央和北京市委关于完善党员直接联系群众制度的意见，研究制定《西城区关于完善党员干部直接联系群众制度的实施意见》，不断健全完善党员领导干部深入基层调查研究制度、基层联系点制度、基层挂职任职制度、定期接待群众来访制度、与干部群众谈心谈话制度、征集群众意见制度、党员“双报到”承诺践诺制度、党代表直接联系群众制度，以了解群众、学习群众、服务群众、引导群众为主要任务，进一步落实为民务实清廉要求，忠实践行全心全意为人民服务的根本宗旨和党的群众路线，密切党同人民群众的血肉联系。此外，要创新党员服务管理。深入贯彻落实中央和北京市关于加强新形势下发展党员和党员管理服务工作的有关要求，认真落实中央和北京市2014–2018年党员教育培训规划，结合区域特点，研究制定西城区加强新形势下党员教育管理服务工作的实施意见，加强对党员管理服务载体、方法的研究，促进党员意识和党员作用“双提升”。

全面加强基层服务型党组织建设

改革进展与成效

按照中央关于加强基层服务型党组织建设的要求，2014年，西城区初步研究形成了《关于进一步加强基层服务型党组织建设的实施意见》，认真研究基层服务型党组织的创建标准，精心推进街道、教育、卫生、机关、国资、非公等领域20个基层服务型党组织试点建设，构建了以区域性党组织为核心，全社会共同参与的服务新格局，不断完善服务机制，创新服务载体，建设服务队伍，打造各领域服务品牌，强化服务保障，把基层党组织的工作重心转到服务改革、服务发展、服务民生、服务群众、服务党员上来。

改革方向与重点

按照中央关于加强基层服务型党组织建设的要求，制定西城区《关于进一步加强基层服务型党组织建设的实施意见》，研究基层服务型党组织的创建标准，构建服务格局，完善服务机制，创新服务载体，建设服务队伍，打造各领域服务品牌，强化服务保障，把基层党组织的工作重心转到服务改革、服务发展、服务民生、服务群众、服务党员上来。

健全集聚人才体制机制

改革进展与成效

一是围绕人才发展规划统筹推进各支人才队伍建设，研究制定了2014年度重点工作安排，19项重点任务，推动重点人才项目，推进各支人才队伍建设。二是加快建设世界高端金融人才聚集区，北京市人才工作领导小组会议审议通过了《关于金融街建设世界高端金融人才聚集区的实施意见》，明确了金融街人才管理改革试验区建设的总体战略、发展方向、重大任务和支持政策。三是启动第二届“百名英才”遴选工作，制订工作方案，规范工作流程、完善遴选机制，健全《“百名英才”遴选工作实施办法》。

改革方向与重点

一是完善党管人才工作机制，研究制定《西城区人才工作目标责任制实施办法》。二是落实北京市促进京津冀人才一体化发展的行动计划，出台实施《关于金融街建设世界高端金融人才聚集区的实施意见》，发挥金融街人力资源协会作用，探索央地人才一体化和京津冀人才一体化发展合作机制。三是修改完善《西城区优秀人才培养资助实施办法》，促进百个优秀人才项目资助工作的成果转化。

深化党风廉政建设
落实纪律检查体制改革

纪律检查机关是国家治理体系的重要组成部分，要深化党的纪律检查体制改革，探索实现治理能力现代化。在全面从严治党的新常态下，深化纪律检查体制改革必须首先把党的纪律和规矩立起来，执行到位。党的性质和宗旨都决定了纪严于法、纪在法前，要把执纪和执法贯通起来，用纪律和规矩管住大多数。

落实监督责任

改革进展与成效

一是认真开展调查研究，找准当前落实“两个责任”方面存在的问题，找到工作差距，明确整改方向。2014 年初，西城区对落实党风建设责任制落实情况及存在问题进行深入分析，起草关于对西城区贯彻落实党风廉政建设责任制检查情况反馈意见的整改报告。2014 年上半年，对西城区 86 个党政机关、14 个区直属事业单位和 15 个国有企业共 114 家单位的反腐倡廉建设情况开展问卷调查。对调查结果显示出来的问题和深层次原因进行了详细分析，起草《2014年西城区党风廉政建设满意度调查情况分析报告》，针对反映的突出问题提出了今后一段时期的工作思路和具体措施。综合运用满意度调查结果，把公车私用等反映比较集中的问题，作为全年党风政风监督室工作的重点，认真抓好落实；在此基础上，起草了《西城区关于落实党风廉政建设“两个责任”的实施意见》。

二是进一步加强述职述廉工作力度。2014年初召开区纪委监察局机关及派驻机构领导干部述职述廉会。派驻机构重点从对驻在单位领导班子及其成员的监督情况、落实“八项规定”和反对“四风”情况、协助驻在单位党委（党组）开展党风廉政建设和反腐败工作情况、受理信访举报和查办案件情况、监督政风行风建设和开展廉政风险防控情况、加强自身建设情况等六个方面进行述职述廉，切实强化监督责任的落实。

三是进一步加强党风廉政建设责任制检查考核。出台《2014年西城区党风廉政建设责任制检查考核工作方案》；集中开展党风廉政建设责任制年中自评工作，分自查和抽查两个阶段进行；对西城区各单位2014年党风廉政建设责任制“两个责任”落实情况开展检查考核。

改革方向与重点

当前，正在推进的改革举措包括：把党委、纪委领导班子成员执行党风廉政建设责任制情况列为民主生活会和述职述廉的重要内容，并在一定范围进行评议，根据《中共北京市委关于改进处级以上党政机关党员领导干部民主生活会的实施意见》，研究出台实施办法。

强化案件查办

改革进展与成效

西城区切实强化案件查办和反腐败协调工作。一是加强案件线索统一管理。研究制定《西城区纪委监察局关于反映问题线索报送暂行办法》。研发西城区反映问题线索管理系统并开始试运行。起草《西城区案件线索统一管理办法》，并进一步征求意见和修改完善。二是加强案件检查考核。进一步加强与北京市纪委相关部门的沟通，研究制定《西城区纪检监察组织案件检查工作考核办法》，并纳入西城区党风廉政建设责任制检查工作。三是进一步完善反腐败协调小组职能。基本形成西城区反腐败领导体制和工作机制。制定《北京市西城区反腐败协调小组工作职责》《北京市西城区反腐败协调小组成员单位在查处违纪违法案件工作中协调配合的相关办法》《关于西城区纪检监察对象违纪违法案件线索查询对比工作的规定》等制度，形成了西城区纪委和相关部门查办案件工作人员交流机制，推进西城区反腐败工作。四是加大查办案件工作力度。首先进一步完善腐败案件揭露、查处机制和查办案件组织协调机制，加强与审计、公安、法院、工商、税务等有关职能部门沟通联系，充分发挥各执纪执法部门职能作用，建立协调、畅通、快捷的案件线索移送和情况反馈机制，形成查办大案要案整体合力。其次开通西城区纪委网站，设立了举报专区和曝光专栏，对所有查处的案件都及时进行了通报或是公开曝光。

改革方向与重点

按照中央和北京市纪律检查体制改革专项小组统一安排，一是推动各级纪检监察组织线索处置和案件查办在向同级党委报告的同时必须向上级纪委报告制度。二是落实《北京市纪委关于查办腐败案件体制机制改革的实施意见》，制定线索处置和案件查办在向同级党委报告的同时必须向上级纪委报告的具体办法。

落实双重领导

改革进展与成效

严格落实党的纪律检查工作，双重领导具体化。一是完成西城区纪委监察局内设机构调整。西城区纪委率先在16区县中进行了内设机构的改革（见图1）。调整后，西城区纪委监察局有12个内设机构，做到了机构总数不变，处、科级领导干部职数不变，行政编制总数不变，并且70%的力量都集中在了办案上，进一步强化监督执纪问责。二是优化纪检监察干部队伍结构。按照北京市纪委关于各级纪委书记、副书记的提名和考察以上级纪委会同组织部门为主的新举措，西城区纪委对纪检组长、纪（工）委书记的提名主动全盘考虑、主动酝酿人选、主动沟通意向，同时也充分考虑区委组织部提出的人选建议，努力做到“人岗相适”。三是加强派驻机构统一管理。组织开展派驻机构的调研工作，解决底数清的问题。经西城区纪委常委会研究，建立了《西城区纪委监察局机关处级干部联系点制度》，采取电话沟通、网上交流、实地走访、个别谈话、召开座谈会等方式，与派驻机构保持经常性联系。对派驻机构提出的问题及时研究、及时反馈，落实监督责任到位。

改革方向与重点

按照中央和北京市纪律检查体制改革专项小组统一安排：一是对各单位纪（工）委书记、纪检组长工作分工开展专项调研，根据北京

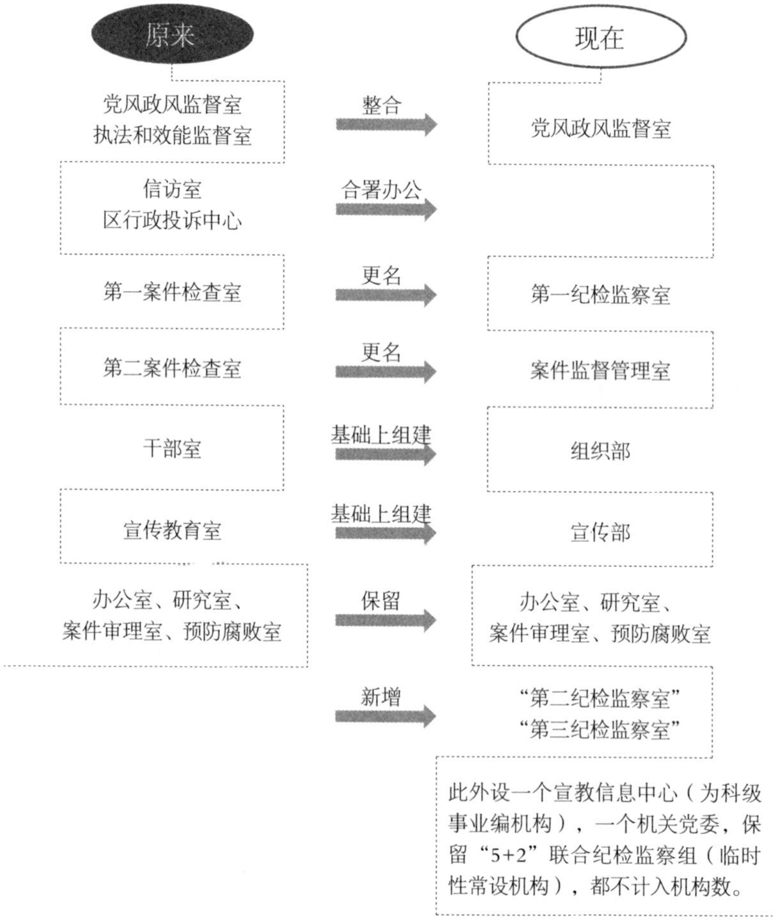

图 1：西城区纪委内设机构改革

资料来源：根据西城区委改革办提供的资料整理

市有关文件制定规范纪（工）委书记、纪检组长工作分工意见。二是重点要规范各级纪委书记、副书记提名考察工作，建立健全各级纪（工）委书记、副书记提名考察办法。三是对派驻机构实行统一名称、统一管理，完善对派驻机构的考核、激励与责任追究制度。督促各派驻机构履行监督责任。根据北京市有关文件，制定《西城区关于完善全区派驻机构统一管理的实施意见》《西城区纪委派驻纪检组组长、副组长任免办法》《西城区纪委派驻机构职能设置、机构调整和编制配备方案》等制度规定。

完善报告制度

改革进展与成效

切实完善下级纪检监察组织向区纪委报告制度和预防腐败工作。一是建立《西城区纪委监察局约谈制度》。西城区纪委针对各单位、各部门主要领导、纪委书记、纪工委书记、派驻纪检组组长以及分管党风廉政建设的主管领导，围绕所在单位或部门落实党风廉政建设责任制情况开展约谈，对所在单位或部门党风廉政建设与反腐败工作中存在的倾向性、苗头性问题进行提醒和纠正，并听取意见建议。2014 年，结合党风廉政建设满意度调查结果和重点工作开展约谈 60 余人次。二是落实“一把手”不直接分管人财物有关规定。制定《关于实行党政主要领导不直接分管人、财、物的暂行规定》，指导各单位对分工进行了调整。在近期的摸底调查中，区委机构、政府机构、街道、区直属事业单位共 94 家单位的党政主要领导签字认定均已实现不直接分管干部人事、财务、物资采购和工程项目工作。

改革方向与重点

按照中央和北京市纪律检查体制改革专项小组统一安排，规范下级纪检监察组织向上级纪委报告工作制度。根据中央纪委和市纪委有关文件制定西城区实施办法。建立健全下级纪检监察组织向上级纪委报告工作制度。

强化审计问责

改革方向与重点

全面落实党政领导干部的审计问责有关规定。一是按照《党政主要领导干部和国有企业领导人员经济责任审计规定》实施细则，制定西城区贯彻实施意见。根据领导干部不同的岗位职责，明确审计重点，改进审计方式方法，建立主要领导干部任期内轮审制度， 落实北京市关于《党政主要领导干部和国有企业领导人员经济责任审计规定实施细则》的实施意见。二是根据中央和北京市对党政领导干部问责工作的新要求，完善西城区相关配套规定，进一步明确问责情形、规范问责方式和问责程序，保证问责制度与党纪政纪处分、法律责任追究制度有效衔接。三是完善规范领导干部亲属经商办企业方面的法规制度。完善规范领导干部亲属担任公职和社会组织职务方面的制度。进一步修订完善西城区防止利益冲突有关制度。四是加强对配偶已移居国(境)外的国家工作人员的管理，严格贯彻落实《配偶已移居国（境）外的国家工作人员任职岗位管理办法》。

第3章

案例篇

教育综合改革：学区制和集团化破解入学难、择校热

教育领域综合改革是西城区全面深化改革的深水区、当头炮，2014 年上半年，西城区直面教育发展突出问题，遵循教育发展和人才成长规律，紧紧抓住“资源调整、招生改革”两个关键环节，以学区化和集团化为抓手，不断扩大优质教育资源的辐射范围，努力破解入学难、择校热难题。

教育领域综合改革是西城区全面深化改革的突破口、当头炮，2014 年上半年，西城区直面教育发展突出问题，遵循教育发展和人才成长规律，紧紧抓住“资源调整、招生改革”两个关键环节，以学区化和集团化为抓手，不断扩大优质教育资源的辐射范围，努力破解入学难、择校热难题，扎实推进义务教育重点领域综合改革进程，取得了阶段性成果，得到了广大群众的好评。

深化教育领域综合改革是大势所趋

义务教育综合改革方向明确

十八届三中全会通过的《中共中央关于全面深化改革若干重大问题的决定》，对深化教育领域综合改革提出了明确要求。2014 年 1 月，教育部印发了《关于进一步做好小学升入初中免试就近入学工作的实施意见》。就“招生范围、入学对象、入学手续、阳光招生、减少特长招生、试行学区化办学”等方面，提出了 10 项具体实施意见。2 月，教育部将工作聚焦 19 个特大城市，印发了《教育部办公厅关于进一步做好重点大城市义务教育免试就近入学工作的通知》。

西城教育改革四大难点

西城教育在北京市处于领先位置，但也面临着一些发展中亟待破解的问题，需要在改革中予以解决。一是社会满意度需要提升。教育服务能力不能满足人民群众对优质教育的需求；二是校际发展不够均衡。这种不均衡既包括师资力量等软件方面，也包括教育基础设施等硬件方面；三是人才队伍一些问题亟待解决。干部和教师队伍年龄结构不够合理，工作压力大，收入存在差距，职业发展还受到职称评定等制约。教师队伍存在着结构性缺编等问题；四是影响与贡献不相符。西城区是北京基础教育优质资源最多的区域，在北京市乃至全国都有重要的影响。但是在教育教学研究成果上，在新的教育教学方法、模式的研究和实践上，成果和贡献与西城区教育的地位不一致。

西城区教育综合改革打响“当头炮”

十八届三中全会后，北京市对全面深化改革进行了部署，提出在教育改革等重点领域和关键环节力求取得突破。市委常委、教工委书记荀仲文同志多次到西城区调研，希望西城区进一步扩大优质教育资源的辐射范围，改革步子迈得再大一些，举措更多一些，在义务教育重点领域综合改革上探索出行之有效的办法，为北京市乃至全国提供经验。西城区作为首都功能核心区和教育强区，必须带头落实北京市委、市政府的决策部署，以义务教育改革打响西城区全面深化改革“当头炮”。

通过教育改革实现教育公平

西城区教育资源丰富，教学质量处于全市领先水平。全区共有各级各类学校 212 所，其中幼儿园 70 所，小学 59 所，中学 46 所，九年一贯制教育 1 所，职业高中 4 所，特殊学校 3 所，专门学校 1 所，教育机构 12 家，成人教育 4 所，实体化的社区教育 12 所。在校生 13 万人，其中在园的儿童是 16380 名，小学在校生 62270 名，初中在校生 28405，高中在校生 22050 名。然而，由于服务中央国家机关的任务重，居民公平接受优质教育的期望也越来越大。入学难、择校热始终是一个没有很好解决的老大难问题，成了社会的焦点和热点。要 “办人民满意的教育”，必须通过改革解决好教育公平问题。

深化教育领域综合改革措施和成效

以学区制等 8 项举措推进义务教育综合改革

为扎实有效推进义务教育综合改革，西城区委、区政府立足当前，着眼长远，研究出台了《关于推进义务教育重点领域综合改革的实施意见》，坚持政策要公平、资源要均衡、布局要合理、队伍要可持续、方法要创新、力量要统筹、对社会要有贡献的 7 大原则，推出了 8 项改革新举措，进一步明确提出了在此前的 4 个教育集团（北京四中、北京八中、北京第二实验小学、北京小学）的基础上，扩大教育集团规模、设立 11 个学区、推进校“圆”工程、“城宫”计划、取消“共建”、设立“专家导师团”等 20 余项具体措施。

一是积极探索学区制。坚持“就近”原则，以街道行政区划为基础，试行学区制，做到每个学区内都有优质校、教育集团成员校及特色学校。通过建立学区，促进人口的有序流动，实现街道学区内部教育资源的统筹和共享。

二是努力扩大优质教育资源规模。本着“做大优质校、做强中等校、做精特色校”的原则，有序扩大优质教育资源的规模。将功能不健全学校并入优质校；推动教育集团向深度和广度稳步发展；试点设立高校和优质中学的附属小学；加大对特色学校的扶持力度，提供更多入学选择，为学生成才服务。

三是完善学校教育教学功能。规划和调整教育用地，推进校“圆”工程，提高教育用地效益。努力补齐校园面积缺口，实现占地有残缺、不规整、规划欠合理的校园更加完整、功能更加健全。重点完善功能性公共设施，有针对性地配备学校设备，进一步改善育人环境。

四是统筹各类资源深化素质教育。搭建“城宫计划”平台，统筹艺术、科技、体育的项目和时间，使学生可以在课后、校内依据兴趣、特长，自主选择、自愿参加专业活动。通过丰富的教育内容和形式，促进学生综合素质提升，实现精神文明、文化素质、社会管理综合效益。

五是努力破解择校难题。本着平稳、有序、均衡的原则，调整完善西城区招生入学办法。探索学区制；小学在学区内就近入学；登记备案符合规定的非京籍适龄儿童，在全区范围内分配入学。调整初中升学方式。逐步减少推荐派位人数，大幅增加优质初中校接收计算机派位比例的规模。

六是加强师资队伍建设。充分挖掘教师队伍的优势，着力培育、潜心打造理念先进、综合素质高、适应能力强、重教爱生的教师队伍。完善机制、创新手段、搭建平台，在学历教育、培养培训、职称评定等方面，为各级各类教师创造个人成长和职业发展实实在在的条件；做实“教育家培养工程”，培养开放、合作、前沿、国际化的教育家；出台政策、理顺关系、强化服务，切实减缓教师过重的工作压力；健全、落实吸引、选拔优秀人才进入西城从教的有效措施；建立教育系统内优秀退休教师资源为主体的“专家导师团”和师资资源库；推进人力资源改革，解决职称评定的路径、结构性缺编等问题；积极探索优秀人才培养和共享机制，形成校长、教师的合理流动机制，促进教育均衡。

七是健全教育评价导向机制。坚持教育科研引领，更加关注学生成长和教师成才，引导学校树立科学的教育质量观，着眼提升教育质量与办学水平。推进综合评价和发展性评价，把学生的品德发展水平、学业发展水平、身心发展水平、兴趣特长养成、学业负担状况等方面作为评价学校教育质量和学生发展水平的主要内容；把学生综合发展的程度作为评价学校的重要内容。加强绿色学校建设，把构建教育生态环境建设融入教育教学、校园文化、基础建设等各方面和全过程，实现教育的和谐可持续发展。

八是探索完善现代学校管理体制。进一步落实和扩大学校的办学自主权，建设依法办学、自主管理、民主监督、社会参与的现代学校制度。为干部教师轮岗见习和有序流动提供制度保障，实现学区、教育集团内交流的制度化与常态化。发挥现代信息技术在资源共享中的积极作用。打破部门局限，形成权责明确、统筹协调、规范有序的管理体制，共同推进教育改革发展。

目前，19 所小学进行了撤并和资源重组；教育集团总数增加至 17 个（见表 17），涉及 70 余所中小学；试点设立了北京建筑大学附属小学和 7 所优质中学的附属小学，7 所中学附属小学的学生将有机会直升到所对应的中学就读，确定了 12 所小学可以直升优质初中。调整完善西城区招生入学办法，全区小学划分为 11 个学区，小升初升学划分为 7 大学区，实现了适龄儿童在所在学区入学，不跨学区选择学校。与此同时，校“圆”工程扎实推进，“城宫”计划顺利实施，建立了由退休特级、骨干教师组成的专家导师团和师资资源库，118 项校园改造工程完工。

表 17：北京市西城区教育集团列表

序号	教育集团名称	成员校
1	北京市第四中学教育集团	北京市第四中学 北京市第三十九中学 北京市第五十六中学 北京市第一五六中学
2	北京市第八中学教育集团	北京市第八中学 北京市第七中学 北京市第八中学分校 北京市第四十四中学 北京市鲁迅中学 北京市西城区福州馆小学
3	北京市第二实验小学教育集团	北京市第二实验小学 北京市第二实验小学白云路分校 北京市第二实验小学浸水河分校 北京市第二小学玉桃园分校 北京市第二实验小学广外分校
4	北京市小学教育集团	北京小学 北京小学走读部 北京小学红山分校 北京小学天宁寺分校 北京市西城区红山幼儿园

（续表）

序号	教育集团名称	成员校
5	北京市第十三中学教育集团	北京市第十三中学 北京市第十三中学分校 北京市西城区柳荫街小学
6	北京市第一六一中学教育集团	北京市第一六一中学 北京市第四十一中学 北京市第二一四中学 北京教育学院宣武分院附属中学 北京市西城区北长街小学
7	北京市西城外国语学校教育集团	北京市西城外国语学校 北京市宣武外国语学校 北京市月坛中学 北京市西城区北礼士路第一小学
8	北京师范大学附属中学教育集团	北京师范大学附属中学 北京市第四十三中学 北京市第六十二中学 北京市第六十三中学 北京市第一实验小学前门分校 北京市西城区陶然亭小学
9	北京师范大学第二附属中学教育集团	北京师范大学第二附属中学 北京市三帆中学 北京市西城实验学校 北京市裕中中学 北京市第一五四中学 北京市西城区裕中小学
10	北京师范大学附属实验中学教育集团	北京师范大学附属实验中学 北京师范大学附属实验中学分校 北京师范大学实验二龙路中学 北京市第一五九中学 北京市西城区宏庙小学 北京市西城区西单小学
11	北京市育才学校教育集团	北京市育才学校 北京市西城区香厂路小学 北京市西城区新世纪实验小学

（续表）

序号	教育集团名称	成员校
12	北京市西城区育翔小学教育集团	北京市西城育翔小学 北京市西城区鸦儿胡同小学 北京市西城区民族团结幼儿园
13	北京市西城区师范学校附属小学教育集团	北京市西城区师范学校附属小学 北京市雷锋小学 北京市西城区新街口东街小学
14	北京市西城区黄城根小学教育集团	北京市西城区黄城根小学 北京市西城区西什库小学 北京市西城区三义里小学
15	北京市第一实验小学教育集团	北京第一实验小学 北京市西城区炭儿胡同小学 北京市西城区实验小学 北京市西城区实验幼儿园
16	北京市宣武师范学校附属第一小学教育集团	北京市宣武师范学校附属第一小学 北京市西城区椿树馆小学 北京市西城区半步桥小学 北京市西城区青年湖小学
17	北京市西城区育民小学教育集团	北京市西城区育民小学 北京市西城区四根柏小学 北京市西城区中华路小学 北京市西城区进步小学

资料来源：根据西城区教委提供的资料整理

教育集团管理模式及工作机制

一是组织机构和集团性质。西城区成立了教育集团领导小组，主管教育的副区长担任组长，区教委主任担任副组长，区教委主管中小学的副主任和区教委相关业务科室负责人为成员。同时还成立了西城区教育集团工作小组，由区教委主管中小学的副主任担任组长，教育集团各所学校校长以及中教科、小教科、学前科负责人为成员。教育集团是学校管理和教育教学联合办学体，是集团内各学校在保持原独立法人基础上深层次合作的办学方式。教育集团坚持“政府主导、名校牵头、项目运作、科研支撑、政策保障”的原则，促进牵头校和成员校的共同发展。

二是教育集团的管理模式。第一，教育集团设立校务委员会，规范和协调集团组织行为。校务委员会由教育集团各校党政主要领导组成。校务委员会主任由选举产生。集团校务委员会组成人员名单在西城区教委审核备案。第二，集团校务委员会负责统筹规划、合理调配集团内师资、课程、教科研等资源，做到共建共享，提高办学效益。第三，教育集团内各学校保持原有的法人独立、财务独立、人事关系独立。第四，教育集团成员单位有责任积极完成集团各项任务，确保项目顺利实施和本校教育教学质量的不断提升。第五，教育集团的运行保障由西城区教委负责。

三是教育集团工作机制。第一，教育集团推动集团内各学校实现“统一教育理念、统一教学规划、统筹教研活动、统筹师资调配”。第二，通过集团内制度共建，探索既有理念共识、课程共享、师资共用，又有特色发展、效益显著的区域教育均衡发展模式。第三，教育集团实施师资培训一体化管理，负责各学校的教育教学质量全面提升和实验成果质量。第四，集团内牵头校有责任输出干部、教师参与成员校的教育、教学管理；统筹集团教研、备课等活动；接纳成员校的干部教师挂职、实训。第五，集团内成员校有义务按照集团规划进行必要的资源调整，参与集团的各项活动，同时将学校的德育、科技、艺术、体育和文化等资源向其他成员校开放共享。

教育集团化改革重点关注三个问题

一是教育环境承载过重。一方面，整个社会对教育期望太高，都希望在学校学习到所有信息和知识。因此，要求学校不断增加课时，增加教学内容。但是，教育基本政策是6小时的在校时间，只做加法不做减法，只能使得学生压力过大，老师的挑战过大。尤其小学老师，学校不止承担了教学工作，还需要承担托儿托幼等管理工作，部分学生家庭教育与学校教育融合度较低。

二是舆论环境对教育工作过度敏感。需进一步引导外部评价和与内部专业活动之间形成有效对接，从而为教育的发展提供正确的能量，尤其为学校充满活力的发展提供空间。办学的活力需要创新和尝试，在此过程中可能面对一定的不确定性，如何寻求平衡，如何保证质量是教育工作始终面临的问题。需要在外部的评价中找到对教育的有效引领，以相对单纯和专业的眼光审视教育体系中存在的问题。

三是优质资源存在过度稀释风险。集团办学为西城区教育的整体发展在提升教学质量、提高教师队伍能力、改善教师待遇、优化学生心态等方面提供了诸多利好。但是，集团发展尤其是合并校的发展模式是否应该无限复制还需要进一步思考。有可能造成优秀师资分散、优质资源稀释、优势品牌降档等严重后果。如何保证西城区的教育质量，保证区县间的比较优势，需要进一步考量集团办学的适用范围。

教育改革取得五大成效

一是促进了教育理念的革新。第一，明确了义务教育作为基本公共服务要关注民需。因此，这次改革直面社会问题，实现了民生导向；第二，明确了义务教育是面向大众的公共教育，体现的是公共权力。因此，这次改革通过政策的约束、制度的完善和严格的程序，让公权力归“公”，实现了权利的回归；第三，明确了义务教育是满足基本需求的教育。因此，此次改革落实了教育法规定的免试、就近入学，实现了义务教育价值取向的回归。

二是实现了教育资源配置的优化。第一，通过做大教育集团规模、学校组合拳等，进一步扩大了优质教育资源的服务范围和辐射力，为实现就近接受优质教育打下了坚实的基础；第二，通过优化结构布局，试行学区制等措施，促进了优质教育资源的共建共享；第三，通过取消共建、规范招生方式等措施，控制了无序流动，促进了生源的均衡分布。

三是推动了教育管理的科学规范。教育改革系列相关文件和制度的推出与实施，体现了西城区委区政府的决心。第一，政策引导，为教育改革的顺利推进提供了基本依据；第二，明确了工作程序和路径规范并严格遵守，斩断了黄牛党的生存空间，实现了公平、公正；第三，实施了电子学籍系统和计算机管理，从技术手段上实现了有序依规；第四，强化了纪律要求，政策面前人人平等、共同遵守，提高了政府的公信力。

四是调整和理顺了内外关系。第一，通过改革，基础教育不再以单纯升学为目标，而以学生培养和全面发展为目标；第二，对教育内部而言，换来了职责回归，校长更能够集中精力办学；第三，对教育外部而言，剔除了衍生的不规范现象，最大获益的是普通百姓；第四，对教育环境而言，树立了新秩序和规则意识，激发和增强了正能量；第五，理顺了单位与职工、单位与单位、服务单位与百姓多组关系，实现了公平、公正。特别是一些中央单位则利用这一政策，解决骨干和困难职工的切身利益问题，将政策保障入学名额优先向驻外、援疆援藏、劳模等职工倾斜，变成了一种员工激励机制，得到了职工的广泛拥护。

五是有效推动了教育公平。西城区教育改革系列新举措的推出，为进一步缩小校际差距奠定了重要基础；清除了实现教育公平的思想和制度上的障碍；实现了免试、就近入学。在学生入学机会、学校生源结构、区域资源均衡配置等方面，都迈出了坚实的一大步。

教育领域综合改革实践思考

确保改革成效的根本是加强领导、顶层设计

西城区委、区政府把推进义务教育阶段重点领域的改革作为全区深化综合改革的突破口重点来抓。西城区委、区政府主要领导亲自指挥、强力支持，成立了7人领导小组，抓好顶层设计，强化对改革的领导；确定政策调整方向，公开改革信息，确保政令畅通、执行有力。

确保改革成效的关键是完善制度、严格程序

随着一系列措施办法的出台，教育改革做到了有章可循、有据可依。在推进改革进程中，完善了纪委全程介入、公证处参与公正的监督机制，严格执行各项改革政策和规章制度，切实做到依规办事、按制度办事，公平、公正是改革最终能够获得广泛认同的重要因素。

确保改革成效的基础是顾全大局、无私奉献

西城区全体教育工作者在改革中经受了考验，体现出了高度的政治责任感和大局观念，充分理解和大力支持改革，不计得失，无私奉献，特别是因改革调整岗位的和承担了超大工作量的校长群体，这些改革的支持者、实践者和推进者，为全面推进教育改革做出了突出贡献。

医疗卫生改革：分级诊疗缓解看病难、看病贵

在推进分级诊疗体系建设中，西城区深入推进全科医生执业方式和服务模式改革试点，加快多种模式的区域医疗联合体建设，加强基层社区卫生体制改革，逐步探索分级医疗、急慢分治、双向转诊的诊疗模式，取得了积极成效。

分级诊疗即按照疾病的轻、重、缓、急和治疗的难易程度进行分级看病，不同级别的医疗机构承担不同疾病的治疗，小病在社区医院，大病到大医院，疾病在急性期可以在大医院接受治疗，到了康复护理阶段就转到其他类型医疗机构分级诊疗，实现基层首诊、急慢分治和双向转诊。分级诊疗有利于提高医疗资源的使用效率和辖区居民的医疗均等化，提高有序医疗，提高医疗质量，缓解人民群众看病难，看病贵的问题。建立完善分级诊疗制度是新医改以来的一项重要改革任务，十八大以来，中央和北京市更加强调建立分级诊疗制度。西城区认真贯彻落实国家、市关于深化医药卫生体制改革决策部署，结合区

自身的特点，在推进分级诊疗中，深入推进全科医生执业方式和服务模式改革试点，加快不同模式的区域医疗联合体建设，加强基层社区卫生体制改革，促进了分级医疗、急慢分治、双向转诊的诊疗模式构建，为辖区居民提供优质优先的医疗卫生服务。

推进分级诊疗是医疗卫生改革的大趋势

推进分级诊疗是解决群众看病难、看病贵的根本性举措

近些年来，我国低水平广覆盖的基本医疗保险体系飞速发展，无论大医院还是基层医院，设施设备都有很大改善。但是医改所要解决的看病难、看病贵问题仍然突出。当前的看病难、看病贵与以往有所改变。中国社会科学院人口与劳动经济研究所副研究员陈秋霖指出，看病难问题，原来就有结构失调的原因，大医院人满为患，基层医疗资源大量闲置。过去5年，这种情况没有根本性转变，单纯增加总量，只会让结构问题更突出。在缺乏有效分级诊疗制度的情况下，政府增加投入和医疗保险扩面所释放的医疗需求，主要由大医院承担，进一步加剧了大医院人满为患的问题。看病贵问题，原来是因为医保覆盖水平低，大部分人尤其是农村居民没有医保，一些老百姓看不起病。经过10年的改革，基本医疗保险体系已经基本形成。但是由于医疗体系和医保的改革没跟上，医保进一步推动了医疗费用增长，老百姓要负担的费用没有下降甚至还提高了。

分级诊疗可以比较有效地控制费用，去大医院看病花钱会更多，在基层医院费用相对较低。从急慢分治的角度说，如果更好地预防和康复护理，费用也会低很多。此外，分级诊疗也有利于提高效率和质量。陈秋霖认为，“如果没有分级诊疗，我国的看病难、看病贵问题

可能永远解决不了。”十八届三中全会后，医改进一步强调分级诊疗，就是要解决新的看病难、看病贵问题，并以尽可能低的社会成本促进老百姓健康。

推进分级诊疗是北京市深化医改的重大任务

《中共中央关于全面深化改革若干重大问题的决定》指出，“完善合理分级诊疗模式，建立社区医生和居民契约服务关系。” 李克强总理在2014年做政府工作报告时，明确提出“要健全分级诊疗体系，加强全科医生培养，推进医师多点执业，让群众能够就近享受优质医疗服务”。2014年10月，《北京市人民政府关于继续深化医药卫生体制改革的若干意见》（以下简称《意见》）出台，要求“构建合理的分级诊疗体系”，“坚持以强基层为龙头，调整完善分级诊疗体系”。

当前，北京市大医院还在各种疾病通吃、供不应求，造成医生不满意、患者也不满意，发生不少医患矛盾冲突，针对这个问题，《意见》首次提出，北京将建立“金字塔”形的分级诊疗体系，真正实现分级诊疗。按照设计，医院将一改过去按照一、二、三级标准的三级医院服务体系，未来将按照服务功能对各医院重新定位。“金字塔”的顶层即“国家队”，将由国家重点学科、临床重点专科、临床医学研究中心等组成，主要承担医学科研攻关和高层次人才培养任务。“金字塔”中层，将由区域医疗中心构成，主要承担区域内急难、重症治疗任务。北京市发改委委员韩素芳解释说，按照这个功能定位，未来将把常见病、小病从大医院剥离，大幅度压缩普通门诊，将普通门诊让出去，以实现医生和患者一块往下层走。“金字塔”基层，由网络化、广泛可及的基层医疗卫生机构，包括私人诊所等组成，以防病、治病、养病作为功能定位，主要承担常见病、慢性病、重症康复和疾病防控、健康促进等功能。针对“金字塔”分级服务体系的建立，即将推出的配套措施，将降低大医院的报销比例，提升基层医院报销比例，“这个档次的差距会越来越大，这样才能真正鼓励患者下去”。韩素芳表示，未来无论是医疗报销，还是医院的建设、医疗价格、药物调整、人事薪酬，都将按照“金字塔”的分级诊疗体系来设计，如政府不再支持大医院建大门诊楼，不再支持基层医院购置大型设备。

《意见》特别提出，坚持以强基层为龙头，调整完善分级诊疗体系。加快推进全科医生培养制度和执业模式改革，创新家庭医生签约服务模式，健全基层医疗卫生服务补偿和激励机制；按照基层服务功能定位，完善基本药物制度和基层用药制度；支持发展多种形式的医联体或纵向合作机制，不断提升基层服务能力。

推进分级诊疗是西城区优化医疗资源服务能力的必然选择

西城区区域医疗资源极其丰富，但医疗资源服务能力有待进一步优化和提升。西城区仅有面积 50.7 平方公里，具有各级各类医疗机构 607 家（不含部队），截至 2012 年，其中三级医院 12 家，二级医院 12 家，一级医院 22 家；社区卫生服务中心 15 家，社区卫生服务站 75 个。有多家二、三级医院具有国家级的重点学科和重点专科，在国内乃至国际都具有先进水平。此外，社会资本举办医疗机构 203 家（综合医院 7 家，专科医院 9 家，综合门诊部 12 家，专科门诊部 24 家，普通诊所 17 家，专科诊所 134 家）。

西城区卫生局数据显示，2012 年西城区各类医疗机构总诊疗量为 28485118 人次，三级医院占 68.28%，二级医院占 12.60%，一级医院占 2.82%，社区卫生服务机构占 7.86%。西城区各级各类医疗机构总诊疗人次呈快速上升趋势，比 2008 年、2009 年、2010 年、2011 年同期分别增长了 38.50%、32.85%、23.02%、13.45%。2008 年以来，西城区各级各类医院床位使用率总体上呈上升趋势，2012 年为

93.06%。其中，三级医院床位使用率98.78%；二级医院床位使用率78.43%；一级医院床位使用率44.09%；社会资本举办医院床位使用率63.79%。

西城区资源情况主要呈现出三个特点。一是医疗资源结构不合理、地区分布不均、医疗资源利用不均。辖区部分三级医院超负荷运转，社区卫生机构、一级、二级医院医疗资源利用总体不足；二是医疗资源隶属复杂。辖区内央属、市属、区属、民营以及外资等各种医疗资源隶属关系复杂，降低了医疗服务体系的整体效率；三是高端医疗服务机构不足。西城区聚集世界500强企业14家，大型国有企业总部近200家，高端白领约有1万人，存在高端医疗服务需求大。

优质医疗资源集聚吸引了大量的外省市诊疗人员，医院就诊人数多，导致就医环境差，给中心城区带来了交通和流动人口管理方面的压力，加重了医疗资源利用不均衡。为此，提高社区卫生机构、一级、二级医院医疗资源的利用率，成为一个很好的切入点。

深化医改试点推进分级诊疗体系建设

在推进分级诊疗体系建设中，西城区深入推进全科医生执业方式和服务模式改革试点，加快多种模式的区域医疗联合体建设，加强基层社区卫生体制改革，逐步探索分级医疗、急慢分治、双向转诊的诊疗模式，取得了积极成效。

"全科医生执业方式和服务模式改革"试点

2012年8月28日，国家发展改革委（国务院医改办公室）、卫生部、人力资源社会保障部、财政部、中医药管理局联合在京召开全科医生执业方式和服务模式改革试点启动会议暨第一次工作会议。会议指出，开展全科医生执业方式和服务模式改革试点，是建立全科医生制度中的一项重大改革措施和制度创新任务，有利于进一步促进基层医疗卫生机构运行新机制的巩固和完善，有利于进一步促进分级诊疗制度的建立和全民医保制度的持续发展，有利于进一步促进医疗卫生服务模式的转变和人民健康的保障改善，对于进一步做好“保基本、强基层、建机制”十分重要。

根据会议部署，北京市西城区、黑龙江省哈尔滨市、上海市长宁区、安徽省芜湖市、山东省青岛市、河南省焦作市、湖北省武汉市、四川省成都市、贵州省贵阳市、陕西省宝鸡市等首批10个试点地区，要做好6项改革探索，即组建分工合作的服务团队，推行防治结合的契约服务，实行人头包干的支付制度，建立服务导向的分配机制，形成自由选择的竞争机制，构建分级诊疗的协作模式。同时，试点地区还要结合本地实际，在专科医生转注册为全科医生、艰苦边远地区全科医生补助、全科医生高级岗位设置比例、全科医生特设岗位、全科医生职称晋升、信息系统建设等方面进行探索创新，努力把试点工作抓紧抓好、抓出成效。试点地区通过推进试点工作，努力实现“签约居民得实惠、全科医生受鼓舞、服务模式得转变、机制创新得发展”的试点目标（见表18）。

表18：全科医生执业方式和服务模式试点改革目标

序号	试点目标
1	辖区居民得实惠，逐步实现每个家庭都有合格的签约全科医生。
2	全科医生受鼓舞，收入水平和职业发展得到提升。
3	服务模式得转变，全科医生为居民提供连续性、个性化的签约服务。
4	机制创新得发展，全科医生与专科医生合理分工、分级诊疗。

资料来源：根据互联网公开资料整理

作为首批试点单位，西城区围绕国家有关部署和北京市医改重点，进一步完善了《西城区全科医生执业方式和服务模式改革试点工作方案》，积极探索以服务包为基础的签约服务模式，打造家庭医生式服务的新型实践形式，稳固签约居民和全科医生间的契约服务关系，真正实现社区预约门诊服务、健康管理服务、社区首诊服务、绿色转诊服务、专科支持服务。主要举措包括：

一是加强全科医生团队建设。通过制定团队准入标准及工作职责、明确家庭医生工作室建设标准和服务规范、制定吸引卫生专业技术人员到社区执业等办法，合理配置全科医生团队，研究分工协作方式，初步形成了由全科医生、社区护士、预防保健人员为主体，健康管理师、心理咨询师、中医师、康复医师为补充，大医院专家及公卫专家为支撑，志愿者或社会工作者共同参与的团队合作模式。

二是研究制定“签约服务包”。根据试点要求和社区卫生工作职责，依据居民的服务需求和全科医生的服务能力，制定了基本签约服务包、全科团队健康管理包和个性化服务包。第一，基本签约服务包以人人享有基本公共卫生服务为切入点，为签约居民免费提供国家基本公共卫生服务11项，让辖区居民获得更多规范和优质的基本公共卫生服务。第二，全科团队健康管理包内容涵盖引导居民有序医疗、实施健康管理、到区域大医院优先转诊、优先就诊、优先住院以及健康评估健康咨询等服务。第三，个性化服务包根据居民不同需求，制定个性化服务项目，暂定上门服务包和临终关怀服务包，针对空巢、行动不便及癌症晚期患者，提供上门医疗服务和心理抚慰，为居民的疾病治疗提供更加符合居民实际情况的帮助。

三是优化签约服务流程，提高签约服务质量。通过信息化系统，实现就诊预约、定向分诊、诊前服务、预约复诊，保证签约服务效果，提升服务质量，改善诊疗秩序。第一，从服务流程上，签约医生与居民实行预约就诊；就诊居民按照预约时间来社区卫生服务机构时，通过挂号系统自动绑定签约医生；候诊期间，引导居民进行健康状况自助检测或进行相关诊疗基本信息采集；在签约医生工作室，签约医生保证一定时间与就诊居民进行一对一充分交流；当次诊疗结束时，要视情况与就诊居民预约下一次复诊时间，或提供转诊服务。第二，从服务内容上，以改变居民就医习惯为突破口，对签约对象实施首诊服务，预约下次门诊服务时间、开展健康管理服务、绿色转诊服务、专科支持服务，更加体现了健康守门人职责，通过家庭医生工作室分时段安排居民复诊，签约患者复诊通过自助取号机直接取号就诊，以此落实门诊预约制度，更加巩固签约服务关系，逐步促成签约对象定点就诊、分级诊疗的新格局。

四是构建全科医生协同服务模式。第一，整合二、三级医疗机构资源，建立以全科医生为基础的多渠道分级诊疗协作机制。如建立了辖区三级医院及二龙路专科医院与 15 家中心的预约转诊机制，利用北大医院、友谊医院和复兴医院医联体，畅通由全科医师直接转诊至专科医师的转诊渠道。保证每个专家号可供社区病人实名制预约挂号 1 次。社区卫生服务机构按照双向转诊标准，对需要且同意转诊的患者提出转诊申请，转诊医院在 24 小时内完成预约挂号。充分发挥区域医疗集团的作用，有效开展定向的逐级转诊服务。第二，建立全科与专科互动机制。在区域医疗共同体、医疗联盟、对口支援框架下，建立专科医生对全科医生团队的技术支撑，调配专业化的慢病专家团队，参与社区家庭医生式服务。挂牌社区首席专家，不定期参与团队工作，参与制定个性化健康管理方案或疾病管理方案，接诊上转病人。定期召开全科—专科医生沟通会，让全科医生掌握更多的专家资源。第三，试点运作远程技术支持，完善临床诊疗协同服务模式。在德胜中心先期试点，建立远程心电、超声会诊中心，经济、高效、全面地为全科医生诊疗工作提供技术支持和专业保障。

五是实施全科医生团队能力提升工程。建立月坛、德胜两个全科医生团队实训评估中心，积极探索以临床实践为主体的培训机制，通过实操演练、专病实训、考核评估全面提升全科医生团队的理论知识和技能水平，提升团队成员综合服务能力。第一，依托科研项目和教学基地，提升全科医科人才培训质量。在国内率先设立全科医学硕士培养点，初步建立学士、硕士、博士参与的高素质全科医学梯队。建设社区医务人员培训基地，申报并立项国家级、省部级、市级和区级课题，设立西城区全科医生发展专项研究基金。依托一系列科研平台，锻炼队伍，塑造形象，加强居民社区卫生的信任度和依赖感。第二，开展西城区社区“十、百、千”人才培养项目，突出区位特色，采用走出去、请进来策略，聘请优秀师资，对“十、百、千社区卫生人才”开展了富有成效的能力提升培训。

六是建立服务导向的分配机制。全科医生的绩效工资与签约服务挂钩，考核全科医生签约居民数量、门诊工作量、服务质量、居民满意度以及医药费用控制情况等指标，逐步建立以按签约居民数获得服务费为基础的新激励性分配机制。同时，加强全科医生服务质量的监管，将每支全科医生服务团队的签约服务人数控制在 2000 人左右，其中老年人、慢性病人、残疾人等重点人群占有一定比例。第一，从区级层面增加奖励性绩效工资比例，卫生局由预留 1 万元增加到 2 万元，根据家庭医生式服务及相关工作开展情况，每季度进行核拨，适当拉开机构之间收入差距。西城区卫生局对每个家庭医生工作室拨付 2 万元工作经费，用于工作室的软硬件建设。根据签约服务数量，西城区卫生局每年按每人 5 元的标准拨付签约服务费，用于家庭医生式服务的日常工作开展。第二，从社区卫生服务机构层面，社区卫生服务人员实施岗位量化积分绩效考核制度，突出家庭医生签约服务，向关键岗位、业务骨干和做出突出成绩的工作人员倾斜，建议用于家庭医生式服务考核的绩效工资占比不低于50%。

七是健全质量监管和效果评估机制。完善西城区绩效考核指标体系，建立以直接考核、专项考核、月督导和季度考核、第三方评价和暗访为主要考核形式的多维考核指标体系。西城区把签约服务质量作为考核重心，借助第三方评价和家庭医生式服务电话回访等方式，客观地反映签约效果。充分利用信息化数据统计手段，根据健康档案各项服务记录，重点监测关键指标，将团队建设情况、签约数量、服务质量、管理效果及签约人群健康状况、居民满意度等，作为绩效考核的重要依据，实现绩效考核的科学性、公平性、及时性、准确性。定期公布考核结果，并与绩效工资拨付挂钩。

八是发挥中医药在基层独特的优势。实施中医药服务能力提升工程，以各社区卫生服务中心“岐黄馆”为载体，进一步打造中医药综合服务区，建设中医特色的家庭医生工作室。积极推广中医适宜技术在社区卫生服务中的广泛应用，充分体现中医药服务简、便、验、廉的特点，加强中医药服务内涵建设，整体实现基层中医药服务能力的全面提升。

推进医联体建设支撑分级诊疗

十八届三中全会提出“促进优质医疗资源纵向流动”“完善合理分级诊疗模式”的医改重大任务，为此，2013年11月26日，北京市卫生局、北京市发展和改革委员会、北京市人力资源和社会保障局、北京市中医管理局印发了《北京市区域医疗联合体系建设试点指导意见》，着手在全市全面推进区域医疗联合体（以下简称“医联体”）建设。这是北京市对推进医改、建立分级诊疗体系的不断进行深化与拓展，是构建新的医疗服务格局和就医秩序的战略性举措。

医联体是指在辖区规划区域内，以体现公立医院性质、职能为基础，以医疗服务业务的密切合作为导向，以利益共同分享、责任共同分担、事业共同发展、技术共同提高、居民共同参与为目标，按照医疗机构分布情况和群众就医需求，有规划地建立的跨行政隶属关系、跨资产所属关系，层级清晰，布局合理，各级各类医疗机构密切协作的新型医疗服务保障体系。

根据北京市有关精神，2014 年 3 月，西城区制订了《西城区推进区域医疗联合体系建设工作方案》，并在此基础上，制定《西城区医联体建设规划（2014—2016）》，对医联体建设进行了总体部署。

一是医联体的格局。建设四横六纵多中心一平台的区域医疗服务体系。“四横”即建立社区卫生服务机构—社会办医疗机构—二级医院—三级医院的医疗服务体系。加大区域医疗协作力度，完善驻区三级医院与区属医院、社区卫生服务机构、社会办医疗机构协同工作机制，加大合作力度，探索分级医疗体系建设，在预约转诊、人才培养、技术指导等方面进行有效对接，带动各级各类医疗机构的协同发展，促进居民有序就医。“六纵”即建立全科医疗、专科医疗、中医医疗、急救医疗、老年医疗、康复护理六条纵向医疗服务体系。强化医疗质量和医疗安全管理，不断完善医疗服务体系建设，加强社区卫生服务的基础性作用，支持和完善特色专科医疗体系建设，加强中医药工作，完善老年医疗卫生服务体系，积极争取康复护理配套政策，完善康复护理服务体系，促进医疗服务能力和服务效率不断提升。“多中心”即建设多个区域专科医疗诊治中心，满足西城区居民对专科疾病的诊疗需求。包括神经疾病诊疗中心、心血管病诊疗中心、精神疾病诊疗中心、妇儿疾病诊疗中心、创伤诊疗中心、肛肠病诊疗中心。“一平台”即打造区域医疗信息化平台，围绕区域卫生信息化顶层设计，初步实现区域医疗服务、公共卫生、社区卫生和综合管理等应用系统信息互联互通，综合卫生行政部门行政管理，区域内医疗机构患者诊疗信息共享，行政机构与各医疗机构之间的实时沟通交流，各医疗机构内部管理系统对接，以及面向辖区居民的健康服务、预约挂号、转诊服务等功能。

二是医联体的构架。按照“分片管理、一体化医疗”的原则，形成“5+1+S”的区域医联体构架（参见表15），“5”是指西城区将在辖区东北、西北、中西、西南、东南五个片区建设5个以三级综合医院为中心医院的区域综合医疗联合体，实现辖区全覆盖，解决西城区百姓大部分的医疗需求。“1”是指建设区域中医医疗联合体，解决西城区群众中医药诊疗服务需求。“S”是指建设区域专科医疗(Specialist medical) 联合体，满足西城区居民对妇产、儿童、精神、心血管、骨伤等专科的诊疗需求。构建分片区的分级诊疗、急慢分治、双向转诊的诊疗模式。同时，在建设医联体的基础上，保留各医疗机构的现有合作，形成多元合作的格局。

三是医联体的组建。医联体组成要符合区域医疗规划布局要求，有利于居民就诊医疗，有利于各成员单位学科发展和人才培养，有利于发挥各自优势进行开放式联合。由一家三级医院联合同区域内一家或几家二级医院、社区和功能社区卫生服务机构，有条件的社会资本举办医疗机构也可参与其中，组成区域医疗联合体。

四是医联体的运行机制。第一，建立双向转诊、相互支持的机制。在社区卫生服务机构、二级医院、三级医院中建立双向转诊通道，以分级有序的医疗服务，建立不同类型医疗卫生服务机构之间分工协作的模式。第二，建立多点执业和技术协作机制。鼓励医师多点执业和医疗机构间的技术协作，促进优势互补。第三，建立家庭医师和健康档案共享机制。深化家庭医生式服务，对签约居民实施预约门诊服务、健康管理、首诊服务及绿色转诊服务，提升医疗服务品质。第四，建立全科专科医疗协同发展和分段诊疗机制。注重全科建设，强化专科特色的发展，通过政策引导、扶持，构建医疗机构间纵向互补、横向合作、分段诊疗的方式，探索有序医疗的服务模式。

五是医联体的医疗监管。规范医疗卫生机构的设置条件和标准，严格机构、人员、技术、设备准入。加强执业监管，建立社会民主监督制度，确保医疗卫生服务的安全、有效、便捷、经济。

六是医联体的信息决策和服务。通过对辖区所有医疗机构的信息化建设，尽快实现医联体内部各医疗机构信息和资源的共享，逐步实现西城区区域范围内医联体之间的信息共享。形成西城区医疗资源池，整合辖区所有医疗资源和医疗数据。信息系统汇总庞大的辖区医疗数据，通过定期分析，提出决策建议，并建立危机数据预警、报警和自动分析模式。

七是医联体的保障措施。第一，明确部门职责，加强协调配合，确保规划落实（见表 19）。按照规划的有关要求，积极配合开展的相关工作。发展改革部门加大对医疗卫生行业的开放力度，安排政府举办医疗机构的资金。财政部门按照有关政府卫生投入政策对政府举办医疗机构提供经费支持。第二，注重公立医疗机构内涵建设，完善公立医疗服务体系。加强公立医院规范化、科学化和精细化管理，建立现代医院管理制度、可持续的公立医院补偿机制和高效的公立医院运行机制，优化公立医院的资源配置。第三，完善长效机制，建立有序就医格局。完善分级有序的医疗服务模式，建立不同类型医疗卫生服务机构之间分工协作的模式，明确转诊机制。卫生、发展改革、财政及人力社保等各部门密切协作，研究制定实现分级医疗服务的相关政策，逐步建立有序的就医格局。

表 19：医联体建设职责分工

序号	部门	职责
1	西城区卫生局	负责辖区内医联体的设置规划、组建和运行质量的监督。协调解决辖区内医联体运行中遇到的新情况、新问题。及时向北京市卫生局医联体工作办公室汇报有关工作情况。组织工作经验交流，推进西城区医联体整体工作。负责协调构建医联体体系内各医疗机构协作机制，平衡利益关系，调动体系内医院工作积极性。
2	西城区发改委	主要负责指导西城区区域医联体落实价格政策规定，规范医联体内各机构加强价格管理工作。配合康复护理体系建设，研究相关价格政策。
3	西城区人力社保局	主要负责指导西城区医联体落实医保要求，破解政策难题，引导医疗机构向患者提供连续的医疗服务。完善医保相关政策，引导参保人员到社区就医。
4	核心医院	为有技术实力、学科优势、区域影响力的三级综合、中医、专科医院。核心医院主要职能为建立全科医科或会诊中心等管理部门，负责与合作医院有效对接及辖区病人的接、转诊等管理工作。组织制定体系内各项工作制度，完善双向转诊、重点专科对口扶持、区域信息联网、绿色通道等工作机制。探索统筹协调体系内各医疗机构床位的使用和管理。有效做好医务人员的上下交流和出诊工作。建立一体化管理机制，确保医疗服务顺畅高效。做好工作信息、数据收集、汇总等其他工作，并负责及时向辖区主管部门报送有关工作。医联体内三级医院或区域医疗中心医务人员到社区服务的时间可视为支援社区和卫生支农的工作时间。
5	合作医疗机构	西城区区属医院、社区卫生服务机构、功能社区卫生服务机构、社会资本举办医疗机构。合作医疗机构主要职能为做好体系内相应的医疗工作。积极协助核心医院开展医联体的各项工作。主动完成本单位在医联体中承担的相应职能。研究医联体工作中各类问题的解决办法。

资料来源：西城区医疗卫生体制改革专项小组提供

开展基层卫生综合改革重点联系点

为深化医药卫生体制改革，巩固完善基层运行新机制，从2014年，国家卫生计生委、财政部联合开展基层卫生综合改革重点联系点工作。继成为全科医生执业方式和服务模式改革国家级试点后， 2014年初，西城区等34个城市被确定为基层卫生综合改革重点联系点，试点工作为期三年。联系点重点任务是推动落实基层医改政策，围绕落实基层医改政策中的关键问题进行改革创新，同时加强联系点地区推进改革能力建设，开展评价、总结和推广。国家卫生计生委副主任马晓伟在2014年4月11日召开的联系点启动会上强调，各联系点要认真贯彻落实《国务院办公厅关于巩固完善基本药物制度和基层运行新机制的意见》（国办发〔2013〕14号）有关精神，结合本地实际重点做好落实财政补偿经费、完善收支管理方式、规范基本公共卫生服务经费管理、发挥医保基金的补偿作用、提高医务人员技术劳务价格、完善人事制度、完善绩效工资和考核制度、积极推进分级诊疗、巩固基本药物制度、改善服务模式、推进基层卫生信息化建设、稳定乡村医生队伍等12项改革工作。2014年10月，国家卫生计生委办公厅印发《关于做好基层卫生综合改革重点联系点工作的通知》。中央财政将给每个联系点每年补助100万元专项资金，用于联系点开展基层卫生综合改革，进而探索新模式、建立新机制。

西城区按照国家卫计委要求和北京市《关于进一步推进基层医疗卫生机构综合改革的若干意见》（京政办发[2013]66号）部署，结合本地实际，制订了《西城区基层卫生综合改革重点联系点工作方案》和《西城区基层卫生综合改革重点联系点2014年工作计划》，力争在建立稳定长效的多渠道补偿机制、购买基本医疗卫生服务、深化人事和分配制度改革、健全激励有效的绩效考核制度、调整医务人员技术劳务价格等改革的关键环节有所突破，形成有地方特色的改革模式。

2014 年，西城区重点推进了以下改革。

一是积极开展基层卫生综合改革重点联系点监测、调查与研究。西城区被确定为国家卫计委基层卫生综合改革重点联系点后，6 月 4 日西城区召开了联系点监测与调查工作培训会，15 家社区卫生服务中心积极配合卫生部卫生发展研究中心进行相关调查。6 月 16 日，所有社区卫生服务机构完成了基层医疗卫生机构处方抽查表、基层医务人员满意度调查问卷、基层医疗卫生机构就诊患者满意度调查问卷等基线数据的收集，此后就数据进行统计分析并形成调查报告。

二是研讨社区基本公共卫生服务项目成本测算工作。2014 年 8 月 6 日，西城区召开了社区基本公共卫生服务项目成本测算专题研讨会。国家卫生计生委基层卫生综合改革重点联系点省级专家、西城区财政局、西城区卫生局、西城区社管中心和部分社区卫生服务中心参加了研讨。此前，西城区委托中国社区卫生协会开展了“基本公共卫生服务项目成本测算及社区卫生服务机构量化绩效考核标准研究”。通过该研究，测算西城区基本公共卫生服务项目成本，并构建社区卫生服务机构量化绩效考核标准，为西城区建立科学合理的财政补偿、政府购买服务机制以及绩效考核标准提供决策参考。西城区在该项研究的基础上，结合区域社区卫生发展需求，平稳调整社区卫生服务运行机制，调动社区卫生服务机构的主观能动性，使社区卫生服务机构更具生机活力，推动社区卫生工作再上新台阶。

三是开展政府购买社区卫生服务相关政策研究工作。2014 年 8 月 11 日，西城区组织召开了基层卫生综合改革联系点政府购买社区卫生服务研讨会。此前，西城区联合中央财经大学有关专家，选取了 4 家社区卫生服务中心进行政府购买服务必要性、投入产出、收益情况等比较研究，会议听取了“政府购买社区卫生服务相关政策研究”有关成果，并就政府购买社区卫生服务模式研究结果的拓展应用进行了深入研讨，提出了建设性的意见。会议还围绕探索基层医疗卫生机构财政补偿的新方法、新机制，保持政策的可持续性进行讨论，形成了改革初步共识，明晰了研究努力方向，为下一步深化西城社区卫生服务改革奠定了理论基础。

四是不断完善稳定长效的多渠道补偿机制、绩效考核。落实京政办发 [2013]66 号文件，在运行补偿机制方面，进一步改进收支两条线管理；发挥基本医保对基层医疗卫生服务的促进和调节作用；积极推进医药价格改革，完善基层医疗卫生机构价格补偿机制。在绩效考核方面，完善社区卫生服务绩效考核机制，依托信息化手段加强量化考核和效果考核，对社区卫生服务机构的考核频次从每年 2 次调整为每年 4 次；增加了奖励性绩效工资比例，西城区卫生局由预留 1 万元增加到 2 万元，加大了绩效考核力度。

五是其他基层医疗卫生服务改革。推进区域卫生信息化建设，完成了整合型医疗服务信息平台一期开发，开展驻区三级医院、全部区属医院与社区卫生服务机构的资源共享和协作，方便辖区家庭医生服务签约居民享受到优质的医疗资源和服务。在新街口社区卫生服务中心开展社区卫生服务信息系统开发试点，构建了一套具有西城区特色的新的社区卫生服务信息系统，将逐步在各社区卫生服务中心推广应用。不断完善社区卫生服务发展保障措施，将聘用合同制职工工资标准由 48600 元／人／年，提高到 80000 元／人／年（不含财政应负担保险 33600 元／人／年），将社区返聘退休专家补贴标准从 2500 元／人／月提高到 5000 元／人／月，实现社区医务人员同岗同酬同待遇。

分级诊疗体系建设成效

医疗卫生整体水平得到进一步提升

一是医疗卫生基础建设得到明显改善。西城区加大了医疗卫生领域的预算投入，如建立了局属医院大型医疗设备补偿机制，2014 年安排了 3300 万元专项经费用于医疗机构购置医疗设备，这是首次在部门预算中安排医疗设备购置经费，并将成为长效机制。推进公共卫生资源整合，分别完成了疾控、妇幼、精防等公共卫生机构的整合，统一了业务流程和工作标准，强化了公共卫生服务和管理职能。提高了公共卫生经费保障力度，2014 年区级预算安排公共卫生经费 1220 万元，比 2013 年增加近 800 万元。卫生设施得到改善，卫生资源得到合理配置，资源利用率和卫生服务能力明显提高。

二是公立医院管理有新突破。在护国寺中医医院、北京市第二医院等区属医院引入国际医疗质量管理标准；继续开展预约就诊、双休日门诊、优质护理服务等工作；主动开展医药分开改革研究，对 2011—2013 年间 11 家区属医院的医事服务费进行了测算分析，为医药分开工作做好准备；建立了以公益性质和运行效率为核心的区属公立医院绩效考核体系和第三方评价机制，确定了社会评价、内部管理、运行效率、发展实力四个维度共计 21 项考核指标，重点考核服务质量、服务数量和群众满意度，引导区属医院更加注重医疗质量和服务效率；建立和完善西城区医疗质量控制与持续改进体系，成立了急诊、病案、护理、血液净化、院内感染、药事管理六个质控中心，对区属医院医疗质量施行精细化、常态化、动态化的监管与指导；组织多部门和医疗管理投资集团专题研究国际化医院建设最优方案，积极探索新建、转建等多种方式在西城区设立国际化医疗机构；制订了《西城区集中开展涉医突出问题专项治理实施方案》，从制度层面保护正常的医疗行为，防止医闹和伤医事件的发生，改善医疗环境。

三是医疗卫生服务人才队伍建设得到了加强。基层医疗卫生机构医务人员合理待遇得到了保障，绩效工资政策得以进一步落实，调动了医务人员的积极性，进而提高了医务人员参与医改的主动性。如统一了中医医院绩效考核财政补助经费标准，对绩效考核合格的中医医院区财政按照每人每年 3 万元的统一标准进行补助，2014 年区级财政补助投入达到 4600.5 万元。同时，基层医疗卫生人员的结构逐步得到改善，服务能力进一步得到提升。

四是社会资本办医取得新进展。出台了《北京市西城区卫生局关于进一步做好社会资本举办医疗机构设置审批工作的实施意见（试行）》，使社会资本办医的条件更加透明，流程更加规范。截至 2014 年 12 月底，西城区社会资本举办的医疗机构总数达到 237 家，比 2010 年增长了 39.41%，在中医、骨科、康复护理、临终关怀等领域已经建立起具有一定能力和影响力的特色医疗机构，成为公立医院重要的补充。

新型全科医生协同服务模式成果显著

一是签约数量初具规模。推行契约式的家庭医生式服务，对签约居民实施预约门诊服务、健康管理、首诊服务及绿色转诊服务，建设了 100 个以优秀全科医生名字命名的“家庭医生工作室”，建立了大医院专家对家庭医生式服务团队的技术支撑，对患者制订个性化健康管理方案，让签约居民享受到优先优质的服务。截至 2014 年 12 月底，西城区共组建 264 支家庭医生服务团队，累计签约 28.39 万户、52.11 万人，签约率达 42.3%。同比增加了 9.97 个百分点。

二是有序就医格局初步形成。加快制定分级诊疗标准和规范，完善门诊诊疗流程，重点打造“社区首诊、分级就诊、预约就诊”的服务模式，减少医患双方的接诊和就诊盲目情况，减少居民候诊时间，增强社区卫生人员工作的计划性。逐步形成分级诊疗、双向转诊的有序就医格局。

三是慢病管理率和控制率稳定提升。制定了《北京市西城区慢性非传染性疾病社区管理手册》，对签约的慢性病患者进行规范管理，疾病管理效果初步显现。2013 年底，高血压管理人数为 125109 人，规范管理人数为 97162 人，规范管理率为 77.66%，比年初增长 2%；糖尿病管理人数为 52086 人，规范管理人数为 40017 人，规范管理率为 76.83%，比年初增长 2%。高血压和糖尿病的控制率均达到 50% 以上。

四是居民对家庭医生式服务普遍认可。家庭医生根据患者实际病情需要，对于可在社区等地治愈的小病尽量不去大医院就诊，而对需要转诊的患者，将帮其直接预约对口三甲医院的专家号。西城区专门开通了家庭医生与宣武医院等三甲医院的绿色通道，在 24 小时内完成副主任及以上级别的专家号预约，“保证 2—3 个工作日内安排就诊”。从西城区居民社区卫生服务认知度、使用度与满意度调查看出：79.1% 的居民知晓家庭医生式服务，居民对家庭医生式服务的具体服务内容也拥有较高的认知度。签约过家庭医生式服务的居民对家庭医生式服务的满意度都较高，多数居民知道签约医生的姓名与联系方式，居民对家庭医生的信任度增强。

五是全科医生服务能力逐步提高。通过开展西城区“十、百、千社区卫生人才”培养和全科—专科医生协同服务，全科医生的岗位技能得到有效提升，医患沟通和服务意识加强，综合能力逐步提高。

医联体建设取得积极进展

一是医联体建设实现辖区全覆盖。西城区目前已经建立了 5 个综合医联体、1 个中医医联体和 5 个专科医联体（见表 20），实现全区 15 个街道、15 家社区卫生服务中心全覆盖。

表 20：西城区医联体构建目标

医联体性质	核心医院	合作医院	社区卫生服务机构	功能社区卫生服务机构社会资本举办医疗机构	服务人口（万人）
综合医联体	复兴医院	广外医院展览路医院	月坛、广外、展览路社区卫生服务机构	10—15 家功能社区卫生服务机构；若干家社会资本举办医疗机构	29.60
	宣武医院	回民医院	广内、牛街、白纸坊社区卫生服务机构	10—12 家功能社区卫生服务机构；若干家社会资本举办医疗机构	22.13
	北京大学人民医院	二龙路医院平安医院	德胜、新街口社区卫生服务机构	10—15 家功能社区卫生服务机构；若干家社会资本举办医疗机构	22.64
	友谊医院	宣武中医医院	椿树、大栅栏、陶然亭、天桥社区卫生服务机构	10—12 家功能社区卫生服务机构；若干家社会资本举办医疗机构	15.74
	北京大学第一医院	第二医院护国寺中医院	什刹海、西长安街金融街社区卫生服务机构	10—15 家功能社区卫生服务机构；若干家社会资本举办医疗机构	33.16
中医医联体	广安门医院	区属中医类医院以及辖区医疗机构中医科	社区卫生服务机构中医科	相关医疗机构中医科社会资本举办中医医疗机构	——

（续表）

医联体性质	核心医院	合作医院	社区卫生服务机构	功能社区卫生服务机构社会资本举办医疗机构	服务人口（万人）
专科医联体	北大妇儿医院	妇幼保健院 辖区医疗机构妇产科	相关医疗机构妇产科	相关医疗机构妇产科	——
	北京市儿童医院	辖区医疗机构儿科	相关医疗机构儿科	相关医疗机构儿科	——
	安定医院	平安医院 辖区医疗机构精神科	相关医疗机构精神科	相关医疗机构精神科	——
	阜外心血管病医院	辖区医疗机构心内科	相关医疗机构心内科	相关医疗机构心内科	——
	积水潭医院	辖区医疗机构骨科	相关医疗机构骨科	相关医疗机构骨科	——

资料来源：西城区医疗卫生体制改革专项小组提供

二是推动了医疗卫生服务模式的转变。医联体建设推进了大医院带社区的服务模式和医疗、康复、护理有序衔接的服务体系建设，更好地发挥了三级医院专业技术优势及区域医疗中心的带头作用，在预约诊疗、人才培养、技术指导等方面进行有效衔接，社区和功能社区卫生机构能力建设得到了加强。

三是带动了符合条件医疗机构包括社会资本举办医疗机构向康复和护理机构转型。如宣武医院联合体就是充分发挥作为一家以老年病诊治和神经康复为特色的三甲综合医院的优势，和北京瑞安康复医院共同探索公立医院托管营利医院的模式，推动医疗、康复、护理有序衔接，开展区域医疗服务。

医疗卫生改革成果惠及人民群众

西城区注重发挥市场作用，实行医药、医保、医疗三联动，强化了公共卫生服务。使人民群众得到了更多的实惠。

一是有效降低了医药价格。实施基本药物制度零差价销售，让基层医疗卫生机构获取了药品差价利润，以此降低了医药价格。同时，为防止本药物在进入卫生院或社区卫生服务中心时存在价格虚高现象，在医药卫生体制改革中实施对基本药物招标采购采用了新的制度。突出强调了招采合一、量价挂钩、财政付款、全程监管、公开透明，尽可能减少人为因素的干扰。保证了药品质量，有效降低了药品价格。

二是医保覆盖面有所扩大。加大医疗保障的投入，完善医保制度，增加人们获得医疗保障的渠道，保障公民的基本医疗保障的权利，鼓励人们在得病的初期就就诊，避免病情更严重以至于需要花费更多才能治疗。

三是提高医疗卫生服务水平，满足居民多样化需求。推进基层医疗卫生机构和公立医院补偿机制改革，提高了医疗卫生服务质量和水平。西城区加大资金投入，用于基本医疗保障制度、公共卫生服务、基层医疗卫生服务体系等方面的建设，缓解了群众看病难、看病贵等问题。同时，将政府主导与发挥市场机制作用结合起来，逐步满足了辖区居民多层次、多样化的医疗卫生需求。

完善分级诊疗体系建设的思考

破除政策制约，清除社区首诊、双向转诊的障碍

分级诊疗制度就是保证医疗资源合理配置的制度，受财政、医保、价格等多项政策制约，患者不愿到基层医院首诊，医生也无法到社区

行医。首先，政府对医生执业实行严格的管制，医生难以自由流动。政府不仅要管医生的职业资格，还要管医生在哪里开业、到哪里行医。其次，政府公立医院占绝大部分医疗市场，公立医院的编制、职称等制度，将医生禁锢成“单位”人。而且基层医生低成本的行政定价，造成基层医生诊疗价格低于三级医院。无论老百姓多么需要好的首诊医生，无论医保基金报销多少医疗费，好医生都待在大医院，病人只能到大医院。第三，现行的医保政策与社区首诊、双向转诊的分级医疗服务目标并不一致，“看病要去大医院，大医院住院才报销，回到社区又没药”的医保报销政策，造成患者只能往大医院挤。第四，长期以来扭曲的医疗服务价格，导致康复医院、护理院等中间性医疗机构难以发展，使得大量本该去一、二级医院康复治疗或长期治疗的疾病终末期病人无处可去，滞留在三级医院。第五，病人下转通道受阻。由于社区医院实行收支两条线的财政投入机制，医生的收入跟劳动并不挂钩，工作积极性很难调动起来。很多社区医院甚至连病床都没有，在硬件上也不具备接收病人的条件。

此外，基本药物制度的机制对医生的心态有一定影响，存在不敢、不愿、不想看病的现象。作为“保基本、强基层、建机制”的重要措施，基本药物目录在一定程度上限制了基层医生的职业发展，怕承担风险，不敢看病了；收支两条线看似切断了药品回扣，但医生不愿看病了；政府把医生的工资包下来，看似医生收入稳定了，医生却不想看病了。再加上日益严重的医患矛盾，使医生看病时把避免责任放在第一位。

深化医联体建设，实现从形式上联合向实质性转变

建立以三甲医院为龙头的医联体，可以通过逐级转诊病人，引导有序就医，可以缓解大医院和小医院之间的失衡状态。目前的医联体更多的是依靠行政手段在形式上联合起来了，但更需要通过信息化、

一体化建设，从实质上融为一体。

在信息化方面，西城区虽然采取了许多举措，但医联体内部、医联体之间各医疗卫生机构的信息化程度参差不齐，各医疗机构信息系统不能相互兼容，机构间不能互联互通，各医疗卫生机构之间协作不足，不利于医疗卫生资源的统筹管理和使用，与“智慧医疗”的要求还有差距，需要从更高层面进一步完善区域卫生信息化顶层设计，更加明确财政对医疗卫生机构信息化建设的支持政策，提升区域卫生信息化水平。

在一体化方面，医联体的运行机制较为松散，规模需要逐步扩大。不同层级的医疗机构医务人员都有相应的编制，发展水平差异很大，也存在不同的利益诉求，仅仅依靠政府的指令是难以保证医联体的正常运转和作用发挥，因而必须建立健全医联体运转、管理、人事、利益分配等相关制度。此外，应当放宽社区用药目录，根据社区卫生服务机构的功能定位，对社区卫生服务机构承担的常见病、多发病、慢性病的用药目录实现与二级医院、三级医院有效对接。

完善工作机制，提高家庭医生式服务团队的服务能力

西城区从 2010 年开始做家庭医生服务，但在实际运行中离老百姓的需求还有很大差距，还没有实现由家庭医生全程负责居民的身体健康，实现基层医院和三级医院双向转诊。为此，要尽快制定家庭医生签约制度，以弥补政策缺失，还要提高基层医护人员数量和质量。社区卫生服务模式改革需要借助国家全科医生执业方式和服务模式改革试点进行推动。2014 年 8 月，国务院对首批 10 个全科医生试点地区进行了评估，其中有 4 个试点地区都针对国务院的文件出台了政策，西城区也要尽快出台相关政策及配套措施，保障全科医生执业方式和服务模式改革试点工作的有效开展。

加强业务培训和人才队伍建设，提高医疗服务水平

人才是医疗卫生事业发展的源泉。吸引人才、培养人才、用好人才加强卫生人才队伍建设，促进医疗卫生事业快速发展，不断提升卫生系统发展软实力，为医疗卫生改革与发展提供有力保障。

一方面，要加强业务培训。西城区要建立人才培养和帮扶机制，核心医院和三级医院将安排相对固定的主治医师及以上职称的专家定期到一、二级医院或社区卫生服务机构查房、出诊、带教和会诊，并按照各医疗成员单位的业务特点，选择重点科室形成一对一对口帮扶关系，提升成员单位的医疗水平。同时，今后还将建立医联体影像诊断中心，通过远程医学教育平台，开展放射检查远程会诊工作，在医联体内扩大检查检验互认范围，减少重复检查检验。

另一方面，社区狠抓西城区“十、百、千社区卫生人才”培养专项工作，创新了人才培养管理制度。在培训工作中更注重全科与专科对接，培养全科医生专科特长；增加实用性项目，如临床用药、病例讨论、教学查房等；分层次开展有针对性培训，如科研设计、重点学科建设等。抓好“十、百、千社区卫生人才”培养工作，可以进一步加强社区卫生人才队伍建设，优化人才队伍结构，提升社区卫生服务能力，为北京市居民健康水平提供有力保障。西城区更要不懈努力，力争为西城区培养一支结构合理、层次鲜明的社区卫生优秀人才队伍，引领社区卫生服务与发展。

生活性服务业：发展民生产业
推进“扩内需、惠民生”

生活性服务业是民生产业，提高生活性服务业品质是建设和谐宜居城市的内在要求。必须正确处理好政府引导与市场主导、企业主体的关系，保障民生与优化业态、疏解人口的关系，提高城市管理水平与优化生活性服务业的关系。必须借助“互联网+”“大众创业、万众创新”的政策东风，推进生活性服务业转型发展、优化发展、快速发展。

生活性服务业是国民经济的基础性产业，也是直接服务人民群众生活的民生产业。近年来，伴随居民消费结构不断升级，生活性服务业作为我国现代服务业的重要组成部分，在扩大消费、促进就业、保障民生等方面发挥了重要作用。生活性服务业有广义和狭义之分，广义的生活性服务业包括商贸服务业、文化产业、旅游业、健康服务业、法律服务业、家庭服务业、体育产业、养老服务业、房地产业等。狭义的生活性服务业主要指社区生活性服务业，包括住宿、餐饮、家政、洗染、理发及美容保健、沐浴、摄影扩印等七个行业。作为首都，北京承载着“四个服务”中保障人民群众生活服务需求的重任，于 2014

年启动了《北京市提高生活性服务业品质行动计划》编制工作，将2015年确定为实施开局之年。作为基层政府，西城区早在2012年就启动了社区生活性服务业摸底调研工作。全面掌握以住宿、餐饮、家政等7大类业态为主的生活性服务网点情况，为制定政策和编制规划提供了有力依据。2013年底，西城区商务委牵头编制生活性服务业规划。2014年9月，《西城区生活性服务业三年行动计划（2014.7—2017.7）》（以下简称《行动计划》），经西城区政府常务会和区委常委会研究通过印发实施。至此，西城区生活性服务业进入一个转型发展、优化发展、快速发展的关键时期。这次规划编制，是在首都适应新常态、落实新定位、迈向新目标的背景下完成的，是对北京提高生活性服务业品质的积极探索和有益实践。

提高生活性服务业品质面临新的历史机遇

提高生活性服务业品质是建设和谐宜居城市的内在要求

习近平总书记在考察北京时指出，“要注意把建设和谐宜居城市贯穿其中，借鉴国外城市建设有益的经验，完善相关政策，提高生活性服务业品质，努力把北京建设成为国际一流的和谐宜居之都”。由此可见，提高生活性服务业品质是和谐宜居建设的应有之义。当前，首都城市建设和发展正处在适应新常态、落实新定位、迈向新目标的全新阶段，立足首都功能定位，抓住非首都功能疏解和棚户区改造的历史性机遇，科学规划生活性服务业发展，应成为当前和“十三五”时期首都经济社会发展的一件大事，在优化产业结构、提高城市管理水平、完善城市功能、建设和谐宜居城市中举足轻重。

生活性服务业事关稳增长、扩内需、促就业、惠民生大局

2012 年 9 月，时任中共中央政治局委员、国务院副总理王岐山在西城区调研并召开生活性服务业座谈会。他强调，生活性服务业直接关乎人民群众的衣食住行，关乎稳增长、扩内需、促就业、惠民生的大局，要按照科学发展观的要求，加快转变发展方式，调整结构，推进组织制度创新，着力提升生活性服务业的质量和水平。近年来，随着城镇化快速推进和人民生活水平不断提高，生活性服务业需求日益增长，生活性服务业在经济社会中发挥着越来越重要的作用，但由于发展方式比较粗放、结构不尽合理，在发展经济、产业升级、创业就业、保障民生等方面还有很大空间，与人民群众多元化、多样化的需求存在差距。2015 年以来，国家对“互联网 +”和“大众创业、万众创新”做了重大部署，为生活性服务业优化升级、转变发展方式创造了良好的政策环境，这对于经济新常态下更好地发挥其稳增长、扩内需、促就业、惠民生作用带来新的巨大的发展机遇。

推进生活性服务业发展是满足人民生活和发展的需要

推进生活性服务业发展，是保障和改善民生、提高人民群众生活品质的有效手段，也是立足区域功能定位、做好首都“四个服务”应有之义。作为民生产业，生活性服务业以“为民、便民、利民”为宗旨，以满足居民生活需求为直接目标，主要服务于居民家庭改善、提升生活质量。早餐、菜篮子、便利店、再生资源回收、洗染、美发美容、家政服务等七类生活服务业，无不与群众生活密切相关，都是保障群众基本生活的重要内容。在“互联网 +”新政下，积极推进“互联网 + 生活服务业”，将极大地拓展创新创业空间，创新新兴业态，增强发展活力，有力推动创业就业，更大程度地丰富人民生活，满足发展需求。

西城区提高生活性服务业品质总体要求

生活性服务业发展现状和面临的难题

西城区生活性服务业取得了长足发展，较好地满足了居民日常生活基本服务需求，但距建设和谐宜居城市的发展要求仍存在很大差距，同时由于行业自身和外部环境的影响，其发展也面临诸多难题。

从整体上看，七类传统服务业发展方式比较粗放，大部分企业规模较小，难以做大做强。同时，有的服务业缺乏行业标准和自律，一些企业规范化程度不高，信息化程度低，服务质量参差不齐，给区域环境秩序带来影响；从资源分布看，截至2012年底，西城区拥有各类社区商业网点数量7600个，经营面积150.4万平方米，人均拥有社区商业面积1.17平方米。其中，国家级商业示范社区2家，市级商业示范社区9家。但社区商业网点的实际分布并不均衡，255个社区之间均存在较大差异，造成结构不尽合理、设施不尽完善、部分社区存在资源短缺等问题；从社会参与看，现有的行业协会还没有充分发挥代表行业、协调关系、服务企业、实现自律的作用。因为盈利较低，一些企业缺乏积极性，不愿意投资社区生活性服务业，造成社会投资不足，市场缺乏活力；从发展空间看，由于缺少相关法规支撑，区域性政策作用有限，与此同时，西城区域发展空间不足，旧城改造和基础设施建设受制因素复杂多样，相关配套设施难以落实，迫切需要全区域加强统筹协调。

生活性服务业发展存在巨大潜力

西城区具有独特的区位优势、集中的商务服务和雄厚的经济基础，在生活性服务业发展上具有非常好的条件和基础。多年以来，西城区人均收入在北京排名第一，消费能力强，消费需求旺盛。但生活性服务业产值却与此极不匹配，存在巨大的发展潜力。

从现状来看，西城区住宿餐饮、居民服务、环保以及文体娱乐等行业尚未发展成熟，科技含量低，市场竞争力不强。据统计，截至2012年底，西城区共有以菜篮子、早餐、便利店等七类业态（见表21）为主的生活

表21：七类传统服务业发展现状

序号	类别	发展现状
1	早餐	区域内市级早餐示范店129家，区级早餐规范店100家，规范早餐车174辆，形成了以聚德华天、翔达公司、和合谷、永和大王和嘉和一品等大型连锁企业为主，社会早点规范企业及早餐车为补充的格局。
2	菜篮子	全区共有规范化蔬菜零售网点156个，其中规范化社区菜市场31家，规范化便民菜店（菜站）65个，车载蔬菜直销车12辆，规模以上（1000平方米以上）超市经营蔬菜的有48家。全区蔬菜总经营面积达到3.5万平方米，按照2012年西城区常住人口128.7万人计算，每千人达到27.2平方米，日均销售蔬菜40万公斤，已基本形成规范化社区菜市场为主要供应渠道，社区便民菜店和超市为辅助的蔬菜零售网点分布格局。
3	便利店	全区共有社区便利店160余家，其中好邻居连锁便利店近80家。
4	再生资源回收	全区共有规范化再生资源回收站网点总数276个，从业回收人员346人。
5	洗染	全区洗染门店有150余家（约有100余家洗染业未备案）
6	美容美发	区域内美发美容店达到962家（不含宾馆饭店内开设的美发美容场所）。
7	家政服务	全区有家政服务网点80余家。

资料来源：根据西城区原区委书记王宁《大力发展生活服务业不断提升人民群众生活水平——关于推动西城区社区生活服务业发展的思考与构想》有关内容整理

性服务业网点7669个，总营业面积超过68万平方米，平均千人拥有5.8个网点，人均商业面积1.17平方米，较好地满足了居民的日常生活需求。但现有的行业存在区域分布不均衡、网点不规范、经营服务水平亟待提升等问题，西城区生活性服务业发展提升空间还很大，需要下大力气推进。

基本形成满足基本生活需要的便民服务格局

近年来，西城区不断加大民生领域建设力度，努力挖掘区域资源优势，在推动社区生活性服务业建设过程中，制定了统筹推进菜篮子系统工程建设、早餐示范工程建设、再生资源回收体系建设等区域性政策，重点扶持菜篮子、早餐、便利店、再生资源回收、洗染、美发美容、家政服务等直接关系群众生活的服务行业建设与发展，在满足百姓服务需求方面积极探索和开展工作，基本形成特色鲜明的便民服务格局 。

一是政府引导，多部门联动推进。制定了菜篮子工程建设等相关行业规划，设立相关行业专项发展资金，同时创新性地提出了建立“区级政府搭建平台、专业机构市场化运作、街道社区提供终端”的工作机制。在实施中按照整合现有资源，精心筹划组织，合理建设布局，优选品牌进入的原则推进。在推进菜篮子工程建设中鼓励减环节、降成本，开设基地直供直营和公司化连锁经营，率先实施规范化社区菜市场二次提升改造工程，在菜市场开展“摊商公司化、应季菜直供、公益性菜摊”三种流通模式。

二是注重实效，创新便民服务模式。结合全区开展的“访民情、听民意、解民难”活动，深入街道社区，了解百姓在生活服务方面最关心的热点、难点问题，想方设法加以解决。在早餐示范工程建设中率先实行了市场招标，使更多具备条件的企业参加到市场竞争中来。

在社区便利店建设中，积极推行以门店为载体，整合搭载多种便利服务项目，使网上预订、代收代缴、多种刷卡缴费等便利服务在社区得以实现。全面推行再生资源网点“二维码”管理，将再生资源回收网点纳入信息系统。

三是搭建平台，提升供应保障能力。推进生活性服务业品牌化、连锁化、规模化发展，不断提升现代化水平。率先与优势企业签订战略合作协议，在供应体系、网点建设、配送储备、信息共享等方面开展合作。针对区域内空间资源有限的情况，与街道、驻区企业协同合作，创新性地在全市率先将原有煤炭网点改为便民菜店。积极培育大型餐饮龙头企业，重点发展大众化餐饮业，实现固定门店建设与便利店搭载建设并重，坐店经营与窗口经营结合。进一步发挥便利店的搭载作用，使一批便利店成功搭载早餐、便当盒饭等新服务项目。鼓励企业以连锁经营方式深入社区开设各类便民网点，最大限度利用空间资源，不断满足百姓的生活需求。

四是强化监管，确保市场安全有序。率先提出“街道社区两级联管”的监督模式，充分调动社区居民的积极性，参与生活性服务业监督管理。启动了蔬菜配送、市场供应监测系统建设，逐步将全区供应网点纳入监测范围。加强部门联合执法，注重日常监管，严厉打击无照经营，严肃查处违规经营，确保食品卫生安全，维护市场经营秩序。

西城区生活性服务业施工路线图

大力发展西城区生活服务业，加快实现功能核心区的产业优化升级，应率先构建宜居便民生活服务体系，推进社区生活服务业品牌化、规范化、连锁化发展，提升全区生活服务业产业组织化程度。西城区作为首都功能核心区，要以让城市更宜居、更方便、更舒适、更规范、更安全的标准创造城市美好生活。按照这一精神，《行动计划》提出了一个更加系统的生活性服务业总体思路和发展目标。

总体思路和发展目标

《行动计划》提出发展生活性服务业的总体思路是，尊重市场规律，遵循“群众受益、产业发展”的理念，统筹运用规划、政策、资金等多种手段，凝聚政府、社会、企业三方合力，调整疏解非首都功能，搭建复合型社区服务平台体系，按照“零距离、云服务”的理念，加快推进早餐、菜篮子、便利店、美发美容、再生资源回收、洗衣洗染、家政服务等七类业态的规范提升，推动生活性服务网点“提升一批、淘汰一批、引进一批”，推进社区生活性服务业便利化、规范化、品牌化、连锁化、集约化，实现可持续发展，构建管理规范、流通安全、服务便捷的现代宜居生活性服务体系。

《行动计划》明确了 2015 年底前全区基本淘汰无照经营网点；2014 年 7 月—2017 年 7 月，通过提升规范，力争使区域内规范化、连锁化、品牌化生活性服务网点占全部网点的比例由 22% 提高到 60% 以上；每个街道按照居住区面积计算，每平方公里至少形成一个百姓生活服务中心；256 个社区实现商业便民服务七项基本功能全覆盖的总体目标。

4 大类 26 项主要任务

《行动计划》形成了 4 大类 26 项任务，聚焦基础网点建设、规范管理、提升品质和借助现代科技手段推进模式集约化。既有基本领域，也有拓展领域；既有对生活性服务业发展的鼓励和扶持政策，也有行业规范和监管政策。从“以人为本”的理念出发，既注重基础公共服务托底全覆盖，又关注服务品质提升；从创新形式出发，充分利用信息技术成果，通过线上线下两种渠道，为居民提供便捷舒适的生活性服务。

一是以优化布局为重点，推进服务便利化。包括：研究制定街道层面的发展计划和空间布局，优化网点分布，完善全区生活性服务业空间发展布局；推进“一刻钟”社区服务圈建设；多渠道挖掘网点资源拓宽发展空间；开拓服务合作范围；丰富社区便利服务项目；支持商业企业开展便民服务；加大清真网点等建设力度；开辟民生服务绿色通道。

二是以强化监管为重点，推进管理规范化。包括：明确行业发展机制；建立企业诚信体系；开展无照经营专项整治行动；取缔违章建筑经营网点；严格社区临时便民服务网点管理；推进行业绿色发展；保障食品安全；加强员工培训，加大劳动监察力度。

三是以提升品质为重点，推进主体品牌化、连锁化。包括：引导优质品牌企业进入社区；重点培育品牌龙头企业；鼓励老字号发展便民服务；发展社区服务新模式；推动个体向公司经营方式转变。

四是以电子商务为重点，推进模式集约化。包括：推动社区服务网络建设；推进社区服务刷卡消费；推进上门服务；鼓励专业的第三方电商平台加强与社区服务企业的合作；加快生活性服务网点监测体系建设，加强数据统计分析。

在政策保障方面，围绕生活性服务业发展各方面的影响和制约因素，也形成了一个比较系统完备的体系，体现了西城区下大力气提高生活性服务业水平的决心。

任务分解到部门和街道

《行动计划》要求各牵头部门要按照职责分工制定年度工作计划。

按照属地管理原则，由街道统筹规划协调管理辖区内的生活性服务业建设和提升工作。要求各街道在结合生活性服务业网点调研情况和本辖区居民需求的基础上，制订各街道生活性服务业网点的空间布局及具体方案，整合街道和社区资源推动工作实施和落实，提升本辖区生活性服务业组织化程度。

《行动计划》制定了《西城区生活性服务业三年行动计划任务分解表》（见表22）、《15个街道生活性服务业业态淘汰引进提升指标表》，并将生活性服务业发展提升工作的完成情况纳入对区政府各相关部门、街道的综合绩效考核，确保各项任务落到实处。

《行动计划》确定五项保障政策，从组织领导到资金支持，从扩大宣传到社会动员、社会监管，确保4大类26项任务件件落实到具体单位。

表22：西城区生活性服务业三年行动计划任务分解表

序号	牵头部门	任务内容
1	各街道办事处、西城区商务委	科学规划，统筹布局，研究制定街道层面的发展计划和空间布局。
2	西城区社会办	进一步推进“一刻钟”社区服务圈建设。力争到2017年，全区所有社区实现商业便民服务七项基本功能全覆盖。
3	各街道办事处、西城区国资委、西城区房管局	对各街道和相关单位原出租用于低端业态的经营网点，采取租赁权回收的方式；对居民反映强烈的网点空白处，采取从市场回租回购、协议租赁等方式，逐步恢复便民服务配套网点功能。
4	各街道办事处	结合地下空间清理、老旧小区环境改造等工程，在征求居民意见的基础上，充分挖掘和利用空闲场地等社会闲置资源设立便民服务网点。
5	西城规划分局	做好新建社区商业和综合服务设施方面的规划配置工作，拆迁改建时应保证必备服务网点的基本服务功能不缺失。

（续表）

序号	牵头部门	任务内容
6	西城区商务委、西城区外联办	加强与天津、河北等地蔬菜生产大县的合作，进一步扩大蔬菜基地供应和储备建设，确保蔬菜市场的保供稳价。
7	西城区民政局	加强与友好市区的合作和务工人员的培训，对接定向服务需求，满足不同层次百姓需要。
8	各街道办事处	进一步加强社区志愿者队伍建设，鼓励开展理发、维修、家政等志愿服务。
9	西城区商务委	拓展便民菜店、便利店综合服务功能，推行早餐搭载、票务售卖等服务内容，提升居民服务便利度。
10	西城区商务委、各街道办事处	鼓励生活性服务网点开展送温暖、走进社区开办食品安全公益讲座、健康宣教等为民服务活动；建设老年一元理发店。
11	西城区商务委	引导大中型商场超市和餐饮企业提升便民服务水平，建立社区服务绿色通道。
12	西城区民宗侨办	加大清真网点建设力度。优化布局，推进清真食品保障体系建设，发展少数民族经济，满足少数民族群众生活需求。
13	西城工商分局、西城食药监管分局	对于经营许可、食品卫生、环保认证、消防安全等建立绿色通道，为企业扩大经营范围和增加服务项目创造便利条件。
14	西城区发展改革委、西城区商务委、西城工商分局	依据市、区产业发展指导目录，研究制定社区生活性服务业行业发展和准入标准。
15	西城区政府信息办	建立生活性服务企业诚信体系，筛选优质服务企业。
16	西城工商分局	将多次失信或严重失信的网点纳入“黑名单”，并责令整改或依法予以取缔。
17	西城区城管执法监察局	开展无照经营专项整治行动，依法依规取缔无照经营摊点及游商，重点加大对区域内无照再生资源回收网点和早餐车的梳理与整治，规范街面环境秩序。

（续表）

序号	牵头部门	任务内容
18	西城区环境建设办、西城区城管执法监察局	结合“拆违”战役，加强城市管理，取缔重点区域及周边违章建筑用于生产经营的生活性服务网点。
19	各街道办事处	针对拆违后续工作，合理规划建设周边居民生活性服务设施，及时补充生活性服务网点。
20	各街道办事处	优化布局，根据社区居民需求合理设置再生资源回收等临时性的便民服务网点，逐步减少早餐车的数量。
21	西城区商务委、西城区城管执法监察局	建立联席会制度，组织相关部门定期进行联合执法，集中整治和严厉打击非法经营行为。
22	西城区发展改革委、西城区环保局	推进行业绿色发展，加大对生活性服务业网点的节能、环保等达标情况的联合执法检查力度，依法查处违规经营行为。
23	西城区市政市容委	新设服务网点全部使用管道燃气，原使用煤气罐的老旧网点，具备改造条件的，三年内全部改为使用管道燃气。
24	西城食药监管分局	对加强早餐车、便民服务菜店的管理进行组织协调；重点加强对与百姓生活密切相关的小餐饮、小超市、小食杂店及农副产品市场的监管力度。
25	西城区人力社保局	督促、指导企业加强员工培训；加大劳动监察力度，检查企业落实员工就业准入制度相关规定，依法保障员工合法权益。
26	西城区商务委、西城区国资委	引导优质品牌进社区，培育社区服务龙头企业，加快形成社区生活性服务知名品牌。
27	西城区商务委、西城区国资委	鼓励老字号发展便民服务，支持和引导餐饮、美发等老字号企业在社区设立分号。
28	西城区商务委	鼓励公司连锁化、基地直营直供和网络销售等蔬菜流通新模式，推进农超对接、农餐对接，加大产销对接力度。
29	西城区商务委	提升早餐规范网点，实现以固定门店早餐服务为主，便利店搭载早餐为辅的早餐规范模式。
30	西城区商务委	推进便利店连锁发展，优化便利店经营模式，拓展便利店综合服务功能。

（续表）

序号	牵头部门	任务内容
31	西城区商务委	探索选取1–2个街道进行转运体系试点工作，逐步建设网点管理规范化、社区集散效率化的再生资源回收发展模式。
32	西城工商分局	支持和鼓励区域内从事生活性服务业的优质个体工商户转为公司化经营，进一步做大做强、规范发展。
33	西城区政府信息办	推动“百姓生活性服务中心＋搭载模式的便利终端＋社区电子商务”相结合的模式，整合社区服务资源，丰富社区服务内容。
34	西城区民政局	推进刷卡消费，利用现代金融支付手段，建设一体化便民智能支付体系。
35	西城区商务委	鼓励便利店、早餐、菜篮子、美发美容、再生资源回收、洗衣洗染、家政等行业，通过电话预约、网络预约等方式，开展送货上门和上门服务。
36	西城区政府信息办	鼓励专业的第三方电商平台加强与社区服务企业的合作，以便民服务网点为基础进行多渠道融合的商品展示和销售。
37	西城区商务委	加快生活性服务网点监测体系建设，实现生活性服务网点的相关信息数据更新和监测。
38	西城区统计局	加强数据统计和分析，服务产业优化升级和保障服务民生。
39	西城区财政局	加大财政支持力度，将此项工作纳入预算管理，为生活性服务业规范提升提供资金支持。
40	西城区委宣传部	加大对生活性服务业建设工作的宣传报道力度。

资料来源：根据《西城区生活性服务业三年行动计划任务分解表》整理

提出体现首都特色具有西城区特点的创新政策

在扩大市场空间方面《行动计划》提出要开拓服务合作范围，借助京津冀协同发展的契机，在菜篮子工程等民生领域建设上，加强与天津、河北等地蔬菜生产大县的合作，进一步扩大蔬菜基地供应和储备建设，确保蔬菜市场的保供稳价。

在关注民生方面，鼓励支持商业企业开展便民服务；开辟民生服务绿色通道；建立经营许可绿色通道，为企业扩大经营范围和增加服务项目创造便利条件。

在注重环保方面，推进行业绿色发展。西城区生活性服务业新设网点，全部使用管道燃气；原使用煤气罐的老旧网点，具备改造条件的，三年内全部改为使用管道燃气。

在公平化的社会要素方面，支持和鼓励区域内从事生活性服务业的经营规模较大、从业人数较多、行业特色显著、居民满意程度高的个体工商户转为公司化经营，进一步做大做强、规范发展。

西城区提升生活性服务业品质的思考

正确处理三个关系，推进生活性服务业健康发展

一是正确处理政府引导与市场主导、企业主体的关系，充分发挥政府作用，充分尊重市场规律，确保政府入位、市场归位。一方面，生活性服务业属于终端消费，直接面对消费者，其生产过程和消费过程在时间和空间上几乎是并存的，消费满意度判断具有很强的地域性和主观性，一般具有微利性和福利性的特点，单纯依靠市场很难满足居民需求，这就需要加强政府在引导正确方向、扶持基本服务、强化监督管理等方面的作用。另一方面，生活性服务业与生产性服务业相对应，是现代服务业的重要组成部分，属于市场调节的范畴，政府介入必须尊重市场经济规律，高度重视市场在配置资源中的作用，按市场规则办事，以经营者为主体来实现产业的发展和市场的繁荣。二是正确处理保障民生与优化业态、疏解人口的关系，兼顾“群众受益、产业发展”两个目标，推动生活性服务业健康发展。生活性服务业进

入门槛低、知识含量小，大多数是劳动密集型的小微企业和个体经营户，业态相对低端，税收贡献率低，经营不规范，集聚了大量的外来务工人员，如果仅仅从产业发展层面、城市管理层面考虑，是属于优化、疏解的对象，但作为民生产业，不能简单地加以取缔。而是要以居民需求为导向，调整存量与发展增量相结合，规范一批、提升一批、淘汰一批、引进一批，确保业态优化、人口疏解不影响居民基本生活，不影响城市功能。三是正确处理提高城市管理水平与优化生活性服务业的关系，确保城市生活服务功能与文保区、旅游区功能协调发展。作为首都功能核心区，西城区发展生活性服务业的一个重要诉求是提高城市管理精细化水平，全方位治理脏乱差，提升城市形象，提高宜居水平。作为居民区、文保区、旅游风景区三区叠加的混合功能区，如何在历史文化名城保护中保障居民的基本生活需求，是提升生活性服务业的一个难题，也是西城区的一个难题。要想从根本上解决这个难题，需要市区政府在国家支持下进一步加大投入，统筹解决文保区基础设施建设问题。

推进体制机制改革，提升行业管理水平

在现行有关生活性服务业的政策中，一些规章制度过于陈旧，已不适应当前生活性服务业发展的需要，但仍在沿用。如餐饮行业有硬性规定，在餐厅面积中应有50%的面积用于后厨，目前中心城市门面房寸土寸金，餐饮门店可以通过主食加工配送中心统一配送半成品，将后厨面积比例适当减小，等等。因此，推进体制机制改革，提升行业管理水平已刻不容缓。从西城区实际情况来看，七类服务业发展方式总体上比较粗放，有的服务业缺乏行业标准和自律，一些企业规范化程度不高，服务质量参差不齐，难以满足市场需求。行业协会发挥作用不够，市场活力尚未充分激发。对于生活性服务业来说，有必要

进一步制定和完善生活性服务业管理法规标准，并按照有关政策要求，开展行业管理、营销、技术、业务技能方面的培训，推行“从业人员实名制”“星级管理”管理制度等，从而促进生活性服务企业不断提高经营管理水平。

制定复合扶持政策，创造宽松发展环境

生活性服务企业多属于小微企业，就西城区范围来说，经营主体普遍规模较小，短时间内难以做大做强。有调查显示，66% 的居民受访者希望附近的便利店、小商店等能够具备代收水电费、配送餐品、干洗衣物的取送、废品回收、便利店送货、家电维修上门等服务功能。但由于社区相关企业实力不足，经营业态相对单一，尚不具备横向整合能力，难以实现多种服务行业整合发展，限制了社区生活性服务业整体效率的提升，难以实现服务便利化的要求。而要解决生活性服务类企业规模小，且资源分布不均匀问题，就要营造扶持生活性服务企业发展的有利环境。既加强对大型生活性服务企业的财政支持，鼓励企业培育品牌和跨地区连锁经营，培育一批具有实力的餐饮、住宿、家政等大型连锁经营企业集团。也要支持特色中小微生活性服务企业发展。对于具有一定经营特色和品牌的中小微生活性服务企业，严格落实国家支持中小微企业发展的财税政策，鼓励中小微生活性服务企业提高信息化、专业化水平，激发生活性服务企业发展活力。

运用现代信息技术，培育“互联网 + 生活性服务业”

在现代社会，大数据和信息技术为将小规模、个性化的服务需求整合成大产业提供了技术条件，同时也为生活性服务业连锁品牌经营、社区集聚发展、综合服务供给和项目定向对接提供了条件，推动生活性服务业向规范化、连锁化、品牌化的方向发展。而最近国家出台的

一系列新政为生活性服务业转型发展、优化发展、快速发展提供了动力。2015年6月17日，中国政府网公布《国务院关于大力推进大众创业万众创新若干政策措施的意见》，6月24日，国务院常务会议通过《“互联网+”行动指导意见》。毋庸置疑，在大众创业、万众创新的热潮下，“互联网+”在创业、就业、创新、升级中正发挥着重大作用。这也为生活性服务业发展插上了翅膀，一方面，可以利用互联网的优势，加快促进生活性服务业转型升级和提质增效，另一方面，通过融合发展培育生活性服务业新的业态，把生活性服务业培育成新的增长点。

对外联络：创新体制机制，做好“四个服务”

坚持开放建区的理念，立足于首都“四个中心”功能定位，不断增强统筹发展的意识和能力，不断建立和完善体制机制，把做好“四个服务”工作作为重要的使命和职责，把优化环境、搭建平台、搞好服务作为促进发展的重要手段，在主动服务首都和驻区单位的过程中加快自身的发展，在加强与友好城市的交流合作中打响“西城服务”品牌。

北京是全国政治中心、文化中心、国际交往中心和科技创新中心，是中央国家机关所在地，并且聚集着一大批中央大型企业、事业单位、科研院所和高等院校，搞好“四个服务”是首都工作的基本职责和光荣任务。作为首都功能核心区，西城区是党和国家首脑机关的现代办公区，是我国党政军首脑机关及其大部分职能机构所在地，政治文化以及对外交流交往活动频繁；西城区经济繁荣、金融活跃，总部经济特色明显、文化资源丰富，是首都“四个中心”的重要载体。长期以来，西城区区委、区政府始终坚持开放建区的理念，立足于首都“四个中心”功能定位，不断增强统筹发展的意识和能力，不断建立和完善体制机制，把做好“四个服务”工作作为重要的使命和职责，把优化环境、搭建平台、搞好服务作为西城区政府促进发展的重要手段，在主动服务首都和驻区单位的过程中加快自身的发展，在加强与驻区单位的交流合作中形成具有西城特色的发展模式。

建机构，落实“四个服务”

“四个服务”是首都工作的基础职能

所谓“四个服务”，即“为中央党政军首脑机关正常开展工作服务，为日益扩大的国际交往服务，为国家教育、科技和文化发展服务，为市民的工作和生活服务”。1983 年 7 月，中共中央对北京城市建设总体规划方案的批复，提出了首都“四个服务”的职能定位。2005 年 1 月，国务院对北京城市总体规划的批复中，进一步明确了做好“四个服务”的要求。

为进一步贯彻落实中央对北京市提出的“四个服务”的要求，强化为中央、国家机关，中央企事业单位和其他省市做好综合协调服务，北京市委、市政府决定成立北京市人民政府对外联络服务办公室。2006 年 1 月 24 日上午，北京市政府联络办正式挂牌开展工作。其主要职责是加强与中央、国家机关，中央企事业单位和其他省市的日常联系与交流，指导协调本市有关部门和区县开展为中央、国家机关，中央企事业单位和其他省市的协调服务工作并督促检查工作落实，建立起为中央和中央在京单位服务的绿色通道和快捷、高效的服务平台，切实把“四个服务”落到实处。通过加强沟通协调，了解相关服务需求，有针对性地不断改进服务方式，提高服务水平，为中央企事业单位和科研院所创造良好条件，创造有利于发展的空间，创造更好的政治、经济、文化、社会氛围和生活条件，通过促进它们的发展带动和促进首都的发展。

西城区是“四个服务”体现最直接最集中的地区

作为首都功能核心区，西城区是首都政治、经济、文化等各类资源最集中、最丰富的地区，也是“四个服务”体现最直接、最集中的地区，服务中央的任务特别重，难度非常大。据统计，在西城区 50 平方公里的范围之内，中央单位 1852 个，其中副部级以上单位 120 多个，驻区部队 82 个。

西城区政府对外联络服务办公室（简称区外联办）是负责西城区对外联络服务工作的部门，于 2009 年成立。主要职能是贯彻执行北京市关于对外联络服务工作的方针、政策，落实区委、区政府关于对外联络服务工作的部署和要求，研究制定具体工作措施并组织落实；负责指导、协调本区有关部门做好为驻区中央国家机关、驻区部队、中央企事业单位和外省市驻京机构的综合服务工作；负责协调相关部门完成市政府下达的服务驻区中央国家机关、企事业单位、外省市驻京机构折子工程，并督促检查落实情况；负责本区与外省市开展合作交流工作，负责外省市来访的接待和区级领导出访的组织协调工作；负责友好市区间的友好交流工作，为本区经济建设和社会发展服务；负责重要会议、大型活动接待服务工作；负责对口支援联络、服务、协调工作等。

抓统筹，服务驻区单位

加大协调力度，解决实际问题

一是解决好驻区单位办公环境改善事项。通过区级专题会、调度会以及相关职能部门现场会为中央机关新建、调整办公区以及周边环境建设提供大力支持。协调西城区规划分局、西城区市政市容委、城管大队、属地街道等有关单位，重点加强“919”工程、“629”工程、中共中央办公厅高涉密单位周边环境改善、国务院办公厅新建机要交换站周边环境秩序整治、中南海周边环境整治工程以及三里河中央国家机关老旧小区改建等事项，确保中央单位重点项目的顺利开工、按期完工。

二是解决好驻区单位民生需求事项。积极协调西城区人力社保局、教委、卫生局等相关部门，解决驻区单位职工以及家属、子女就业、就医、入学、入托等民生服务需求。通过开设金融街高端总部机构人员就医绿色通道，开展军人家属就业咨询、培训，举办“如何选择理想的初中、高中”知识讲座，多措并举，为驻区单位做好服务。

三是解决好驻区单位道路、交通保障事项。协调西城区市政市容委、城管大队、交通支队、属地街道等相关单位解决驻区单位提出的出行难、停车难问题。开通金融街免费巴士1、2号线，解决了金融街区域金融机构从业人员的出行难问题。为缓解国务院国资委机关院内停车位紧张问题，在其机关食堂上加盖二层停车楼；通过加装监控设施，优化周边路网，缓解了国家发改委、国家财政部周边交通拥堵问题。

四是解决好驻区单位用地、项目审批服务事项。针对企业进驻用地和项目审批等配套服务需求，协调西城区住建委、金融办等单位，与有进驻需求的企业建立长效联系机制。及时将西城区金融街拓展等政策举措通过对外联络网站“前沿动态”“政策措施”栏目进行通报，使符合进驻要求的企业及项目能尽快落地发展，并通过绿色通道加快项目集中审批办理，切实提高办事效率。

完善体制机制，提高服务效能

在成立西城区外联办的基础上，进一步完善体制机制，制定落实《西城区进一步加强服务中央单位和驻区部队工作的意见》，全面推进服务工作向更高层次迈进。

一是建机制。建立西城区服务中央单位和驻区部队领导小组工作机制，同时成立服务中央国家机关、服务中央企业、服务金融机构和服务驻区部队等四个专项领导小组，形成为驻区单位常态化、全方位的服务模式，进一步增强政策的规范性、时效性和可操作性，提供个性化、针对性服务。完善区领导定点联系驻区单位工作制度及联系人制度。西城区在各职能部门和街道办事处设立外联服务员，对辖区内的中央国家机关和驻区单位定期走访，了解需求，及时反馈到服务中央单位和驻区部队领导小组办公室；对涉及产业政策和城市功能布局等方面的重大问题，由领导小组统一协调、统筹解决；对涉及多个部门职能领域的问题，由综合部门和街道办事处牵头，相关职能部门配合解决；对属于某一职能部门的事项，由领导小组办公室协调有关职能部门解决。

二是搭平台。2013 年，西城区外联办开通“驻区中央单位资讯”平台，实时抓取 26 家驻西城区中央企业和 7 家驻西城区中央科研院所网站的新闻资讯和主要动态，为西城区领导和区属部门发展提供决策参考和信息服务。在西城区行政服务中心大厅开设“服务驻区中央单位和驻京部队窗口”，提供日常办理咨询服务，对驻区单位提出的重点难点问题进行备案登记纳入“绿色通道”解决。开通“服务驻区中央单位和部队短信平台”，为重点服务的 116 家驻区中央单位提供会议通知、事项提醒等方面的应用服务。

三是找需求。2014 年，结合党的群众路线教育实践活动，主动对接服务需求，协调区四套班子集体及区领导单独走访了 17 家中央单位，征询到服务事项 74 项。及时对接反馈，动态管理服务事项进展情况，提高服务事项办结率，服务工作受到国家民委、水利部等 30 余家单位的感谢。

四是严考核。作为西城区绩效考核工作主体之一，西城区外联办密切配合西城区绩效办，落实专项考评实施细则，并按要求做好对全区 57 家职能部门服务工作的绩效考核。不断优化服务驻区中央单位和部队考评办法，完善绩效考评细则，将服务事项完成情况纳入服务驻区单位满意度测评，与绩效考评挂钩。自实施服务工作绩效考核以来，西城区外联办成绩连年居北京市首位。

加强制度建设，实现工作保障

建章立制是实现工作规范化的重要途径，为保障各项工作顺利开展，西城区制定了一系列规章制度。

一是加强公务接待工作的标准化建设。制定并完善《西城区对外联络服务办公室公务接待细则》及《西城区对外联络服务办公室公务接待流程》。出台《西城区党政机关国内公务接待管理办法》；二是推进服务中央单位工作制度化。制定《西城区服务中央单位和驻区部队重点单位联系机制》及《西城区服务中央单位、驻区部队职能部门和街道办事处职能分工》等系列服务制度。2014 年，西城区区委、区政府制定《西城区进一步加强服务中央单位和驻区部队工作的意见》。此外按照西城区政府绩效管理工作要求，西城区外联办研究制定了《西城区政府工作部门服务驻区中央单位和部队专项考评实施细则》。目前，正积极推进《西城区服务中央单位和驻区部队基础信息辅助决策系统》开发；三是规范内部工作制度。完善《西城区对外联络服务办公室保密工作制度》《西城区对外联络服务办公室党组议事制度》及《西城区对外联络服务办公室党支部工作制度》等。对于各科室重点制度实行流程上墙，使具体要求与实际工作紧密结合，推动各项工作规范有序开展。

强联动，服务西城发展

整合资源，服务社区

为中央单位服务的同时，也带来了中央单位对西城区建设的支持，通过外联办及相关单位的沟通协调，中直机关工委等多家中央单位开放机关餐厅、停车场等各类资源，便捷周边群众生活。比如国家统计局结合自身业务加强对西城区统计工作的指导与支持，并参与“部长进社区”活动。中央国家机关工委党委开展党员到社区报到工作，协助社区建设图书角及策划党建项目，帮助推进“七联七共多维互动”区域化工作机制，为社区建设注入了新活力。

加强联动，增进合作

驻区单位积极支持西城区党的群众路线教育实践活动及文明城区创建等工作。2014 年，西城区外联办向区属职能部门及街道办事处征集争取驻区中央单位支持帮助的需求项目 103 项，促成合作事项 23 项。成功举办“服务促发展 · 知爱在西城”活动。中共中央办公厅等 52 家驻区中央单位，解放军总参政治部等 11 家驻京部队，山西省驻京办事处等 35 家外省市驻京机构出席活动。让驻区单位更深入地了解西城、关注西城，增进双方交流合作，推动区域共同发展。

畅通渠道，创新服务

西城区将“访听解”工作与服务驻区单位紧密结合，及时与驻区单位所在街道和社区进行工作对接，确定“访听解”任务责任人，定期、定点到社区参加民情民意座谈会，就如何更好地为居民提供服务与社区工作者、居民代表面对面进行座谈，对居民关心的热点、难点问题进行收集、整理和反馈。发挥驻区单位资源优势，搭建合作共赢的平台，协调争取到驻区单位在政策、项目、资金和内部资源开放等方面对西城区的支持，同时促进西城区社会管理创新的探索，解决部分西城区居民的实际问题，得到群众的一致欢迎。

促开放，服务对外交流

推动西城文化走出去

文化风貌是一个城区的重要品牌与名片。西城区结合文化兴区的战略，推出“西城文化友城”的项目体系。每年有意识地将西城文化推介到国内国际友好交流城市。“十二五”期间，西城区一共去了7个国家开展文化交流活动，进行了图片展览以及一些图书角等活动。2013年，西城区在国外友城举办了4场“古韵北京、魅力西城”的图片展。多次派区内的民间团体、经济团体分别到日本东京，希腊等地参加交流。

与此同时，西城区积极推介友好城市。建立“西城区对外交流合作展厅”，展示全国30多个省市（区）的地方志、年鉴、“十二五”规划、政府工作报告等资料，并以图片、文字、视频和书籍等形式，全面介绍各友好城区经济社会发展、人文历史及与西城区的友好交往情况。

推动地区合作高级别宽领域深层次

西城区与上海市黄浦区、云南省普洱市、广西壮族自治区、贵阳市、惠州市等地缔结友好关系，目前共有友好城区78家。2013年，接待来自上海黄浦区、天津和平区、哈尔滨市、南宁市、大理州、武汉市、攀枝花市、福州市等地的考察团组30余批次。2014年，结合教育实践活动，走访山西省等 6 家驻京机构，征询服务意见。会同区相关单位，为通辽市与西城区在教育、社区建设及农畜产品产销等领域的合作构筑平台。协调服务大理白族文化周、甘孜州“圣洁甘孜·走进北京”等系列文化旅游活动。开展与贵阳市合作交流，实现两地在教育、干部交流等领域对接。2014 年 9 月，与贵阳市合作开办的第八中学等 5 所分校正式揭牌，为友城教育交流史上的首次规模合作。以与乌鲁木齐市沙依巴克区友好 20 周年为契机，会同西城区相关部门，促成了深化合作意向，掀开了两地交往新篇章。

特别是 2014 年，在京津冀协同发展的战略背景下，西城区与廊坊市签订了《合作发展框架协议》，区属 14 家单位与京津冀 20 余市区做了沟通对接。

推动对口单位改善民生

作为首都核心城区，西城区经济发展在全国处于领先地位，尽自己所能，帮助友好城市发展尤其是民生改善是西城人的良好愿望并一以贯之地实行。遵循在资金投入上重点保障民生，在产业规划上着力带动民生，在项目建设上优先改善民生的原则，2014 年，西城区援助各地经济款项 3190 万元。其中：援拉萨八廓古城管委会工作业务经费 60 万元；援内蒙古喀喇沁旗旅游建设项目 90 万元；给受 5 · 22 恐怖暴力袭击事件影响的新疆沙依巴克区政府慰问金 100 万元，援建民生项目 580 万元；体制外援西藏堆龙德庆县 2360 万元，用于建设文化活动中心、购置环卫作业车等。

西城区始终坚持以首善标准落实“四个服务”职责要求，并把“红墙意识”作为最高的政治要求和最重的责任担当。工作实践中，各专项领导小组通过不断完善服务体制机制，加大工作统筹协调力度，密切与中央单位和驻区部队联系沟通等方式，在重大项目建设、部委机关周边交通环境秩序改善以及其他民生服务等方面做实做优服务保障，全面创建了“西城服务”的品牌。优质高效的服务在赢得中央单位和驻区部队充分肯定的同时，也为西城区在经济社会发展方面赢得了更多资金和政策支持，如亚投行、丝路基金、中移动新媒体公司等一批重点企业、重大项目先后落户，中国节能集团、航天科工二院等央企与西城区签署战略合作协议，实现了以服务促沟通、促融合、促发展的目标。

食品药品监管：巩固改革成果，力保“第一民生”

首都的食品药品安全是事关安全稳定的重大问题，安全监管任务格外艰巨。坚守首都意识、首善标准、首创精神，坚持机构改革和强化监管“两手抓”，全力构建食品药品安全监管体系，形成了西城区食品药品监管工作特色。

食品药品安全是重大的基本民生问题，关系到人民群众的身体健康和生命安全，做好食品药品的安全工作，让人民群众放心满意，既是政府的重要职责，也是全社会的共同期盼。首都的食品药品安全更是事关安全稳定的重大问题，西城区是首都功能核心区、全国文明城区和国家卫生城区，食品药品安全监管任务格外艰巨。西城区委、区政府把食品药品安全当作“第一民生”，按照党中央、国务院和北京市关于改革完善食品药品监管体制的决策部署，坚守首都意识、首善标准、首创精神，坚持机构改革和强化监管“两手抓”，全力构建食品药品安全监管体系，形成了西城区食品药品监管工作特色。

食品药品安全事关首都安全稳定

中央高度重视食品药品监管

从三聚氰胺、塑化剂到地沟油、毒胶囊，近年来的食品药品安全问题不断引起百姓的担心困扰和舆论的强烈关注，食品药品监管的重要性日益突出。党中央高度重视食品药品监管工作，党和国家领导人也对这一事关人民群众健康的工作格外关注。习近平总书记指出，食品安全关系群众身体健康，关系中华民族未来，能不能在食品安全上给老百姓一个满意的交代，是对我们执政能力的重大考验。李克强总理强调，要加强食品药品和生产安全监管，建立覆盖从生产加工到流通消费的全程监管制度和体制，形成食品药品监管社会共治格局。营造一个安全的食品药品环境，做好食品药品监管工作，是全社会的共同期盼，责任重大。

北京食品药品监管工作要求高、标准更高

众所周知，首都的特殊地位使其食药监管任务格外具有挑战性。作为特大型消费城市，首都 85%以上的食品和 90%以上的药品靠外埠甚至国外供应，对国际、国内市场关联度、依存度很高。再加上首都是中央所在地，对于食品药品安全，媒体高度聚焦，社会高度关注，首都居民文化素质也较高，懂得食品药品安全知识，对食品药品安全问题“高敏感”。这些都对首都的食药监管工作提出了更高要求与更高标准。西城区作为首都的核心城区，更是首当其冲。

西城食药监管工作面临更大挑战

对于西城区来说，更直接的挑战是监管对象数量巨大，监管难度大。截至 2014 年，西城区共有食品生产企业 32 家，食品流通企业 7299 家，

餐饮企业3831家；药品生产企业1家，药品批发企业47家，药品零售企业201家；保健食品生产企业26家，保健食品经营企业630家；化妆品经营企业2883家；医疗器械生产企业42家，医疗器械经营企业1475家；医疗机构591家。面对近2万家的经营主体（不含700余家无证经营单位），西城食药监局基层执法人员人均监管数量高达140家，存在监管对象多、投诉举报多、大型活动保障多、执法人员少的现实问题，给西城区食品药品监管工作带来了巨大挑战。

西城区食品药品监管体制改革部署

积极落实国家食品药品监管体制改革意见

2013年3月10日，国务院公布《国务院机构改革和职能转变方案》，决定组建国家食品药品监督管理总局，对食品药品实行统一监督管理，3月22日，国家食品药品监督管理总局正式挂牌。为确保食品药品监管工作上下联动、协同推进，平稳运行、整体提升，4月10日，国务院出台《国务院关于地方改革完善食品药品监督管理体制的指导意见》指出，“改革完善食品药品监管体制，整合机构和职责，有利于政府职能转变，更好地履行市场监管、社会管理和公共服务职责；有利于理顺部门职责关系，强化和落实监管责任，实现全程无缝监管；有利于形成一体化、广覆盖、专业化、高效率的食品药品监管体系，形成食品药品监管社会共治格局，更好地推动解决关系人民群众切身利益的食品药品安全问题”。

8月15日，北京市食品药品监督管理局、北京市食品药品安全委员会办公室正式挂牌，根据市政府《关于设立北京市食品药品监督管理局的通知》，北京市食品药品监督管理局为市政府直属机构，负责对本市生产、流通、消费环节食品和药品的安全性、有效性实施统一监督管理。新成立的北京市食品药品监督管理局通过整合市食品办、药监、质监、工商、卫生等部门的食品药品监管职责，减少监管环节，强化统筹协调，实现对食品药品的统一监督管理，建立上下联动、关系顺畅、运转高效的食品药品监督管理体制。

8 月 28 日，作为北京市第一家区县食品药品监督管理局，西城区食品药品监督管理局挂牌成立，区食品药品安全委员会办公室也同时挂牌，标志着食品药品监管机构改革与职能转变工作在西城区正式落地。新机构成立后，将从依法行政、创新机制、完善制度、严格执法、锤炼队伍、强化服务等方面入手，进一步严格规范食品药品生产经营活动，维护辖区公平竞争的市场秩序，营造安全放心的食品药品消费环境。

全力以赴推进食品药品监管体系改革

按照中央重大战略决策，北京市食品药品监管系统开启了具有划时代、里程碑意义的食品药品监管体制改革，坚持属地政府负总责，变多环节监管为集中统一监管，组建市、区县、街乡三级食品药品安全委员会和执法机构。西城区食药监局在北京市食药监局和西城区政府的带领支持下，坚持边组建机构、边完善机制、边强化监管，出色完成机构改革各项任务，确保了监管工作有序衔接和平稳过渡，确保了西城区食品药品市场安全稳定，实现新机构各项工作良好开局。在新机构的办公地点、受理地点、网络配备等逐步到位的基础上，依托西城区区街三级行政服务体系，在西城区行政服务中心设立 4 个受理窗口，在 13 家街道服务大厅设立食品药品业务受理窗口，初步形成以区行政服务中心受理窗口为龙头，以街道受理窗口为分支的区街联动食品药品行政服务体系。2013 年 9 月 26 日，北京市西城区召开街道食品药品监督管理所成立大会，为全区 15 个街道食品药品监督管理所授牌，同时加挂街道食品药品安全委员会办公室牌子。2014 年，西城区食药监局又完成若干项机构建设。食药安委办公室建立了独立账号，食药安全工作经费纳入区财政预算，15 个街道食药安全工作经费纳入街道财政预算。15 个基层街道食药所的办公用房全部落实，平均办公面积 300 平方米，办公执法设备、标识标牌基本统一到位。成立西城区食药安监中心，在街道所建立食品安全检测室。广外食药所茶叶快检室建设基本完成，牛街食药所牛羊肉检测室逐步配备到位。

有效推动食品药品安全社会共管共治

统一街道食药安委的组成架构和工作模式，新成立的西城区食药安委由 24 个职能局和 15 个街道办事处组成。在各街道食药所配备 45 名食药安全监察员的基础上，在 257 个社区明确一名社会工作者，充分发挥其与社区零距离的优势，负责食药安全工作。建立群众监督队伍，在各街道分别聘请了 15 名食药安全信息员和监督员。积极发挥西城区食品安全协会、饮食协会、药械协会作用，开展宣传、培训、互评互查，加强行业自律和监督，形成诚实守信的行业风气。成立西城区食药安全专家委员会，聘请了来自高校、医院、检测机构等不同领域的 13 名专家，为西城区食药安全工作提供决策支持和信息服务。

西城区食品药品监管体系建设卓有成效

建设了系统规范的机制和制度

西城区食药监局按照中央和北京市的部署，遵循北京市“保障公众安全健康至上、提供优质高效服务至上”的基本准则和“完善体系、实现共治；严格执法、确保安全；便捷准入、优化服务；营造环境、促进发展”的总体思路，以“着力提升食品药品安全防控能力，着力完善食品药品安全共治体系，着力健全食品药品公共服务机制，着力营造食品药品产业发展环境，全力守住食品药品安全底线，让首都市民享受更高水准的食品药品安全保障”为目标，不断强化机制、制度建设以及各项建设工作。

按照北京市食药监局相关文件精神，结合自身机构改革实际，西城区食药监局先后梳理完成了党组会、局长办公会、局务会制度，以及工作人员行为规范、政务信息管理、公车使用、印章使用、财务管理等多项制度，并在广泛征集意见和专题会讨论通过后全面实施，保障了改制后的新机构运转顺利、执法有力。

为强化应急保障，西城食药监局结合区实际，制定了《西城区食品安全突发事件应急预案》《应急值守制度》，确保应急值守落实到位，圆满地完成了一般节日和重大活动的食品药品安全保障工作。

2014 年，西城食药安全工作纳入西城区年度政府绩效评估指标体系，作为扣分项。同时，食药安全项目也被纳入对各街乡的考核，权重设置为最高级别的五星，《北京市西城区政府关于深化西城区食品药品安全工作的指导意见》下发。西城食品药品监管工作的系统化、规范化上升到新的台阶。

打造了拼技能拼品格的专业化监管队伍

一流的队伍是干成事业的关键。西城区食药监局多层面、多举措组织职工学习和培训，提升队伍素质。如开展全员培训，开展“四品一械”监管业务培训，受理工作培训、食品检测、药械监管等系列培训；建立学习例会制度、定期交流制度，通过集中学习、分层学习、网络学习等方式，全面开展岗位大练兵，提高培训的针对性和实效性，全力打造专业化监管队伍。

2013年以来，以党的群众路线教育实践活动和机关党委成立为契机，充分发挥党组织的战斗堡垒作用和党员的先锋模范作用，着力搭建党群互动交流平台，丰富内部交流形式，拓展沟通渠道，促进思想融合、感情融合、资源融合、工作融合。同时，以党风廉政建设为重心锻造队伍作风。围绕食品药品监管中心工作，建立健全监督检查、考核评估、责任追究等监督制约机制，采取效能监察等措施加强对重点工作的监控。重点抓好市局下发的工作人员“十二条”禁令的宣传贯彻工作，营造风清气正的机关环境。

不断优化提高食品药品监管效能

西城区食品药品监督工作中渗透了“四个意识”：树立服务西城、服从大局的意识，牢记建章立制、政令畅通的规则意识，讲求协调各方、首问负责的效率意识，坚持保障安全、讲究方法的创新意识。这一理念的直接体现是监管效能的提升。西城区食药监局在区行政服务中心、街道服务大厅、街道食药所设立受理咨询窗口。在行政许可受理环节，严格实施市场准入制度，按照北京市食药监局优化行政审批流程的要求，开展了“手把手服务”“增时服务”“预约”服务、受理“直通车”等措施，方便相对人。日常监管不断加强，2014年圆满完成“两会”、九届民运会、APEC等30余项重要活动保障。并结合日常监管，送法上门，加强对辖区“四品一械”生产、经营、使用单位的普法力度。专项整治和风险隐患排查有力有序开展，2014年开展专项整治30余项，清理169处无证无照违法经营行为，取缔食品加工窝点8个。

不断筑牢食品药品安全的绿色屏障

在2013年底召开的中央农村工作会议上，习近平总书记、李克强总理发表重要讲话，再次强调食品安全问题，要求用最严谨的标准、最严格的监管、最严厉的处罚、最严肃的问责，确保广大人民群众“舌尖上的安全”。西城区食药监局通过狠抓“三个落实”，落实目标、落实时间节点、落实责任，尽全力为辖区居民服务。2014 年，西城区食药监局受理各类行政许可 4606 件，查处违法案件 279 件，罚没款 278.86 万元；食品生产环节抽检 68 批次，合格率 97.1%；食品流通环节抽检 2200 件，合格率 99%；餐饮服务环节抽检 1275 件，合格率 99.4%；药品环节抽检 796 批次，合格率 99.7%；医疗器械环节抽检 46 批次，合格率 95.7%；保健食品环节抽验 120 批次，风险监测 12 批次，合格率 100%；化妆品环节抽验 75 批次，合格率 100%。西城区食药监局用一点 滴的行动汇集成保障人民群众食品药品安全的绿色屏障。为了以服务群众、推动发展的实际成效取信于民，西城区食药监局不断深化“访民情、听民意、解民难”工作，通过街道食品药品安全员，及时了解群众诉求，畅通民意渠道；深入社区、学校、单位开展食品药品安全宣传活动；多途径发布食品安全知识、不合格食品下架信息、食品安全警示信息；开展过期药品回收，做好回收箱管理和回收药品的销毁工作。

2014 年是北京市食品药品安全监管体系组建到位、正式履职的开局之年。西城区食药监局以党的十八大和十八届三中、四中全会精神为指引，以加强政府领导、完善监管体系、突出专业执法、动员社会参与为目标，以科学监管、严格监管为手段，不断深化食药改革成果，努力开创西城区食品药品监管工作新局面。全区食药安全状况总体稳定，未发生食药安全事件。

西城区食品药品监管改革的思考

党的十八届三中全会决定明确指出，要加强食品药品等重点领域基层执法力量；要完善统一权威的食品药品安全监管机构，建立最严格的覆盖全过程的监管制度，建立食品原产地可追溯制度和质量标识制度，保障食品药品安全。这对西城食药监管工作提出了新的要求。如何推进食药监管工作，确保首都“心脏”的食品药品安全，西城区区长王少峰提出四点改革思路。

一是要进一步加强制度建设，完善区街两级食品药品监管体系建设和部门联动机制建设。二是要进一步加强食品药品安全基础化建设工作，围绕检测机构建设、监管机构建设、经费保障、监察员配备等方面分别从区级层面、街道层面抓好落实。三是要进一步认真研究区情，分析区域特点，根据不同的监管业态和监管对象研究工作机制，不断完善食品药品突发事件的应对机制。四是要加强精细化管理和规范化建设，在制度建设、队伍建设、重点领域监管等方面要探索建立西城模式，使西城区食品药品监管再上新台阶。

第4章

启示篇

改革攻坚六个“三”的硬指标考量

新一轮改革工作的关键特征就是处理好政府和市场的关系，深化体制机制改革和调整利益格局；改革攻坚必须把握好党对全面深化改革的领导力，妥善处理好政府与市场、社会的关系和发挥人民群众的主体作用三个关键环节；改革成效要对标国际一流的标准和和谐、宜居的“两把尺子”。

判断真假改革坚持三个标准

习近平总书记指出，“我国改革已经进入攻坚期和深水区，进一步深化改革，必须坚定信心、凝聚共识、统筹谋划、协同推进。要勇于冲破思想观念的障碍和利益固化的藩篱，敢于啃硬骨头，敢于涉险滩，更加尊重市场规律，更好发挥政府作用，以开放的最大优势谋求更大发展空间”。攻坚期表明改革的难度加大，要啃硬骨头；深水区表明改革的风险加大，需要涉险滩。思想观念的障碍往往不是来自体制外而是来自体制内，利益固化的藩篱则既来自既得利益集团本身，也来自形成既得利益格局的体制机制。冲破思想观念的障碍和利益固化的藩篱，就是要解放思想，以更大的政治勇气和智慧，以壮士断腕的决心、背水一战的气概，坚决克服地方和部门利益的掣肘，攻克体制机制上的顽瘴痼疾。尊重市场规律，处理好政府和市场的关系，使市场在资源配置中起决定性作用，更好发挥政府作用。由此可见，新一轮改革工作的关键特征就是处理好政府和市场的关系，深化体制机制改革和调整利益格局。在改革实践中，往往把发展与改革相混淆，而这三点也正是判断真假改革的三个标准。

是否涉及政府和市场关系

处理好政府和市场的关系是我国经济体制改革的核心问题。从过去 30 多年经济体制改革的实践看，改革的关键在于处理好政府与市场的关系。这个时期是政府主导的市场经济，中国经济取得了长足发展。十八届三中全会明确指出，经济体制改革是全面深化改革的重点，核心问题是处理好政府和市场的关系，使市场在资源配置中起决定性作用和更好发挥政府作用。明确提出“决定论”，不仅仅是一个提法的改变，也不仅仅是基于经济理论提出的，而是从我国经济生活的突出矛盾与现实出发，强调经济生活领域要在市场主导下更好发挥政府的作用。全国政协委员、中国（海南）改革发展研究院院长迟福林认为，它释放了两个重大信号：一是坚定的市场化改革道路；二是明确了政府职能转变的行动路线。

当前我国的政府和市场关系中存在政府越位和缺位现象。政府越位，即对市场干预过多和干预不当问题，会在相当程度上影响市场机制对经济活动的调节作用；政府缺位，则是要把该做的事做好，把该管的事管好。过去政府主导的市场经济模式，实质上是粗放型的要素驱动式增长模式，这种增长是建立在要素价格扭曲的基础上的，我国也因此积累起最初经济起飞需要的资本，取得了改革开放至今30多年的经济快速增长。但是随着市场经济制度的逐步建立，政府对资源配置干预过多、干预不当，市场监管、公共服务缺位和市场功能发挥不够等弊端也逐渐显现。与此同时要素资源的愈发稀缺，这种要素驱动、投资驱动的增长模式无法实现经济社会可持续发展，需要转向效率驱动、创新驱动的发展模式。这就要求转变政府职能，尽可能减少对市场的干预，加大向市场放权力度，最大限度激发各类市场主体创业、创新活力，依据市场规则、市场价格、市场竞争进行资源配置。在此同时，政府职能转向“保持宏观经济稳定，加强和优化公共服务，保障公平竞争，加强市场监管，维护市场秩序，推动可持续发展，促进共同富裕，弥补市场失灵”上来，实现政府经济管理方式由管短期向管中长期、由管微观向管宏观、由管审批向管监管的转变。

政府转型的关键在于分清市场和政府的界限。使市场在资源配置中起决定性作用，绝不是说市场是万能的、可以把一切交给市场；更不是认为政府对市场可以撒手不管。只有政府“有形的手”有效配合市场“无形的手”发挥作用，才能保证市场经济健康发展。中国社会科学院学部委员张卓元教授指出，凡是依靠市场机制能够带来较高效率和效益，并且不会损害社会公平和正义的，都要交给市场，政府和社会组织都不要干预。各个市场主体在遵从市场规则的前提下，根据市场价格信号，通过技术进步、劳动者素质提高、管理创新，努力提高产品和服务质量，降低成本，在公平的市场竞争中求生存、求发展，优胜劣汰。但是，市场机制这只“无形的手”也会由于其自发性、盲目性带来市场失灵，需要政府这只“有形的手”来发挥作用。政府的主要职能，是为市场参与主体提供公平的游戏规则，弥补市场机制配置资源时的不足。政府职能转换到位，对于更好地发挥市场在资源配置中的决定性作用，对于完善社会主义市场经济体制，促进经济持续健康发展，是至关重要的。

复旦大学经济学院院长袁志刚认为，政府应当在以下四个方面改变当前所扮演的角色。一是应处理好国有经济和民营经济的关系。对于外部性很强的自然垄断行业、关系国家安全和经济命脉的行业，政府“有形之手”可以纠正市场的失灵，并发挥资源配置的作用。而对于一般竞争性行业，政府不应设置门槛限制民营经济的进入，而应鼓励民营经济在这些行业的发展，更大程度地促进竞争。二是应逐渐退出土地、金融等要素市场，让市场机制在要素配置过程中发挥重要作用。三是需要政府的介入以实现公共产品的最优供给规模。目前，我国亟须建立起全国统一的、无差异的基本公共产品市场，实现基本公共产品的国家化、标准化，减轻区域间、城乡间资源配置的不均衡程度。四是减少对企业的干预，调动企业自主创新的积极性。政府应当引导而不是规定企业的投资领域和范围，应当建立一个有利于企业自主创新的市场环境，尊重市场规律和企业自身发展规律，使企业真正成为自主创新的主体。

是否涉及破除体制机制弊端

体制机制改革必须各领域配套推进。全面深化改革是关系党和国家事业发展全局的重大战略部署，不是某个领域某个方面的单项改革，而是一个系统工程。必须更加注重改革的系统性、整体性、协同性，加快发展社会主义市场经济、民主政治、先进文化、和谐社会、生态文明。此次改革涉及面最广、受众最多、程度最深、难度最大、关联最密，涵盖经济、政治、文化、社会、生态文明和党的建设等诸多方面。任何一个领域的改革都会牵动其他领域，同时也需要其他领域改革密切配合。特别是经济、政治、文化、社会、生态文明各领域改革和党的建设改革紧密联系、相互交融。如深化国有企业改革、财政体制改革、金融体制改革、收入分配体制改革、干部人事制度改革等，诸如此类的改革牵一发而动全身，任何一项改革都会涉及其他多项改革，涉及千千万万人的直接利益。如果各领域改革不配套，各方面改革措施相互牵扯，全面深化改革就很难推进下去，即使勉强推进，效果也会大打折扣。因此，要加强各项改革的关联性、系统性、可行性研究，统筹考虑、全面论证、科学决策、配套推进。

体制机制改革必须从重点领域突破。深化改革必然要涉及牵动全局的敏感问题和重大问题，要有强烈的问题意识，以重大问题为导向，以重点领域为突破口，抓住关键问题进一步研究思考，着力推动解决我国发展面临的一系列突出矛盾和问题。如现行财税体制已经不完全适应合理划分中央和地方事权、完善国家治理的客观要求，不完全适应转变经济发展方式、促进经济社会持续健康发展的现实需要，我国经济社会发展中的一些突出矛盾和问题也与财税体制不健全有关。这次全面深化改革，财税体制改革是重点之一。主要涉及改进预算管理制度，完善税收制度，建立事权和支出责任相适应的制度等。这些改革举措的主要目的是明确事权、改革税制、稳定税负、透明预算、提高效率，加快形成有利于转变经济发展方式、有利于建立公平统一市场、有利于推进基本公共服务均等化的现代财政制度，形成中央和地方财力与事权相匹配的财税体制，更好发挥中央和地方两个积极性。

是否涉及利益格局调整

改革必须要冲破利益固化的藩篱。过去 30 多年的经济体制改革，由于改革的不彻底不配套，给权力和市场结合留下了空档，形成了一种相对稳定的既得利益格局和相应的体制机制，甚至形成一个稳定而强有力的特殊利益集团或者叫既得利益集团。“对于这个既得利益集团而言，既不想往前走，也不想往后退，他们要的就是维持现状，因为维持现状对他们最有好处”。清华大学孙立平教授将这种在权力和市场结合基础上形成既得利益格局的体制称之为权贵体制。他认为，这种“权贵体制已经成为现在中国社会面对的基本问题，是横在中国社会进步道路上的一堵墙，或者说，也是这场改革的最大阻力之所在。不撼动这堵墙，别的都无从谈起”。这里所说的“墙”其实就是那道利益固化的藩篱。因此，此次全面深化改革必须首先冲破利益固化的藩篱。

要通过系列组合拳打破既得利益格局。冲破利益固化的藩篱、推倒权贵体制这堵“墙”的突破口在哪里，如何形成破局之势，中央采取了三大策略：首先是反腐，通过反腐撼动既得利益格局。从现实情况看，中央选择用反腐败方式破局的策略是奏效的，连周、徐、令、苏这样的大老虎都束手就擒；其次是简政放权，通过简政放权减少权力寻租。这是推倒权贵体制，铲除腐败的釜底抽薪之策；第三是依法治国，通过依法治国来构建宪法权威、司法公正、行政公平的法治环境。特别是以制度化的方式实现对公权力的监督和制约，将政治社会生活纳入法制轨道，破除权贵资本主义。尽管如此，既得利益集团或特殊利益集团对改革的威胁还不容忽视，在改革启动之后，权贵集团不但不反对改革，甚至会十分积极，然后通过将改革措施扭曲变形，将改革变成一种财富掠夺的战争。

调整利益格局的最终落脚点是促进公平正义。公平正义是本轮改革的一面旗帜。十八届三中全会关于改革的决定中，公平正义在整个改革的设计中占有一个非常重要的位置。决定中非常明确地指出，要将促进公平正义作为出发点和落脚点，许多重要的举措，都是将公平正义作为基本的指向。孙立平认为，公平正义已经是中国社会的一个基本症结，目前中国面对的所有问题几乎都与此有关。从经济上说，由于资源越来越多地集中到政府的手里，政府对于市场的介入越来越多，垄断的因素越来越强，整个社会公平竞争的环境在不断恶化。未来中国如果要有一个不错的发展，特别是要重新焕发经济与社会的活力，首先需要解决公平竞争的问题。从社会的角度来说，社会矛盾、社会问题越来越多。这些社会矛盾主要是由社会不公造成的。从政治的层面来说，维稳压力越来越大，说明这个体制亟待进一步改善。而其背后的原因，也是在公平正义上。

因此，促进社会公平正义，是中国社会当前最急迫解决的问题。而调整利益格局就是要执政者勇于与特殊利益集团切割，促进社会公平正义，让人民群众感受到实实在在的改革成效。

基层改革三大着眼点

改革是全面布局，但不同层级的政府职能结构是不一样的。相对于中央政府的顶层设计者地位，地方政府是顶层设计的具体治理主体，具有一定的自主权，主要是执行中央政府决策、对所辖地域进行治理。基层政府主要处于基层实践者地位，更多的是在终端环节抓好上级决策的贯彻和落实。作为基层政府，西城区政府的改革工作重点是贯彻落实好上级改革部署、解决好基层群众关心的突出问题、解决好政府自身存在的突出问题。

着眼坚决贯彻落实好上级的部署

近年来，习近平总书记在历次关于深化改革的讲话中，多次提到首都北京的全面深化改革问题，这些问题包括：北京建设国际一流的和谐宜居之都问题；首都城市战略定位问题；北京“城市病”及其治理问题；调整疏解非首都功能问题；北京控制人口无序过快增长问题；北京交通拥堵和综合交通体系建设问题；雾霾及其大气污染治理问题；

北京城市规划修编和城乡空间布局问题；提升城市建设特别是基础设施质量问题；提高城市管理水平问题；保护古都风貌加强历史文化传承问题；打造城市副中心问题；维护首都安全稳定问题；建立特大城市可持续发展体制机制问题；加强京津冀协同发展顶层设计问题；北京市如何发挥在环渤海地区经济合作发展协调机制中的牵头作用问题；京津冀城市群的城市布局和空间结构问题；京津冀交通一体化问题；京津冀产业一体化问题；京津冀市场一体化问题；北京如何向天津和河北疏解转移制造业问题；京津冀协同发展中京津周边贫困问题；京津冀协同发展中生态环境保护合作机制问题；京津冀协同发展和京津双城联动发展问题；京津冀协同发展上升为国家战略需要研究的若干重大问题和京津冀协同发展的难点和重点以及切入点问题。可以说，对于北京市的深化改革问题，中央高度重视。

贯彻落实党的十八届三中全会、四中全会精神，学习贯彻习近平总书记系列讲话精神，特别是要围绕总书记对北京工作的指示和在北京视察时的重要讲话精神来抓好改革（见表 23）。2014 年 2 月 26 日，习近平就推进北京发展和管理工作提出五点要求：

一是明确城市战略定位，坚持和强化首都全国政治中心、文化中心、国际交往中心、科技创新中心的核心功能，深入实施人文北京、科技北京、绿色北京战略，把北京建设成国际一流的和谐宜居之都。

二是调整疏解非首都功能，优化产业特别是工业项目选择，突出高端化、服务化、集聚化、融合化、低碳化，有效控制人口规模。

三是提升城市建设特别是基础设施建设质量，形成适度超前、相互衔接、满足未来需求的功能体系，遏制城市“摊大饼”式发展。

四是健全城市管理体制，提高城市管理水平，尤其要加强市政设施运行管理、交通管理、环境管理、应急管理，推进城市管理目标、方法、模式现代化。

五是加大大气污染治理力度，应对雾霾污染、改善空气质量的首要任务是控制PM2.5，要从压减燃煤、严格控车、调整产业、强化管理、联防联控、依法治理等方面采取重大举措。

表 23：习近平北京讲话 73 个关键词

序号	关键词	序号	关键词
1	北京发展	38	现代化交通网络系统
2	京津冀协同发展	39	交通一体化
3	首都经济圈	40	产业一体化
4	环渤海经济区	41	市场一体化
5	北方腹地	42	雾霾
6	城市群	43	大气污染防治
7	京津冀城市群	44	联防联控
8	大首都城市群体系	45	压减燃煤
9	国际一流和谐宜居之都	46	控车减油
10	双城记和多城记	47	治污减排
11	京津双城联动发展	48	清洁降尘
12	城市战略定位	49	大气环境承载能力监测预警机制
13	首都核心功能	50	大气环境承载能力红线
14	非首都功能	51	环境容量
15	城市副中心	52	生态空间
16	新城核心产业功能区	53	大气污染防治协作机制
17	新城公共服务中心区	54	生态环境保护合作机制
18	城市病和特大城市病	55	京津保中心区过渡带
19	特大城市可持续发展	56	退耕还湖
20	城乡空间布局	57	京津冀水源涵养功能区
21	人口资源环境承载能力	58	京津周边贫困问题
22	城市增长边界	59	首都安全稳定

（续表）

序号	关键词	序号	关键词
23	生态红线	60	天下未乱京先乱
24	生态廊道	61	街头政治
25	摊大饼	62	赋权和放权
26	紧平衡	63	一加一大于二、一加二大于三
27	城市设计	64	“一亩三分地”思维定式
28	建设硬环境	65	行政区域壁垒
29	管理软实力	66	国家战略
30	古都风貌	67	顶层设计
31	历史文脉	68	产业分工
32	交通管理	69	虹吸效应
33	环境管理	70	腾笼换鸟
34	应急管理	71	“肥胖”与“瘦弱”
35	社区治理模式	72	蚁族、北漂
36	网格化服务管理体系	73	大禹治水
37	综合交通体系		

图表说明：从总书记的讲话中，总结出73个关键词，这些关键词很多都是新观念，比如大首都城市群体系、京津冀协同发展、首都经济圈、环渤海经济圈、双城记、多城记、京津保中心区过渡带、退耕还湖等，值得深入思考。

资料来源：北京国际城市发展研究院根据习近平总书记“2·26”讲话整理

贯彻落实北京市委十一届四次、五次全会精神及市委关于全面深化改革的工作部署。《中共北京市委关于认真学习贯彻党的十八届三中全会精神全面深化改革的决定》确定了北京市全面深化改革的重点领域和关键环节（见表24），国有企业、科技体制、教育、行政审批、城市管理等领域成为改革主战场，明确了57项改革要求和任务，四方面举措破解“城市病”难题。

贯彻落实好中央和北京市委的精神和要求，是西城区全面深化改革的总纲。无论是中央的改革决策，还是北京市的部署，最后传达到基层，成效如何，有没有用，能不能解决群众问题，关键在于落实执行。这是改革工作的重中之重。

表 24：北京市全面深化改革重点领域

序号	改革领域	改革要求
1	坚持和完善基本经济制度	积极发展混合所有制经济
		完善国有资产管理体制
		深化国有企业改革
		支持非公有制经济健康发展
2	完善现代市场体系	建立公平开放透明的市场规则
		完善主要由市场决定价格的机制
		积极推动城乡统一的建设用地市场建设
		促进金融改革创新发展
		完善产业转型升级机制
3	加快转变政府职能	全面正确履行政府职能
		优化政府组织结构
		深化投融资体制改革
		深化财税体制改革
4	更好地服务国家创新体系建设	抓好中关村国家自主创新示范区建设
		健全技术创新的市场导向机制
		强化企业技术创新主体地位
5	率先形成城乡一体化发展新格局	完善新型城镇化发展的体制机制
		深化农村土地制度和产权制度改革
		创新都市型现代农业经营机制
		健全统筹城乡公共资源配置机制

（续表）

序号	改革领域	改革要求
6	创新特大城市可持续发展的体制机制	深化研究人口调控机制
		健全大气污染防治机制
		完善交通治堵机制
		健全城市精细化管理体制机制
7	统筹对内对外开放	促进投资贸易便利化
		深入推进区域协调发展
8	加强社会主义民主政治建设	推动人民代表大会制度与时俱进
		推进协商民主广泛多层制度化发展
		发展基层民主
9	推进法治建设	维护宪法法律权威
		深化行政执法体制改革
		深化司法改革
10	强化权力运行制约和监督体系	建立科学有效的权力制约和协调机制
		加强反腐败体制机制创新和制度保障
		健全改进作风常态化制度
11	进一步加强全国文化中心建设	完善文化管理体制
		建立健全现代文化市场体系
		构建现代公共文化服务体系
12	推进社会事业改革创新	深化教育领域综合改革
		深化医药卫生体制改革
		健全促进就业创业体制机制
		建立更加公平可持续的社会保障制度
		深化收入分配制度改革
13	创新社会治理体系	改进社会治理方式
		激发社会组织活力
		创新预防和化解社会矛盾的体制
		健全公共安全体系

（续表）

序号	改革领域	改革要求
14	加快首都生态文明制度建设	实行最严格的资源和生态保护制度
		实行资源有偿使用制度和生态补偿制度
		健全生态环境管理制度
15	加强和改善党对全面深化改革的领导	切实履行各级党组织对改革的领导责任
		强化组织保证和人才支撑
		发挥好人民群众的主体作用

资料来源：根据《中共北京市委关于认真学习贯彻党的十八届三中全会精神全面深化改革的决定》整理

着眼解决好群众关心的突出问题

贯彻群众路线的关键就是要从解决好群众最现实、最迫切的问题入手，在解决好群众当前利益的同时，立足于长远发展和顶层设计，通过全面深化改革，满足人民群众的长远利益和根本利益。

认真梳理好、解决好党的群众路线教育实践活动收集回来的意见建议，同样是改革工作的一个重点。西城区在教育实践活动中开展了“访万户”活动，向群众收集问题和意见，包含小区整治、物业管理、城市环境、交通拥堵、空气质量、医疗教育、居住条件、停车、旱厕、养老等多元化的利益诉求。群众反映的问题中，既有群众满足衣食住行的现实要求，更有对优美的城市环境、和谐活跃的社会环境、公平正义的法治环境、优质均衡的公共服务、高品质的精神生活和健全完善的保障体系的追求和向往。同时，群众的利益诉求呈现出多元化的特点，既有“长远利益与眼前利益”的矛盾，如教育问题，家长关心的不仅仅是入学，还关心学校为何存在不均衡；也有“这个利益与那个利益”的矛盾，如居民搬迁过程中，就出现了对改善居住条件的期待和利益最大化的矛盾；还有“这部分群众利益与那部分群众利益”

的矛盾，如小区绿地、停车、为老服务设施等，就存在着不同利益体的对立问题。

对于群众多元化的需求，要从群众的切身感受出发，多做雪中送炭的事，要让群众认可和买账。对于群众的直接诉求，要通过立行立改来解决；对于那些深层次的矛盾和问题，必须要通过全面深化改革、科学发展来系统解决，实现群众的眼前利益、长远利益和根本利益的有机统一。

着眼解决好政府自身存在的突出问题

习近平总书记的“2·26”讲话中，点出了首都令人揪心的“城市病”，引起了西城区对矛盾问题的全面剖析和深刻反思。西城区城市建设历史欠账较多，特别是平房区基础设施不完善，还有不少危旧楼、棚户区和环境脏乱死角；由于资源要素汇集、城市功能叠加，吸附了大量人口，包括流动人口，也相应地产生了交通拥堵、违法建设、非法经营、群租房等一系列问题，给城市运行带来很大压力；经济发展中还存在着占用资源多、劳动力密集的产业，特别是与首都核心功能不相适应的业态依然大量存在。而这些问题的存在，都能从政府自身找到原因。

现在工作当中有些政策很好，为什么没有办好事，既有政府内部体制机制的原因，也有解决问题的人的思想问题和能力问题。比如历史文化名城保护问题，按照现行的政策法规根本无法解决当前的问题。要坚持问题导向，以改革的精神去研究解决。

改革攻坚的三个关键环节

坚持和强化党对全面深化改革的领导力

全面深化改革必须加强和改善党的领导，充分发挥党总揽全局、协调各方的领导核心作用。对于包括西城区在内的各级领导者来说，提高对全面深化改革的领导能力，既是改革顺利进行并取得成功的根本保证，也是提高党的领导水平和执政能力的迫切要求。

提高依法执政能力。依法执政是中国共产党在新的历史时期执政的基本方式。党领导人民制定宪法和法律，党又同时带头遵守宪法和法律，在宪法和法律的范围内开展活动。党的执政能力建设是党的一项根本建设，把执政能力建设这条主线贯穿于党的建设各个方面，围绕执政能力建设来加强党的各方面建设，是这些年来党的建设一个整体思路。十八届三中全会把制度建设放在了突出地位，明确强调："紧紧围绕提高科学执政、民主执政、依法执政水平深化党的建设制度改革"。习近平总书记在山东考察（2013年11月24日至28日）时强调"党的建设各项工作，都要紧紧围绕全面深化改革来定任务、添措施、建机制，都要用保证和促进全面深化改革的实际成效来检验。"十八届四中全会提出，要提高党员干部法治思维和依法办事能力，把法治建设成效作为衡量各级领导班子和领导干部工作实绩重要内容纳入政绩考核指标体系，把能不能遵守法律、依法办事作为考察干部重要内容。各级党组织和领导干部都必须严格按照法律规定的范围、程序、内容和手段来行使执政权力。这是对我们各级干部执政理念、执政思维、执政能力的考验。

提高科学决策的能力。为了保证全面深化改革的顺利实施，必须善于集中各方面智慧、凝聚最广泛力量；必须完善科学民主决策机制，提高改革决策水平。一是要全面学习贯彻上级的精神，掌握上情。把学习思考的过程作为科学谋划西城区改革思路的过程；二是要全面深入地进行调查研究，摸清区情。解决西城的问题，只有在进行全面掌握发展现状、存在问题，以及现有政策和资源禀赋后，才能找到改革的依靠力量和工作资源；三是要全面听取各方的意见，把握民情。紧密结合党的群众路线教育实践活动的深入开展，通过听取意见，准确把握民情民意、认真查找制约发展的瓶颈和工作的差距，使改革更加具有针对性、实效性；四是要建立和完善决策咨询制度，专门征求智库机构的意见和建议。改革发展任务越是艰巨繁重，越需要强大的智力支持。要从推动科学决策、民主决策，推进西城区治理体系和治理能力现代化、增强软实力的战略高度，把中国特色新型智库建设作为一项重大而紧迫的任务切实抓好。

提高政府治理能力。科学的宏观调控，有效的政府治理，是发挥社会主义市场经济体制优势的内在要求。必须切实转变政府职能，深化行政体制改革，创新行政管理方式，增强政府公信力和执行力，建设法治政府和服务型政府。提高政府治理能力，必须着力提高宏观调控能力。宏观调控是在发挥市场机制调节资源配置的基础上，指导经济增长、纠正市场失灵、引导宏观经济协调运行的自觉行为。基层政府就是要执行好中央的决策部署，特别是在经济发展面临重大挑战的情况下，克服市场缺陷，防止市场失灵。提高政府治理能力，必须着力提高政府的公信力。公信力是政府行政能力的客观结果，体现了政府工作的权威性、民主程度、服务程度和法制建设程度；同时，它也是人民群众对政府的评价，反映了人民群众对政府的满意度和信任度。政府公信力是社会主义市场经济秩序的基础，是政府治理社会的基本要求，还是社会稳定与发展的前提条件，信用政府能够增强人民群众的社会信任感和归属感，政府失信则会导致人民群众对政府信任的丧失，从而造成社会普遍失信，削弱政府的合法性。

妥善处理好政府与市场、社会的关系

更好发挥政府在全面深化改革中的作用，是妥善处理政府与市场、政府与社会关系的核心环节。对此，西城区委副书记、区长、深改组组长王少峰在政府工作报告中做了阐述 。

更好发挥政府作用,必须更加尊重市场决定资源配置的一般规律,解决政府干预过多的问题。当前,市场体系不完善、市场规则不统一、市场秩序不规范、市场竞争不充分,政府权力过大、审批过杂、干预过多和监管不到位已成为普遍问题,影响了资源配置效率,制约了经济发展步伐。西城区贯彻落实中央和北京市的有关精神,坚持市场化改革取向,以减少微观干预为原则,简化审批程序,进一步清理全部行政审批事项和权力清单,凡是能交给市场和社会的全部取消,大幅度减少对资源的直接配置,充分激发市场主体活力和创造力,解放和发展生产力,释放改革红利,遏制权力寻租。与此同时,西城区积极推进现代市场体系建设,不断创造公平竞争的市场环境,努力实现资源配置效率最优化和效益最大化。

更好发挥政府作用,必须正确处理政府和社会的关系,通过进一步向社会放权,发挥社会力量在社会治理中的积极作用。一方面,要更好发挥政府主导作用。紧紧围绕更好保障和改善民生、促进社会公平正义,切实履行政府社会管理职能,规范社会行为、协调社会关系、促进社会认同,不断提高政府驾驭社会矛盾、化解社会风险的能力,为社会发展创造既有秩序又有活力的基础运行条件,推动社会和谐发展。另一方面,要加快推进政社分开,通过政府购买公共服务、强化绩效考核评价等方式,激发社会组织活力,鼓励和引导多种力量参与社会建设,形成社会治理的整体合力。西城区要不断深化“全响应”网格化社会服务管理模式,创新社会治理方式,加强基层基础建设,实现政府治理与社会自我调节、居民自治良性互动。坚持把解决群众关心的热点难点问题作为各项工作的出发点和落脚点,大力推进社会领域改革创新,探索公共服务供给的新途径、新方式,不断满足群众多层次、多样化的服务需求。

发挥人民群众的主体作用

人民群众是一切物质财富和精神财富创造的主体，也是推动全面深化改革的主体。没有人民群众的支持和参与，任何改革都无法走下去。

全面深化改革，必须把维护群众利益、增进人民福祉作为出发点和落脚点，在更广范围更深层次上全方位满足这些新要求新期待，使人民群众生活得更有尊严、更加幸福、更为美好。习近平总书记在论述推进治理现代化的改革时指出“推进任何一项重大改革，都要站在人民立场上把握和处理好涉及改革的重大问题，都要从人民利益出发谋划改革思路、制定改革举措”。民之所盼，政之所为。人民群众最关注、最期盼解决的问题，就是最需要改革的地方。要善于从群众关注的焦点、百姓生活的难点中寻找改革切入点，推动顶层设计和基层探索良性互动、有机结合。

全面深化改革，必须发挥人民群众的主体地位，让群众广泛深度参与。习近平在中央深改组会议上强调，“改革开放在认识和实践上的每一次突破和发展，无不来自人民群众的实践和智慧”，要“引导广大干部群众共同为改革想招、一起为改革发力”。人民群众在改革中的参与度，直接关乎改革成败。要通过构建立体化的群众参与机制，最大限度地团结一切可以团结的力量，在改革的全过程引导组织群众纵深参与，为改革凝聚最可靠的群众基础和最深厚的力量源泉。通过构建社会参与机制，让人民群众最大限度地参与和推动改革；通过构建利益协调机制，确保让群众共享改革成果；通过构建风险防范机制，最大程度降低改革风险；通过构建监督评判机制，以群众评价来督促推动改革。

三类改革遵循不同的实现路径

改革工作有三个导向，问题导向、需求导向和目标导向，问题导向是以解决发展中的问题为出发点的改革；需求导向是基层有基础有条件推行，但需要先行先试来探索经验的改革；目标导向也就是任务导向，是落实上级部署的改革。与之相对应的改革可称之为问题类改革、试点类改革和落实类改革。三类改革特点各有不同，问题类改革往往是由浅入深，越往后难度越大，是最难啃的硬骨头，需要壮士断腕，涉及政府自身利益调整和打破利益集团格局，改革的阻力最大，也最为复杂。比如转变政府职能、疏解非首都功能就属于此类改革；试点类改革由下而上，就是摸着石头过河，目标比较明确，试点单位需具备推行此项改革的基础和条件，需要向相关负责部门或上级政府申请获得授权，最终是要通过试点形成可复制可推广的经验，包括国家级试点、市级试点、区级试点、街道试点等。比如上海自贸区改革、全科医生执业方式和服务模式改革、养老服务业综合改革等。落实类改革是自上而下推行的改革，有顶层设计，有明确的任务，重点是衔接好、抓好落实。比如纪检体制改革、京津冀协同发展改革，以及“互联网 +”“中国制造 2025”“大众创业万众创新”等。这三类改革举措各有侧重，其实现路径和关注点应有所区别。

问题类改革需要聚焦政府职能转变

问题类改革举措既是基础性改革，也是配套性改革，往往触碰政府体制机制和部门利益等核心问题，是改革的重点和难点。此类改革举措的着力点是政府职能转变。转变政府职能就是打破部门利益，就是消除体制机制藩篱，就是释放市场和社会活力，就是营造良好的改革发展环境，有利于提升政府治理能力。此类改革重在激活三种力量。

一是提升政府能力。按照建设法治政府、创新政府、廉洁政府和服务型政府的要求，推动政府职能转变，以行政审批制度改革为契机，切实把政府该管的事情管住管好，西城区要在权力清单的基础上，加快推行责任清单、负面清单制度，促进政府依法全面履职，真正做到尽职到位不缺位、准确履职不错位、限定范围不越位，不断增强政府执行力和公信力。公信力体现了政府工作的权威性、民主程度、服务程度和法制建设程度，也反映了人民群众对政府的满意度和信任度，还是社会稳定与发展的前提条件，是衡量政府治理能力的一个重要指标。

二是释放市场动力。尊重市场决定资源配置的一般规律，推动政府职能转变，解决市场体系不完善、市场规则不统一、市场秩序不规范、市场竞争不充分，政府权力过大、审批过杂、干预过多和监管不到位等普遍问题。西城区坚持市场化改革取向，以减少微观干预为原则，简化审批程序，凡是能交给市场和社会的全部取消，大幅度减少对资源的直接配置，充分激发市场主体活力和创造力，解放和发展生产力。与此同时，积极推进现代市场体系建设，不断创造公平竞争的市场环境，努力实现资源配置效率最优化和效益最大化。

三是激发社会活力。推动政府职能转变，正确处理政府和社会的关系，通过进一步向社会放权，发挥社会力量在社会治理中的积极作用。一方面，要更好发挥政府主导作用。紧紧围绕更好保障和改善民生、促进社会公平正义，切实履行政府社会管理职能，规范社会行为、协调社会关系、促进社会认同，不断提高政府驾驭社会矛盾、化解社会风险的能力，为社会发展创造既有秩序又有活力的基础运行条件，推动社会和谐发展。另一方面，要加快推进政社分开，通过政府购买公共服务、强化绩效考核评价等方式，激发社会组织活力，鼓励和引导多种力量参与社会建设，形成社会治理的整体合力。

试点类改革需要获得授权后探索

改革既需要自上而下的主导、支持，也需要自下而上的试点、示范，顶层设计和基层探索相辅相成，缺一不可。试点就是摸着石头过河。摸着石头过河是富有中国智慧的改革方法。实践中，对必须取得突破但一时还不那么有把握的改革，就采取试点探索、投石问路的方法，先行试点、尊重实践、尊重创造。对于试点的改革，要鼓励大胆探索、勇于创新，等取得经验、看得很准了再推开。习总书记在 2015 年 6 月举办的中央深改组第十三次会议上特别强调："试点是改革的重要任务，更是改革的重要方法。试点能否迈开步子、蹚出路子，直接关系改革成效。要牢固树立改革全局观，顶层设计要立足全局，基层探索要观照全局，大胆探索，积极作为，发挥好试点对全局性改革的示范、突破、带动作用"。西城区要鼓励和支持各部门各街道开展多层次的试点，特别是积极争取国家级、市级试点。截至目前，西城区承担的国家级试点共 7 项，市级试点共 12 项（见表 25）。试点主体为西城区、西城区有关部门（单位）、街道或者社区。试点类改革在推进过程中，需要注意以下三点。

一是改革试点需要取得法律授权。改革要于法有据。一般而言，对于区级层面安排下去的试点要明确试点目标、试点原则和底线，履行相关试点程序。而国家级试点、市级试点须经相关国家级、市级审批部门授权。但由于改革试点往往要突破现有体制甚至是法律框架，因此当改革触及现行法律，还须经全国人大授权。全国人大常委会法制工作委员会官员指出，凡是试点的都必须有法律规定或者法律授权，没有法律规定和法律授权，不得试点。2014 年 6 月和 2015 年 2 月，十二届全国人大常委会分别通过《关于授权最高人民法院、最高人民检察院在部分地区开展刑事案件速裁程序试点工作的决定》和《关于授权国务院在北京市大兴区等 33 个试点县（市、区）行政区域暂时调整实施有关法律规定的决定》，并明确了授权的范围、内容和时限，为相关改革试点提供了法律依据。

二是改革试点参加单位应该有法制部门参与。注重用法治思维和法治方式，发挥法治的推动和引领作用，确保在法治的轨道上推进改革是新时期全面深化改革的最大特点。为推进依法行政、加快建设法治政府，在各有关部门制订改革措施的研究方案和起草等工作时，要一并考虑涉及的法律和文件的立、改、废、释工作。对于改革试点更

表 25：近年来西城区承担的改革试点情况表

级别	试点名称	起止时间	审批部门	试点任务承担单位
市级	街道、社区管理体制机制与治理机制改革	2015–2016	北京市民政局	西城区民政局
	成立北京市西城区人力资源公共服务中心	2014.7–2015.7	北京市人力资源和社会保障局、北京市机构编制委员会办公室	北京市西城区人力资源和社会保障局
	社会动员试点	2013–2016	北京市社工委	德胜、金融街、展览路、陶然亭街道
	审判权运行机制改革	2014.8–2015.7	北京市高级法院	西城区法院
	社区服务公益劳动	2013.11–2015.4	北京市司法局	西城区司法局
	社区服务管理信息化模式	2013.1–2015.6	北京市民政局	德胜街道
	经济发展核心区社区服务管理模式创新	2014.1–2015.12	北京市民政局	金融街街道
	管理体制改革破解不同类型社区治理和服务难题	2014.3–2015.12	北京市民政局	月坛街道
	社区服务管理创新破解不同类型社区治理和服务难题	2014.8–2016.7	北京市民政局	西长安街街道
	搭建民主协商平台探索小区多元共治	2014.1–2015.12	北京市民政局	陶然亭街道
	展览路医院康复试点	2010– 长期	北京市卫计委	展览路医院

（续表）

级别	试点名称	起止时间	审批部门	试点任务承担单位
国家级	国家养老服务业综合改革试点区	2014 年 8 月	国家民政部办公厅与国家发改委办公厅	西城区
	北京市西城区社会保障公共服务标准化试点	2014.4—2016.4	国家标准化管理委员会	西城区人力资源和社会保障局
	西城区城市环境分类分级管理综合标准化试点	2014.4—2016.6	国家标准化管理委员会社会管理和公共服务标准化工作联席会议办公室	西城区市政市容管理委员会
	检察官办案责任制改革	2013.11—2015.12	最高人民检察院	西城区人民检察院
	全科医生执业方式和服务模式改革试点	2012.8- 长期	国务院医改办	西城区卫生局
	国家基层综合改革重点联系点	2014.4—2017.4	国家卫计委	西城区卫生局
	展览路医院康复试点	2010 - 长期	国家卫计委	展览路医院

资料来源：中共西城区委改革办提供

是如此，出台一项新的改革措施，就要废除原来相关的做法，就要修改相关法律、文件。这就需要法制办等专业部门参与进来，审查是否与宪法和现行法律、行政法规相抵触，是否有悖于全面深化改革、全面依法治国的精神，有损群众合法权益。同时做好文件的科学评估工作，确保不出现政策和管理“空挡”。

三是改革试点重在认识规律。任何制度都不是一劳永逸的，需要在实践的检验、反馈与修正中不断完善。改革试点意味着更加宽松的条件和更加有力的支持。对于国家级、市级改革试点要积极争取，寻求支持。努力将试点工作纳入市里的大棋盘，还要提出需要上级放权的“菜单”。对于区属各部门各街道和社区提请的改革试点，要大力支持，鼓励创新。开展试点后，要在实践中加深对规律的认识。试点的本质，就是摸规律，就是在实践中探索和把握继续前进的规律性。试点是由群众在实践中摸索创新，从“点”开始，再由领导层进行概括、总结，逐步向“面”拓展，通过点的突破带动相关各条线的推进，随着时间上的持续、空间上的扩大，最后个别经验上升到可复制可推广的经验。

落实各类改革遵照顶层设计推进

顶层设计关注的是全局性、战略性的事项，其强调的是系统性，着力点在制度，是新一轮改革的重要方式。作为基层政府，贯彻落实好中央和北京市委的精神和要求，执行好上级的决策部署和改革任务，是改革工作的一个重点内容。西城区的多数改革举措属于此类范畴。比如“深化财政管理制度改革，推进财政财务预决算信息公开，开展三年滚动预算试编工作”。此类改革举措的特点是改革自上而下推进，上级有明确的顶层设计，对改革目标、路径、时间、内容、主体、保证措施等都有一揽子的设计和要求，西城重在抓好落实。落实过程中，需注意三个方面：

一是认真学习和正确把握上级精神和要求，准确推进改革。准确推进改革的前提条件就是认真学习和正确把握中央和北京市委相关文件精神，通过有针对性的宣教和解读，帮助广大干部群众更好地学习理解中央、北京市委及西城区委部署的改革的重大理论观点、重大战略思想、重大工作部署，进一步提高认识，统一思想，凝聚共识。

二是制订改革举措实施方案并进行任务分解，扎实推进改革。贯彻落实好上级的顶层设计及相关文件，凡是落实类的改革举措，都要结合西城区实际，制订具体的实施方案和施工路线图。进一步明确专项小组和相关部门责任、工作机制，确定重要项目、实施步骤、主要成果和保障措施，做好政策衔接。同时要分解任务、落实责任。

三是注重对改革事项的统筹协调和过程监管，有效落实改革。加强统筹协调，发挥各专项小组的协调作用、西城区委改革办的统筹作用；加强督促检查，西城区委督查室、区政府督查室要抓好督办、落实和检查，确保各项任务都能够按时完成；加强信息反馈，发挥群众监督作用，及时发现问题，总结经验，通过各专项小组和西城区委改革办向上级有关部门反馈信息，汇报改革进展情况。

改革工作要谨防“三化”

西城区委常委、区委改革办主任郭怀刚指出，核心区作为展示北京工作的窗口，必须始终坚持创首善、争一流，聚焦聚神聚力抓改革，谨防出现“泛改革化、碎片化、消极化”倾向。

把握好“三个是否”，谨防“泛改革化”

把握好是否涉及理顺市场跟政府的关系、是否涉及克服体制机制障碍、是否涉及破除部门或者行业利益固化藩篱的衡量标准。既善于从影响工作、制约发展的表象问题查找深层次的体制机制因素，又善于对以往的好经验予以制度化设计，防止出现为了改革而改革的“泛改革化”倾向。通过深化改革，使各项政策制度、体制机制更加科学完善，实现党委、政府和社会各项事务治理依法规范。

处理好“三个关系”，谨防“碎片化”

正确处理好贯彻上级改革要求与推动区域改革的关系、实现改革总体目标与完成各领域改革分目标的关系、推进各领域改革与谋划各部门改革的关系，防止出现顾此失彼的“碎片化”倾向。在总目标、大方向基本确定的基础上，加强对各领域改革关联性和各项改革举措耦合性的研究，使各项改革在政策上互相配合、在实施中相互促进、在成效上相得益彰。

坚持好“三个主动”，谨防“消极化”

主动落实中央和市委改革决策部署、主动谋划区域改革事项、主动推进相关改革试点，克服“顶层设计依赖症”和“等、靠、要”的“消极化”倾向。对一些难点问题，要结合区情，大胆探索、先试先行，对抓得准、效果好的改革事项，就果断推开，既做到稳妥谨慎，又勇于开展实践创新和理论创新，努力把全面深化改革引向深入。

用“一个标准”“两把尺子”对标改革效果

对于北京来讲，全面建成小康社会就是“建设国际一流的和谐宜居之都”，这是习近平总书记在北京考察时描绘的愿景目标。具体到西城区，就是要把国际一流作为“一个标准”，把和谐、宜居作为“两把尺子”，来找到差距、明确目标、补齐短板，让西城区在北京建设国际一流和谐宜居之都进程中发挥示范引领作用。和谐宜居状况，考核的就是幸福指数、生态指数、宜居指数、负氧离子指数、贫富差距指数，等等。

一个标准：达到发达国家首都的标准

国际一流就是比肩世界城市，要达到发达国家首都的标准。具有高度发达的城市文明、开放包容的精神品质、公平正义的社会环境、繁荣进步的思想文化。

当前，中国在世界格局中的地位和作用已经不可同日而语。“一带一路”战略和“亚投行”使我们站在世界舞台的“聚光灯”下。作为大国首都，北京不仅成了全球瞩目的“焦点”，更成为中国外交的“主场”。如果没有强烈的国际意识和战略眼光，恐怕很难建成和世界大国形象相匹配的首都城市。作为核心区，西城区要为国际交流合作提供一流水准的服务保障，在政务服务、公共服务、基础设施、软硬件环境方面都要达到国际一流水准。要树立国际一流的工作标准，不断拓宽国际视野、适应国际环境、对接国际规则，全面提升城市、产业和居民的国际化水平。西城居民要具有开放、自信、包容的心态素养，成为与世界大国首都核心区相匹配的城市主人。

和谐的尺子是“软指标”

和谐是社会发展的一种良性状态。不仅要有物质文明的进步，也要有精神文明的富足，涉及人与人的关系、人与自然的关系、人与空间、人与社会的关系，等等。这把尺子考量更多的是“软指标”，关注的是人的发展，关注居民的生活品质、生活质量。

现在许多国家衡量发展成效，已经用人民的幸福指数代替了国民生产总值，很大程度上体现了现代城市治理的基本趋势。那么，按照“和谐”的标尺要求，西城区的和谐目标就应该是开放包容、协调共生、安全稳定、社会关系和谐、充满人文气息、充满爱和温暖、富裕安康。其内涵应该包括居民安居乐业、公共服务发达、文化繁荣发展等，让工作和生活在这里的每个人，都能分享到经济社会发展的成果，享受到获取基本公共服务的机会和权利，能够全面、平等、有效地参与政治、经济和社会生活，内心感受到更多的公平感、尊严感、安全感、安静感和快乐感。

对照这个标准，西城区还有很大差距。城市污染、环境污染、交通拥堵、人口过度集中让人与环境之间不和谐、人与生态之间不和谐、人与城市空间之间不和谐，改革就是要改变这些不和谐。

宜居的尺子是“硬指标”

宜居就是更适合工作、生活和居住的地方。西城区的目标就是成为一个让人难忘、让人留恋、让人向往的地方，让工作和居住在这里的人们都找到自己的人生价值，让人们感受到舒适、感受到快乐、感受到幸福、感受到美好。这把尺子考量的主要是城市功能和社会治理的能力，涉及资源、环境、交通等方方面面，更多的是“硬指标”。根据宜居城市标准，宜居的内涵包括经济持续繁荣、社会和谐稳定、文化丰富厚重、生活舒适便捷、景观优美怡人和公共秩序安全六个方面。具体的考量特征是经济富裕度、社会文明度、生活舒适度、环境优美度、资源承载度和公共安全度。

对照这个标准，西城区资源承载力已经超负荷，空气质量、绿化率等指标都不达标，还需要在很多方面付出更多努力。

实现改革突破需要更加重视“四性”

深化改革要坚持问题导向、需求导向和目标导向。改革不要靠、不能等，既要抓紧实践，还要加强研究。围绕当前改革中的问题，更加重视块上集成，增强改革的综合性；更加重视问题牵引，增强改革的针对性；更加重视观照全局，增强改革的前瞻性；更加重视创新驱动，增强改革的实效性。

更加重视块上集成，增强改革的综合性

无论是中央、地方还是基层的改革决策，最终都要通过基层党委政府来落实。同时改革具有系统性、整体性、协同性的特点，这就需要基层党委政府结合自身实际和存在的问题，把条上改革在块上进行集成，制订出综合性改革方案。当前的改革专项小组是由牵头部门＋参与单位的方式组建而成的，改革实际上是分部门、分行业推进的，改革方案也由牵头单位组织制订，所以在方案制订的时候会存在重条上衔接轻块上集成的问题，实际上是把综合性、关联性越来越强的改

革问题肢解了，还是由每个部门去解决每个部门的问题，这样的改革往往会在体制机制内绕圈圈，其改革效果会大打折扣，甚至止步不前。块上集成需要解决好综合性问题。

加强各专项小组间的协同

改革领域越细分，就越容易破坏改革的整体性、综合性，改革专项小组成立越多，就越需要协同，协同的难度也就越大。目前，北京市成立了 14 个专项小组，西城区是 12 个专项小组，做好小组间的协同，首先要对改革的关联性进行梳理区分，加强深改组对相关小组的统筹，建立专项小组间的协同机制。对牵一发而动全身的改革，还要新设立专门的领导小组进行统筹。这一点可以借鉴中央的做法，中央最初只成立了 6 个专项小组，后来成立的“一带一路”建设领导小组也由中央深改组领导，京津冀协同发展、国企改革、国家制造强国等专项工作领导小组，都是根据改革发展的需要由国务院成立的。随着京津冀协同发展规划纲要的实施，疏解非首都功能被提到一个更高更重要的位置，迫切需要设立西城区“疏解非首都功能”领导小组，必要时可对之前的京津冀协同发展工作小组进行调整。

发挥第三方智库作用

智库是推进国家治理体系和治理能力现代化、增强国家软实力的重要组成部分，有利于建立健全决策咨询制度。当前，我国正处于全面深化改革的攻坚期，改革发展任务越重，对科学决策、民主决策、依法决策以及决策正确度的要求越来越高，越需要智力支持。在改革问题上，为提高决策的科学化、民主化水平，提升西城的软实力，率先探索新型智库服务模式，委托社会智库围绕国家治理体系与治理能力现代化、京津冀协同发展、社会治理等事关西城区改革发展的重大问题开展持续性研究。2015 年 1 月，中共中央办公厅、国务院办公厅印发《关于加强中国特色新型智库建设的意见》，为新型智库建设提供了制度支撑。

重视协商民主建设

作为基层政府，协商民主制度建设应该成为推进改革很重要的抓手，特别是要把基层民主制度的建设在实践中的进一步完善、创新作为改革的一个推动力、一种动力、一种机制。西城区在基层党建、基层社会治理方面有很好的基础，这就是两个重要的突破口。2015 年 2 月，中共中央印发了《关于加强社会主义协商民主建设的意见》，第一次对协商民主制度建设做了七个方面的论述，西城区要加强研究，进一步将改革与协商民主建设结合起来。

更加重视问题牵引，增强改革的针对性

改革是由问题倒逼而产生，又在不断解决问题中而深化。因此，改革必须以查找问题为牵引，解决问题为归依。树立“问题意识”，突出“问题导向”，找准改革的主攻方向和发力点，不断提高改革举措的针对性和有效性。正如习近平总书记所说：“全面深化改革，关键要有新的谋划、新的举措。要有强烈的问题意识，以重大问题为导向，抓住重大问题、关键问题进一步研究思考，找出答案，着力推动解决我国发展面临的一系列突出矛盾和问题”。

要加强调查研究，对问题进行梳理和分层

每完成一次调研后，至少要做好两个清单：问题清单和资料清单。

其中问题清单更重要，问题必须要找得准、找得透、找得全。在梳理问题、发掘问题根源的时候，就会发现有的是体制机制问题、有的是政策缺陷问题、有的是人的问题，有些问题是需要中央层面政策解决的、有些是需要北京市解决的、有些是可以在区里解决的，有些则是街道层面的。这么多问题，解决的方法也不一样。因此需要分开层次，把复杂的问题简化、条理化，更易于操作，更便于实施。

抓住事关全局的重点问题，统筹推进

改革进入深水区后，各种矛盾和挑战越来越多，人民群众的期待越来越高，因此，要瞄准影响经济社会发展的全局性问题、制约转型升级的突出矛盾以及群众反映强烈的民生诉求，找准改革的推进重点，避免眉毛胡子一把抓，确保改革有序稳步推进。当前，西城区改革中最重要最根本的问题应该是非首都功能疏解和棚户区改造，这是西城区牵一发而动全身的改革，有利于解决“城市病”、人口疏解、产业结构调整、环境改善、风貌保护、城市管理、基础设施、社会治理等方面的问题。

更加重视观照全局，增强改革的前瞻性

“不谋全局者，不足谋一域。”全面深化改革要坚持从大局出发，真正向前展望、超前思维。基层改革要观照全局，综合研判。对于西城区而言，要强化综合研判能力和战略思维能力，增强改革的前瞻性。

改革的谋划与“四个全面”的战略布局相结合

中央对改革的认识是一个不断深化、不断完善的过程。如果盘点

中央事关改革的历次会议，特别是中央深改组的 14 次会议就会发现，中央对改革的认识也有递进性。从“一个全面”到“四个全面”的战略布局，也是随着中央对治国理政认识的不断深化而形成的。因此，在深化改革的过程中，不仅要把握好每次改革的精神实质，做好每一次会议的传达、部署，而且要对多次会议的内容进行系统的学习、研判。特别是与“四个全面”的战略布局相衔接，在“四个全面”的框架下谋划改革工作。

改革的目标要与建成国际一流和谐宜居之都相结合

西城区的改革工作首要是落实好北京市委、市政府的改革部署，紧紧与把北京建设成为国际一流和谐宜居之都这个目标和要求结合起来，确保改革的正确方向。西城区被称为首都中的“首都”，首善中的“首善”，率先建成国际一流的和谐宜居之都先行示范区的目标不能变。因此，西城区的改革必须始终围绕“国际一流”的标准，“和谐、宜居”的尺子，“先行示范”的要求来推进。改革是不是有利于“国际一流”，是不是有利于“和谐宜居”，是不是有利于“先行示范”，这是衡量各项改革在西城区是否成功的关键问题。

改革的步骤要与“十三五”规划相结合

2015 年是全面深化改革的关键之年，也是“十三五”规划的承启之年，当前，西城区已制定实施面向 2020 年的全面深化改革实施意见和改革举措实施规划，在制定西城区“十三五”规划时，要坚持改革引领、创新驱动的原则，实现有效衔接，而不能形成两张皮。在“十三五”规划前期研究中，西城区确定了一个总体规划，10 个重要专项规划和 53 个专题规划，这 53 个专题恰恰是改革的方方面面工作，从力量上、资源上、政策上与各项改革进行无缝对接，对西城区下一步改革非常重要。事实上，各改革专项小组不仅承担有改革的任务，同时也承担着规划任务。因此，在“十三五”规划中贯穿改革主线，把改革工作与规划任务相结合，是决定西城未来改革发展的关键一环。

更加重视创新驱动，增强改革的实效性

推进理论创新，注重理论成果

能否形成深化规律性认识的理论成果，是衡量全面深化改革成效的重要内容。从“五位一体”改革到“四个全面”的战略布局，从经济发展新常态到首都功能新定位，还有国家治理体系和治理能力现代化、“三严三实”等，产生了各种新思想、新理论、新观点。在不断推进和深化改革的过程中，紧紧依靠文件、专题学习是不够的，还要加强研究。特别是对“四个全面”、新常态、治理体系和治理能力现代化、政府治理、社会治理、创新驱动、城市管理、非首都功能疏解、人口控制、基层党建等领域的理论和实践研究。作为基层政府，在研究中存在薄弱环节，需要借助社会第三方和新型智库的力量，进行专业化研究和持续性研究，这样才能用理论指导实践、以实践完善理论，创造改革经验、创新改革理论、形成改革成果、打造改革品牌。

推进实践创新，总结实践成果

改革成效要让人民群众来评判，改革成果要让人民群众有获得感。改革成果源于实践，无论是落实类的改革、试点类的改革还是伴生类的改革，只有通过实践才能把改革方案的含金量充分展示出来，也只有为人民群众所认可的改革才能称之为实践成果。实践成果是固化为制度成果的基础，同时用来支撑和完善理论成果。实践成果是人民群

众参与的结果，只有结合本地的改革实践，大胆探索创新，才能既解决好改革认识论问题，又解决好改革方法论问题，做到既有想法、又有办法。通过不断的实践，找到适合本地实际的改革路径、方法和措施，用具体的改革实践成果丰富改革内涵，真正做到“顶层设计”和“摸着石头过河”相结合。西城区在推进实践创新中，要继续瞄准重点领域和关键环节，大胆突破、勇于担当，积极争取试点，加强对基层工作的调研和改革亮点工作的总结，为推进全面改革提供可复制可借鉴的实践经验和制度成果。

推进体制创新，形成制度成果

改革本质上是体制机制的创新，形成组织再造和制度创新，所有的改革最终要通过政策、制度来固化，改革成果最基本的表现形式就是制度成果。全面深化改革，制度建设是有力抓手；巩固改革成果，建立长效机制是重要方法。改革进入深水区，深层次问题都是积弊顽症，具有反复性和顽固性，不可能一蹴而就、毕其功于一役，制度带有全局性、稳定性，管根本、管长远，是最管用的办法。制度既是成果的体现，又是巩固成果的保障，更是成果推广的前提。把制度体系建设贯穿全面深化改革始终，发挥体制机制的作用，就一定能够把西城区的改革提升到一个新水平。

全面深化改革重点在六个重点领域发力

北京国际城市发展研究院院长连玉明教授认为，西城区把改革变成发展动力，在全国全面深化改革工作中处于领先地位。下一步，西城区要重点抓好金融服务、文化创新、城市管理、社会治理、政府治理、党的建设六篇大文章，推进体制机制改革，努力在改革方面成为全国示范，打造西城改革品牌。

推进经济体制机制改革创新，把金融做大

推动文化金融创新，积极搭建科技金融和民生金融服务平台

一是推动文化金融创新。党的十八届三中全会明确提出“鼓励金融资本、社会资本、文化资源相结合”，体现了中央对文化金融合作的高度重视。2014 年 3 月，文化部、人民银行、财政部联合印发《关于深入推进文化金融合作的意见》，要求各级各部门深入推进文化与金融合作，推动文化产业成为国民经济支柱性产业。西城区作为北京建城和建都的肇始之地，辖区文化底蕴深厚、文化资源丰富。与此同时，西城区以金融资源为代表的潜在产业资本优势明显，集聚了全国近一半的金融资产，

掌控着全国90%以上的信贷资金、65%的保费资金，具有无可比拟的金融创新能力和发展潜力。西城区要以建设全国文化金融创新中心的核心区和示范区为目标，立足先行先试的基本思路，着力建设金融产品创新、文化金融中介服务、文化创意项目展示推介、优质项目储备、知识产权交易等五个平台，逐步完善文化创意产业投融资体系。

二是搭建科技金融和民生金融服务平台。对于科技金融来说，科技创业融资服务平台是科技金融服务体系中的重要组成部分，其有助于实现科技企业与金融机构之间的信息沟通与资源对接，帮助科技企业从金融机构获得融资支持，而金融机构可以从服务平台获得科技企业的信息，做出正确的决策。对于民生金融来说，民生金融本身具有经济和社会的双重属性，它涉及各方利益的博弈和各个部门的多层次分工协作，是一个非常复杂的发展过程，离不开各级政府部门的支持和鼓励。因此，西城区要明确相关部门与金融机构在改善民生过程中的职责和分工，要通过制定完备的法律法规，杜绝直接干预民生金融资金的投向和规模，给予民生金融独立的资金使用决策权，保证民生金融的发展遵循市场化规则和商业化模式。同时，还应该为民生金融的发展创造良好的外部环境，要注重激励相容的机制设计，有效落实财政补贴、税收优惠、风险分担和信用环境建设等方面的配套政策，搭建一个金融机构和相关部门共同致力于服务民生和改善民生的合作平台，为科技企业和民生发展实现投融资功能、引导功能以及其他综合服务功能。

发展普惠金融，支持小型和区域性金融机构发展

一是发展普惠金融。《中共中央关于全面深化改革若干重大问题的决定》中提出“发展普惠金融，鼓励金融创新，丰富金融市场层次和产品。”普惠金融是指能有效、全方位为社会所有阶层和群体提供服务的金融体系，实际上就是让所有老百姓享受更多的金融服务，更

好地支持实体经济发展。西城区应把普惠金融作为下一步金融改革的一个重要选项，将普惠金融理念落到实处。要对普惠金融给予合理适度的政策引导和支持，调动金融机构积极性，促进普惠金融服务供给。通过强化政策扶持在调动金融资源支持普惠金融方面的杠杆作用和正向激励，通过创造一种良好的外部经营环境，让那些愿意干、有实力的金融机构有动力、能安心地去从事普惠金融服务 。

二是支持小型和区域性金融机构发展。区域性金融机构是指专门从事对中小企业服务的地区中小金融机构。与大型金融机构相比，小型金融机构点多面广，具有信息、成本、管理等优势，在一定程度上解决了小微企业融资难题，是现有金融机构的有效补充。西城区在探索发展小型金融机构的路径选择上，应遵循本地化、特色化、多样化的原则，采取差异化的策略。第一，可以改造现有小型金融机构，现有的小型金融机构主要有小额贷款公司、小额担保公司、资金互助组织等，依托现有的模式，在发展中进行改造和创新；第二，可以引导部分民间融资中介阳光化，将一些符合条件的民间融资中介改造成规范的小型金融机构；第三，可以借鉴国外一些社区银行治理结构和运作机制上的经验，新建一些社区金融机构 。

促进互联网金融、消费金融等新兴金融业态发展，加快完善现代金融服务体系

新兴金融业态，是相对传统的银行、证券、保险等商业性金融或政策性金融而言的，是为弥补传统金融服务局限性而日益兴起的新金融机构类型、准金融机构，是金融创新的产物，从不同的视角，呈现不同的表现形式。2015 年 7 月 18 日，中国人民银行等十部委发布《关于促进互联网金融健康发展的指导意见》，为互联网金融发展提供了制度保障。促进西城区新兴金融业态发展，加快完善现代金融服务体系，

可以采取以下对策。一是构造大金融产业发展体系，大力推进非银行金融业发展；二是坚持产业融合的思路，通过多样化产品的融合互通，提升新型金融的产业黏合作用，大力发展科技金融，大力发展产业融合的金融，为实体经济提供支持；三是支持新兴金融业态与大众创新、万众创业相结合；四是积极争取监管政策的支持。

推进文化体制机制改革创新，把文化做强

加强文化资源保护

一是坚持整体保护。积极发挥历史文化保护区在文物保护、历史文化名城保护方面承上启下的作用。综合考虑用地、产业、人口、资金、房源、政策等要素，统筹安排各项规划和实施计划。全面贯彻落实历史文化名城保护规划，以传统中轴线申遗、朝阜线系统保护为契机，加强保护区内古都风貌、文物保护单位、非物质文化遗产和优秀近现代建筑的保护。从空间和内涵两方面深度拓展保护范围，增强历史文化保护区保护工作的辐射带动作用。注重与周边功能街区建设相结合，努力实现内外联动、功能互补、相互促进。文物保护、院落胡同整治统筹考虑周边环境整治内容，注重整体推进、协调统一。

二是坚持传统特色。加强对文化、建筑及其环境的历史和现状的分析研究，在完全尊重古建筑美学、历史和形体的真实性和可读性的基础上进行保护。注重对原生态、传统京味儿的保护与传承。保持历史文化保护区原有的道路网骨架和街巷、胡同肌理。院落修缮注重与历史文化街区的空间格局、建筑体量、尺度、形式、色彩等传统特征相协调。文物保护注重维持原状，从性质、结构、材料、工艺技术等多方面全方位加强保护。

三是坚持以人为本。把改善居民生活环境作为实现历史文化保护区更好更快保护与发展的重要途径，深入探索小规模渐进式有机更新的方法，妥善处理历史文化保护区居民生活条件改善和古都风貌保护的关系。适当疏解历史文化保护区人口，为历史文化保护区腾出发展空间。以加快保障性住房建设为重点，不断完善服务配套，努力提高外迁居民和留住居民生活环境。

四是坚持文化引领。强化文化产业的有序发展，推动历史文化传承发展示范区建设，打造有国际影响力的文化品牌。强调文化产业的特色化、差异化和链条化发展，丰富产业业态，促进产业融合，优化产业结构。以展示弘扬民族文化为核心，办好传统特色文化活动，提升文化旅游的体验价值。发挥国际交流、科技、信息、人文等方面的优势，充分利用市场机制，积极推动文化创意产业发展。

五是坚持不断创新。以实现制度化为目标，创新管理思路，健全完善历史文化保护区保护管理的机制体制。在工作统筹上，按照“集中力量办大事”的原则，以建立西城区历史文化名城保护工作委员会为指挥平台，努力实现部门联动、资金整合、政策集成。在推进方式上，按照“抓大放小”的思路，统一规划，分块实施，突出重点，试点先行，逐步推进，做到成熟一块、启动一块、见效一块。

提升文化创意产业发展实力

一是关于文化金融服务。西城区拥有国家大剧院、中国京剧院、中国出版集团等众多高品质的现代文化资源，同时以金融资源为代表的潜在产业资本优势明显。结合这些优势资源禀赋，西城区要以金融街为核心，着力引导大型金融机构支持文化创意产业发展，完善文化金融服务体系，为全国培育、创新和示范文化金融产品，努力打造国家“文化金融合作试验区”。

二是关于创意设计服务。以北京设计之都大厦、北京DRC工业设计创意产业基地为核心，依托雄厚的工业设计基础和健全的产业孵化体系，加强以红星奖为代表的中国工业设计品牌建设，打造我国工业设计交流中心，引领提升“中国创造”“北京创造”实力；依托展览路片区，强化建筑设计、城市规划与设计、室内设计等领域在全国的领先地位，助力北京宜居城市建设。

三是关于数字出版。以位于西城区的中国北京出版创意产业园为依托，集聚民营出版企业总部，探索出版体制改革、优化出版资源配置、鼓励新媒体发展，打造中国出版业改革试验区。

四是关于演艺演出。依托天桥演艺区，主要发展文艺创作与表演服务业，重点支持优秀演出剧目创作、展演和特色剧场建设，加快培育演艺集团总部和文化艺术经纪代理、演出、版权服务、相关消费及衍生品等上下游产业链，加强演艺交流，形成天桥艺术中心和特色功能街区。

完善公共文化服务体系

一是探索满足公众文化多样性需求。在构建公共文化服务体系之初，本着公益性、基本性、均等性、便利性原则，对基本公共文化服务实施免费提供，最大限度地保障公民文化权益，实现文化公平。免费开放公共图书馆、博物馆、文化馆、爱国主义教育基地等。拓展公共文化服务内容，主动丰富拓展现有公益性文化服务机构和场所的功能，积极利用好网络共享平台上的原创性文化内容。支持网吧、剧场、体育馆、青少年宫、实体书店、爱国主义教育基地等公共文化服务机构，开展文化讲座、展览展示、艺术鉴赏等活动，提升公共文化活动场所综合性服务功能。利用地铁、广场、文化艺术园区等场所组织开展各类文化艺术活动，营造公共文化服务空间。

二是建立需求导向提高公共文化服务效能。首先应建立“需求导向”

的机制和举措。建立需求调查反馈机制，更精准地满足公众文化需求。其次，供需对路。避免公众有需求、政府无及时回应，或者公众无多大需求、政府无效劳动突出的情况。同时，要避免标准“一刀切”、内容供给“一锅煮”，尊重讲求文化差异性、地域性、多样性，要力避硬件思维，重视硬件建设而忽略软件运营。再次，注重整合公共文化服务信息的发布传播。政府应改善文化供求双方信息的不对称局面，让民众能方便、迅速地获取文化资源和活动信息。最后，从文化服务的受益群体来看，还要解决现实层面文化需求消费群体的流动分散性，与文化服务便利性、可获得性存在的矛盾。

三是形成公共文化服务“共建”主体。实现公共文化服务多元参与，首先应积极培育各类公共文化服务主体，使其更加社会化。要继续扩大文化开放，消除民资进入文化领域的体制性障碍，降低文化组织登记门槛，完善和落实好资金投入、税收减免、捐赠和赞助等各项文化经济政策，鼓励企业和个人资助和捐赠公共文化事业发展，培育参与文化服务和管理的社会主体。其次，政府还需完善制度，创造机制，疏通渠道，搭建平台，引导不同社会主体参与公共文化服务机构的管理，形成多元“文化治理”新模式。

四是综合整合，提供跨平台文化服务。首先应树立“跨部门意识”和开放的社会意识，集中解决供给矛盾问题。其次，从文化设施建设角度看，既要统筹不同身份属性的文化机构设施，更要统筹好文化系统内不同行政层级机构的联动协调，从条块分割、重复建设、资源分散，向统筹协调、共建共享、互通联动升级。最后，统筹资源，不仅要着眼于公共文化服务的有形硬件建设，也要注重搭建一些新型数字化综合服务平台，提高服务的便捷可获得性与服务绩效。

加强文化的对外交流

一是努力扩大对外文化交流。利用中国与其他国家或地区的文化交流年活动，抓住国外受众的关注点、兴趣点，抓住具有普遍感召力的话题和最佳交流时机，精心策划对外文化交流活动；加强与海外文化、学术机构的合作，加强人文思想对话，积极培育扶持国际知华友华力量。

二是积极发展对外文化贸易。努力拓展文化出口的渠道，着力打造具有国际影响力的文化交易平台和具有核心竞争力的知名文化品牌，以企业为主体、以市场化运作为主要方式，把那些思想深刻、艺术性强，具有中国特色、中国风格、中国气派的优秀文化产品推向世界；培育外向型骨干文化企业，建立外向型文化产业聚集区；在坚持以我为主、为我所用的原则下，积极引进国外优秀人才、先进技术、管理经验，吸收外资进入法律法规许可的文化产业领域，推动中外文化产业合作。

三是加强对港澳台文化工作。进一步完善对港澳台文化交流的长效合作机制，推动两岸文化领域交流合作和互设民间文化办事机构；探索举办两岸四地青少年文化夏令营等活动，争取以文促统，更好地推动文化认同、民族认同，凝聚人心。

党的十八届三中全会对进一步提高文化开放水平提出了具体思路，西城区应当抓住这一战略机遇，通过提高文化开放水平，进一步促进辖区内文化的发展，发挥文化对经济的引擎作用，丰富人民的精神生活，同时增加世界对中华文化的了解，提高中国的国际影响力。

构建城市综合服务体系，把服务做细

进一步完善“全响应”社会服务管理工作体系

一是进一步完善社会服务管理基础信息支撑体系。按照细化网格、精准管理的要求，推进社会服务管理网格建设，落实“基础力量一员一格、专业力量一员多格、响应力量一格多员”的标准，加快实现城市管理网格、综合治理网格、社会服务网格三网合一，形成基层全覆盖的工作网络。在“三网合一”的框架下，推进区、街和职能部门之间的信息共享和业务协同，打破部门壁垒，建立信息动态更新和共享机制，实现对各种基础数据的动态跟踪。

二是进一步完善社会服务管理指挥监督体系。完善全响应系统模块设计、运行流程，加强标准化建设，建立区街两级连接顺畅、积极互动的指挥体系；完善城市管理监督机制，采取内部评价与外部评价相结合的方式，对城市管理全过程进行监督、评价与考核，形成各方广泛参与的立体监督体系，促进城市管埋高效、透明。

三是进一步完善智能化城市运行体系。应用物联网技术加强城市运行的感知监测，逐步建立覆盖全区的智能感知网络，全面提高城市运行承载和应急处置能力、社会稳定和城市安全水平、智能决策水平。建设能够与“全响应”平台无缝连接的物联信息共享和交换平台、云计算中心等共性基础平台，打造城市物联网综合应用示范区，充分利用新型信息技术提高城市管理水平。

进一步构建城市综合服务体系，建设服务型政府

一是组织机构以及职能的整合。主要涉及的是政府内部的整合，即管理层级以及相同职能部门之间的整合。通过减少相同职能机构或者部门之间的层级、取消某一区域中过多的管理机构、借鉴一些发达地区省直管县的经验，增加基层基础部门而减少中间过渡部门，畅通由上到下政策信息以及由下至上公民回应的渠道。

二是目标整合。公共服务的根本目的是为了满足当前公众的多样化需求，使当前广大群众都能享受到发展成果，实现公共利益的最大

化。借鉴其他国家整体政府改革的经验，设立基本公共服务的总体目标，将各部门的目标整合一致与总目标相匹配，并通过建立一套包含教育、医疗、卫生社会保障等所有公共服务在内的公共服务标准和协议，使各个部门的工作在短期内实现部门目标，长期上为实现公共服务的整体目标而服务。

三是信息整合。信息整合是公共服务整合的重要支撑与保障。每个公共服务部门信息资源的复杂多样化导致公众难以区分，也会造成部门之间的沟通不畅。公共服务信息的整合作为一种治理手段，通过电子政府的建立将不同的信息网络技术进行整合，在公共服务部门内部和各个部门之间建立整合的信息交流平台，通过建立部门之间的伙伴关系、一站式服务等，将各方面的公共服务信息进行共享，避免"信息孤岛"的现象存在。

四是文化价值整合。打破传统的独立分散的"部门本位"观念，需要整合部门之间不同的文化及价值取向。通过对行政人员的培训教育、对部门内部及部门之间的行政文化进行重新塑造，加强社会主义行政道德建设，发扬以群体为导向的行政价值观、以提供优质的公共服务为工作目标，在注重效率的同时，应该充分考虑公平正义以及整体大局的观念，使所有公共服务部门形成共同的、整体性的行政组织文化和价值观念 。

大力发展社区生活性服务业，不断提升人民群众生活水平

西城区作为首都功能核心区，在推动生活性服务业科学发展方面，既面临更高要求，也具备坚实的基础，应该抓住机遇，积极探索，闯出一条生活性服务业发展的新路子，从以下方面不断健全促进社区生活性服务业科学发展的体制机制。

一是实施规划引领，实现科学发展。根据西城区情实际和发展阶段

性特征，按照首都“四个服务”的基本要求，从全局性、发展性、务实性入手，科学编制西城区社区生活性服务业发展综合规划，实现科学发展、规划先行。结合社区居民的生活需要和城市社区建设发展需要，因地制宜地进行合理规划，提高规划的科学性和实效性；根据各行业的特点，充分借鉴发达国家和地区的先进经验，分别制定各个生活性服务业的发展规划。同时，结合城市发展需求，不断完善西城区生活性服务业空间发展布局，规划总量、盘活存量、优化增量、提高质量。

二是突破发展瓶颈，加快建设步伐。第一，统筹利用现有资源。采取租赁权回收、产权回购、协议租赁等方式，改造和新建公益性菜市场和社区菜点。发改委、规划、国土、房管和街道等部门，对社区生活性服务业建设要给予支持，保证社区生活性服务业建设项目落到实处。第二，开辟新的发展空间。在环境改造和整治的过程中，根据小区的实际情况，规划出社区生活性服务业的相关用地或者设施。针对新建小区，建设一定面积商业设施作为便民服务网点用房，实施低租金的优惠政策，以便民服务为目的开展经营，为社区生活性服务业发展创造良好条件。第三，实现综合聚集发展。在一些有条件的街道，将便利店、菜店、餐饮店、美发美容店等生活性服务业企业集中在一条街上。在一些有条件的便利店，扩大服务项目，为居民提供更多便利服务。将社区生活性服务业进行空间整合，使居民能“一站式”解决多种服务需求。第四，促进优质均衡发展。以社区为重点，优化网点结构和布局，促进业态向高端化发展，在既有生活服务网点基础上，进一步优化便利店、中小超市、社区菜店等社区商业网点配置，引导和推动生活性服务业均衡发展，促进全区生活性服务业合理布局。第五，积极引入优质品牌。引导全国优质品牌产品和知名企业与西城区生活性服务业对接，鼓励知名的生活性服务提供企业之间、服务平台之间、服务项目之间，进行搭载和对接，以提高西城区社区生活服务的整体质量和水平。

三是强化服务管理，促进规范发展。第一，为生活性服务业建设开辟绿色通道。对于经营许可、食品卫生、环保安全、工商管理等给予绿色通道，为企业扩大经营范围和增加服务项目创造便利条件。第二，建立健全规范化管理的制度体系。制定行业标准，严格社区生活性服务业准入和退出标准，制定工作人员行为规范等一系列制度，使企业有规可依，使管理更为标准化和规范化。第三，积极做好从业人员的管理服务工作。针对生活性服务行业从业人员流动性大、专业服务水准不高的问题，强化职业资质认证管理，要求从事生活性服务业的各类技术人员持证上岗，促进生活性服务企业不断提高经营管理水平。

四是建立保障体系，形成有力支撑。首先，加强组织保障。成立西城区社区生活性服务业建设领导小组，负责综合协调、规划布局、资源整合、财政支持等事项的研究部署，强化对建设工作的统筹协调和督促检查。探索建立以街道为核心的社区生活性服务业统筹管理工作机制，形成区、街、社区三级指导协调的工作格局。其次，完善区域政策。根据生活性服务业不同特点，提供更具针对性的扶持政策，重点支持便利店、中小超市、社区菜店、再生资源回收站等在社区的发展。第三，加大资金投入。设立西城区社区生活性服务业建设资金，每年纳入财政预算，为社区生活性服务业发展提供资金支持，用于房租补助、装修改造、经营补贴等。

推进城市管理和社会治理体制机制改革创新，把管理做精

推进城市管理体制机制改革

一是深入推进“大城管”体制改革。第一，加强西城区委对城市

管理工作的领导。组建西城区委城市工作部，由区委常委担任部长，统筹“大城管”体系建设。主要职责应包括：研究并组织实施建立“大城管”体系的相关规划、政策；统筹城市管理体制机制改革；组织“全响应”网格化社会服务管理体系建设；统筹城市规划、建设、管理、监督、考核工作。第二，整合城市管理资源。将西城区市政市容委、城管执法局、环境办、城市管理监督指挥中心及其他部门的城市综合管理职能剥离，成立西城区城市管理委员会，发挥管理委员会在高位协调、整合力量、公众参与等方面的作用。城市管理委员会不附设于现行的专业部门，以保证管理委员会的权威性和公信力。第三，合理界定部门职能。西城区要在“大部制”改革的基础上（见表26），坚持系统集中性原则，进一步明确城市管理部门与城市建设部门和城市管理相关部门的职能、权责，构建事权明晰、权责一致、分工合理、管理科学、监督有力的大城管体制，积极推进城市管理从部门分割向综合协调、跨部门管理模式的转变，有效履行城市综合管理职能。

二是建立资源整合、职能统筹的属地管理模式。第一，推进属地管理体制机制改革。整合、下放区级行业部门机构职能，弱化区级行业业务管理、过程管理的职能，强化区级综合管理、结果管理职能。实施区、街两级城市管理流程再造，采取区对街道城市管理工作集中领导管理方式，改变部门分别对口街道的管理格局。建立属地块统的综合执法机制，在“区城市管理综合行政执法领导小组”机制下建立“街道综合行政执法工作小组”。推进属地为主体的执法与作业管理机制创新。建立属地项目管理为核心的资源配置机制。第二，建立强化属地管理履职指导与监管制度。建立与属地城市管理履职权力和责任相关联的属地城市管理规划指导制度、履职能力培养制度以及项目管理与规范管理的监管制度。

三是构建有力的城市管理资金保障机制。第一，完善城市管理资

表 26："大部制"的基本特征

序号	基本特征	具体内容
1	职能整合 运转协调	职能整合是大部制最重要的特征。大部制首先强调的是各部门职能的相互整合、配套、衔接与补充，并由此形成高效运作、职能互补、整体联动的良性运行机制，变部门间的协调为大部内的协调，从而提高行政决策效率和运行效率，避免职能分散、交叉和多元化。
2	结构优化 资源共享	结构优化是部门良性运行的基础和内容， 也是大部门体制的重要特征之一。在大部制下，大部内各职能部门分工合作，使人、财、物等资源得到有机整合和充分利用，部门内资源充分共享， 有利于实现资源配置帕累托效率最优，避免部门间相互推诿、利益掣肘引致的资源浪费、效率低下等现象。
3	机构精简 裁汰冗员	机构精简是大部制的形式特征，是显露在外的。与机构精简相关联的是，冗员数量也有所减少，人浮于事的现象有所改观。通过精简机构，减少管理层次，使组织运作效率更高，规避了职能交叉重叠、人员重复配置的现象。
4	统一领导 一致行动	大部制强调的是将职能相似和业务性质相近的部门归口统一到一个大部，这样更有利于权力的集中，便于统一谋划，避免政出多门和政策间相互矛盾冲突，更好地保证政令统一、行动一致。

资料来源：根据改革杂志社专题研究部《我国大部制改革的政策演进、实践探索与走向判断》相关内容整理

金投入保障机制。加大城市管理投入，逐步建立和完善与西城区城市人口规模、建设投资规模、土地投放、GDP、城市管理标准相关联的城市管理资金和人员动态增长机制。建立与城市建设相匹配的城市管理资金投入机制，建立城市重大活动环境整治专项资金与城市运行日常维护资金相协调的投入机制，建立与服务人口、设施维护及城市管理标准相适应的城市管理资金运算定额标准，增加事前运算制度对城市运行风险性和应急性管理的支持。第二，扩大城市管理资金来源渠道。

首先，结合城市管理问题及未来城市管理的要求，建立西城区城市管理重大项目库，涉及城市基础设施、公共设施建设以及环境综合治理项目。利用重大事件和全局性中心任务实施的契机，争取将重大项目列入北京市级重大项目中，得到市级财政的支持。其次扩大社会资金投入的渠道。借鉴城市投资债券等多元投融资平台的经验，广泛吸收社会资金投入到城市管理中，形成政府、市场、社会多元化的投融资机制。第三，强化财政支持责任机制。统筹、足额安排预算组织实施项目。根据城市建设、管理主体责任，按照事权、财权相匹配原则，明确权属单位支出责任。对无权属单位的项目，根据属地管理原则明确属地街道的支出责任。增加事前运算制度对城市运行的风险性和应急性管理的支持。优化财政支出绩效评估体系，建立结果导向的财政支出绩效评估体系，确保城市管理财政专项资金的使用效益。

四是着力构建高效权威的城管综合执法机制。第一，加大综合执法力度。深化相对集中行政处罚权改革，对涉及城市管理的执法权限，打破部门限制、打破职能限制，实施大综合、大执法。第二，理顺区街行政执法体制。通过建立规范、协调、高效的街道综合执法体制和运行机制，逐步实现权责统一，进一步扩大基层行政机关相对集中行政处罚权的范围，解决基层行政执法工作面临的困难，提高行政执行能力，实现对社会的有效管理。第三，强化行政执法队伍管理。加强对城市管理行政执法队伍的建设和管理，实行统一的行政执法人员录用、考核、培训、交流与回避等制度。加快城市管理行政执法人员参公进度，彻底解决执法人员执法身份，实现有权执法、合法执法。

推进社会治理体制机制改革

一是改革社会治理体制。第一，加强西城区委对社会治理的领导。在区委社会工作委员会的基础上，研究组建区委社会工作部的可行性，社会工作部部长拟由区委常委担任。主要职责：组织研究并提出本区社会发展战略以及发展布局建议；研究并提出全区社会发展的相关政策建议；审查和批准职能部门向街道办事处及社区布置任务；统筹协调街道工委、办事处的工作；组织社工队伍建设与管理；组织、协调、参与本区社会发展的重大问题研究。第二，加大区政府对社会治理的统筹力度。在区政府社会办的基础上，研究组建区政府社会发展局的可行性。社会发展局的主要职责应包括：拟订本区社会发展中长期规划、年度计划、社会领域发展重点专项规划并监督实施；负责本区社会运行的监测、分析、预测，提出动态调节的目标和政策措施；组织拟订并实施促进本区社会发展政策；协调各项社会事业发展中的重大问题；编制本区社会领域固定资产投资计划、投资结构、资金来源和资金平衡方案，统筹安排政府建设资金；按规定权限审批、核准、审核和上报社会建设项目，组织开展重大建设项目稽查；依法对招标、投标活动实施监督检查。

二是推进街道社区体制改革。第一，实施街道“大部制”改革。总结借鉴德胜、月坛街道的经验，为了理顺条块关系、政社关系、政企关系，纠正街道服务管理中的“错位”“越位”“缺位”现象，切实解决职能交叉、政出多门、多头管理或部门关系不顺、衔接不畅、合力不足的问题，同时解决街道编制过少、人员不足的问题，做到职能与机构相匹配、任务与人员相匹配，研究出台街道“大部制”改革方案，对街道内设机构实行综合设置，合理归并职能相近的科室，构建“职能清晰、设置合理、关系顺畅、结构优化、效能提高”的“大部门”工作体制，提高服务管理效率。第二，探索社区管理体制综合改革。改革以“居站分设”“一站多居”“联合党委”为主要内容。几个地域相近的社区共同设立一个工作站，作为街道公共服务大厅的分站承担政府下沉到社区的治安、安全生产、维稳、城管、计生、社会事务等行政性工作；在同一工作站服务范围内的各社区组建联合党委，各社区设立专职副书记，在较大范围内整合服务资源，协调政社事宜；居委会不再承担政府职能，发挥“自我管理、自我教育、自我服务、自我监督”和维护居民权益的功能，提高服务居民能力；社区党委、工作站、居委会“三套马车”并驾齐驱，各尽所能，各尽其责。

推进行政管理体制机制改革创新，把政府做优

加强法治政府建设

一是落实好行政首长出庭应诉制度。行政首长出庭应诉制度是要求行政机关负责人每年至少代理一起行政应诉案件，特别是对于社会影响较大的重大、疑难案件、涉及群体性纠纷的案件或人民法院建议行政机关主要领导出庭的案件，必须由行政机关的主要领导出庭应诉。行政机关负责人出庭应诉制度是西城区政府全面推行依法行政、建设法治政府的一项重要举措，西城区只有继续坚持落实这项制度，才能更好地体现诉讼主体平等和政府对法律尊重，才能进一步规范和完善工作程序，推进依法行政工作。

二是依法全面履行政府职能。首先，要认真贯彻落实行政组织和行政程序法律制度，推进机构、职能、权限、程序、责任法定化。其次，要推行政府权力清单制度，按照职权法定的原则，对行政权力进行全面梳理，明确各级政府及其工作部门依法能够行使的职权范围，坚决消除权力设租寻租空间。第三，要推进区街两级政府事权规范化、法律化，促进政府间各司其职、各负其责、各尽其能，充分发挥好区街两级的积极性。

三是健全依法决策机制。首先，要把公众参与、专家论证、风险评估、合法性审查、集体讨论决定确定为重大行政决策法定程序，确

保决策制度科学、程序正当、过程公开、责任明确。其次，积极推行政府法律顾问制度，抓紧建立以政府法制机构人员为主体、吸收专家和律师参加的法律顾问队伍，完善政府法律顾问工作机制，保证法律顾问在制定重大行政决策、推进依法行政中发挥积极作用。最后，建立重大决策终身责任追究制度及责任倒查机制，坚持“谁决策、谁负责”的原则，强化各类决策主体的责任，对决策严重失误或者依法应该及时做出决策但久拖不决造成重大损失、恶劣影响的，严格追究行政首长、负有责任的其他领导人员和相关责任人员的法律责任，切实提高行政决策的科学化、民主化、法治化水平。

四是健全行政监督体系和问责制度。法治政府必然是责任政府，用权要受监督，违法要受追责。要进一步建立健全行政监督体系，自觉接受人大的法律监督、政协的民主监督，加强司法监督，加强财政、审计、监察等政府内部监督。依法保障人民群众直接监督政府的权利，支持新闻媒体对违法或者不当行政行为进行曝光。强化上级政府对下级政府的督导督查，完善行政问责制度和绩效管理制度，严明行政纪律，严格责任追究，做到有令必行、有禁必止。

创新政府管理和服务方式

一是继续深化行政审批制度改革。要深入贯彻实施行政许可法，全面清理行政许可项目的法定依据和实施主体，对不符合行政许可法规定的许可项目要坚决取消，对应该修改法定依据的要抓紧修改。对依法设定的许可项目，要简化和规范许可程序。同时，要加快配套制度的建设，建立严格的内外部监督制度，切实加强对行政许可权的监督和制约。

二是大力推行政务公开。要进一步扩大政务公开的范围，规范公开的内容和形式，使政务公开真正成为各级行政机关施政的一项基本制度；要强化政务公开监督机制，构建多主体、多渠道、多层次的监督网络；要把政务公开与实施行政许可法、财政体制改革、投资体制改革、人事制度改革、招投标制度改革和扩大基层民主结合起来，整体推进，形成综合效应。同时，还要充分发挥政务信息对经济活动和社会事务的引导和服务作用。

三是加强电子政务建设。要进一步发挥电子政务在提高政府管理效率上的作用，加强信息资源共享，促进政府内部流程再造和重组，推动电子政务和政府绩效评估相结合。要加强电子政务在提高政府社会管理方面的应用，进一步优化社会管理的业务结构，提高应急管理的信息化水平，推动民主参与，提高社会管理水平。要进一步促进电子政务在提高政府公共服务水平中的作用，促进公共服务手段和形式的整合，建立和完善电子政务公共服务的制度和公共服务绩效评价机制。

优化政府组织结构

一是围绕转变政府职能推进机构改革，使政府职能转变到位。要按照权责一致的原则，进一步理顺部门职责关系，明确界定部门职能分工；根据责任赋予相应的权力，克服职能交叉、权责脱节和决策、执行、监督相脱离的弊端。要按照政企分开的原则，进一步推进政企分开，理顺政府与企业的职能关系，理顺国有资产产权关系。要按照减少和规范行政审批的要求，深化投资体制改革，减少行政审批。要按照发挥中央和地方两个积极性的原则，正确处理西城区和驻区中央单位、市属单位的关系。

二是精简政府机构，推进政府事务综合管理。随着政府服务综合化的趋势，政府间的管理与政府部门间的管理成为政府管理中的一个重要问题。因此，要积极探索实行职能有机统一的大部门体制，健全部门之间协调配合机制，综合设置政府部门。实行“大行业”“大产业”

管理模式,实行职能穷尽与综合管理的原则,设立综合的经济管理机构,设立综合性的“大社会”“大文化”“大交通”管理机构。

三是实行决策与执行职能分开，改革行政执法体制。要合理调整政府部门内部的决策职能和执行职能，推行决策职能和执行职能既相互协调又适度分开，实行政府部门内部决策职能核心化，同时建立各种专司执行的执行局。在保证行政首长对执行机构的适度控制的前提下,对执行机构实行严格的合同管理、绩效管理、法制管理与综合管理。

四是规范和发挥非政府组织作用，完善行政咨询机构，建立健全决策咨询体制。按照发挥行业自律机制作用和完善社会自我管理的要求，规范和发展行业协会、咨询组织、签证机构等社会中介组织和专业服务组织。要改革当前行政管理体制中存在的议事、协调机构过多、不规范的问题，设立综合性议事协调机构，健全议事制度，建立健全行政决策咨询体制。可在行业组织和政府机关中设置若干岗位，实行聘任合同制，定期聘任专家学者任职。

推进基层党的建设创新，把党建做实

强化法治思维，提高党的执政能力

一是努力提高法治意识，增强法治观念。党的十八届四中全会提出,把推进国家治理体系和治理能力现代化落实到推进法治现代化上,展示了党作为执政党的高度清醒和历史自觉，标志着中国共产党治国理政进入了制度化、规范化、法治化的状态。西城区作为首都核心区，广大党员干部更要认识到依法执政的重大意义，强化法治意识，真正把依法执政落实到思想上,形成尊重法律、执行法律的思维方式和习惯,从而保证依法执政成为各级领导干部自觉的行为，在实践中切实把政治领导以及执政的活动置于社会主义法制的轨道上。

二是进一步提升执政能力。坚持民主集中制，完善决策机制，深入开展调查研究，广泛听取各方面意见，努力提高科学决策水平，确保改革发展顺利推进。坚持依法治区，加快政府职能转变，深化行政执法体制改革，逐步推进司法体制去行政化、地方化，促进司法公正。坚持从严教育、从严选拔、从严管理，加强党性修养教育，不断提高领导班子和领导干部的履职能力。坚持以考品德、考实绩、考作风为重点，建立健全绩效考评和选人用人机制，真正把信念坚定、为民服务、勤政务实、敢于担当、清正廉洁的好干部选拔出来。

三是加强领导班子和干部人才队伍建设。各级领导班子和干部队伍是党执政活动的组织者、实践者。要以全面提高领导水平和执政能力为核心加强领导班子建设，改进思想作风，优化班子配备，健全考核评价机制，把各级领导班子建设成为朝气蓬勃、奋发有为、团结和谐的坚强领导集体。积极拓宽干部实践锻炼的领域，综合运用轮岗交流、挂职锻炼等多种方式，把有发展潜力、积极进取、踏实苦干的干部，安排到关键岗位、艰苦环境和重大工程的一线去砥砺品质、锻炼作风、增长才干。全面实施人才强区战略，完善人才体制机制，优化人才服务环境，培养用好区域内现有人才，积极引进国际一流高端、领军人才，努力为区域发展提供智力支持和人才保障。

开展“三严三实”，落实党风廉政建设

一是发扬担当精神抓落实。能否把这份沉甸甸的责任扛起来，是对党的领导干部担当精神的检验。在开展“三严三实”专题教育中，西城区各级党组织应把主体责任放在心上、抓在手上、扛在肩上，决不能“只挂帅不出征”、当“甩手掌柜”。应抓住党委第一责任人这个“关键少数”，让其对重要工作亲自部署、重大问题亲自过问。

二是强化政治责任抓落实。落实党委主体责任是党风廉政建设取得成效的决定性因素。主体责任意味着党委（党组）既是领导主体、落实主体、工作主体，也是承担责任主体。开展“三严三实”专题教育活动，必须牢固树立不抓党风廉政建设就是严重失职的政治意识，真正使主体责任落实落细、落地生根。

三是完善责任体系抓落实。落实主体责任的核心是“一把手”的自觉担当，敢抓敢管，认真履行“一岗双责”，切实履行第一责任人的责任。落实主体责任要做到层层传导力度不减，做到千斤重担人人挑，压力传导不递减。同时，科学划分领导班子、第一责任人、分管领导班子成员等责任主体之间的责任界限，建立完善工作程序和保障机制，党委领导班子集体要统筹谋划部署，对“三严三实”专题教育进行专题研究和部署。

努力开拓创新，加快领导方式转变

一是要把转变体现在把握方向、谋划全局上。所谓全局，即是大局，就是整个工作的局面，就是整体形势的走向。西城区委及全区党的各级领导班子要站在全局的角度看问题、想办法、做决策，能够时刻关注全局、认真研究全局、准确把握全局，要充分发挥领导核心作用，切实加强和改进对经济社会重大事务的综合协调，确保中央的方针政策和市委的决策部署全面贯彻落实。

二是要把转变体现在解放思想上。广大党员干部要勇于改变落后僵化的思维模式，敢于突破制约科学发展的观念障碍，善于创造性地开展工作，不断提高战略思维、创新思维、辩证思维能力，增强工作的系统性和预见性。

三是要把转变体现在增强宗旨意识上。邓小平讲，领导就是服务。领导方式的转变就是服务方式的转变。各级党员要高度重视并切实做好新形势下群众工作，真诚倾听群众呼声，真实反映群众愿望，真情关心群众疾苦，问政于民、问需于民、问计于民，使工作获得最广泛、最可靠、最牢固的群众基础和力量源泉。

四是要把转变体现在改进工作作风上。转变领导方式一定要转到务实、务实、再务实上，一定要转到有效、有效、再有效上。立足于做，立足于实，立足于效，这样的转才是最有意义的，也是新常态下最需要的。

以疏解非首都功能为牵引引领西城改革

疏解非首都功能是京津冀协同发展的重中之重，又是西城区全面深化改革的重中之重，是各项改革中牵一发而动全身的改革，必须坚决打赢疏解非首都功能攻坚战。疏解非首都功能既要顶层设计，更要顶层推动，既要发挥政府引导作用，更要发挥市场的决定性作用。

找准坐标，疏解非首都功能要服务城市功能定位

疏解非首都功能必须以明确自身功能定位为前提。首都城市战略定位是全国政治中心、文化中心、国际交往中心和科技创新中心。按照首都功能核心区是首都“四个服务”承载区、历史文化遗产和风貌集中展示区、文化旅游和公共文化服务集中分布区和金融机构、总部企业聚集地的发展定位，西城区应该是首都核心功能的主要承载区。西城区所承担的“四个服务”的职能，与“四个中心”定位一脉相承。其中为中央党、政、军领导机关的工作服务对应全国政治中心，为国家的国际交往服务对应国际交往中心，为科技和教育发展服务对应科

技创新中心和文化中心。此外，西城区作为国家金融管理中心、金融行业总部，是全国政治中心的重要组成部分。由此可见，西城区承担全国政治中心、国际交往中心的全部功能和文化中心、科技创新中心的部分功能。根据《京津冀协同发展规划纲要》，要加快规划建设北京市行政副中心和优化东西城行政区划，使得首都功能核心区的定位更为清晰。当然，西城区除了要履行首都核心功能，还承载很多城市基础功能，比如经济功能、居住功能、教育功能、医疗卫生功能、交通功能、公共服务功能等。这些功能既是地区自身发展的必然要求，也是强化“四个服务”服务功能的必然要求，是实现和谐宜居之都的重要支撑。

“壮士断腕”，疏解非首都功能要从政府自身做起

《京津冀协同发展规划纲要》确定了优先重点疏解的四类非首都功能，其中涉及区域性专业市场、中等职业学校和优质医疗卫生等社会公共服务功能、中央和国家机关非紧密型行政辅助功能、市属行政事业单位、具有明显地域特色的央企总部等是西城区重点疏解的领域。这些机构中除少部分区属专业市场和社会公共服务功能之外，其他功能的疏解非西城区自身可以主导。因此，在疏解非首都功能这个问题上，西城区一方面要组织实施好自身可以主导的疏解工作（如天意小商品批发市场），另一方面要承接服务好北京市、中央有关部门主导的疏解任务（如动物园地区批发市场）。对西城区而言，功能疏解的一个重要突破口就是从源头入手，率先疏解西城区自身资源。对此，必须要有长远眼光，要有服务中央、造福后人的大理念。不能只算眼前的经济小账，要算服务大局、改善环境的大账。要有“断腕、割肉”

的决心，舍得腾出资源。西城区政府要扎扎实实做好疏解的基础工作，对可控资源进行清查摸底，制定疏解清单和资源清单，优先腾退可控资源中符合疏解要求的资源，为功能疏解带好头、开好局。

民生为本，疏解非首都功能要统筹文保区的居住功能

推动文保区的人口疏解、环境改善和风貌保护是核心区实现和谐宜居、可持续发展的难点和重点问题，当务之急是把西城区 18 片文保区的居住功能纳入疏解非首都功能的范畴。文保区的居住功能与和谐宜居之都和首善之区的要求极不相称，既不利于社区生活服务业的发展和升级，也不利于历史文化遗产和风貌保护，更不利于城市更新和环境改善，不符合履行“四个服务”职能和“四个中心”功能定位。因此，文保区的居住功能理应纳入非首都功能疏解范畴。建议以老城重组为契机，结合棚户区改造已经出台的一系列利好政策，统一研究制定文保区居住功能疏解的创新政策，坚决打好核心区文保区居住功能疏解和棚户区改造攻坚战。探索一条行之有效的城市核心区历史文化风貌保护和升级改造之路，最终实现历史风貌保护、非首都功能疏解与改善居民生活的和谐统一。

转变思路，功能疏解后空间利用要以生态文明为第一导向

集聚是发展，疏解也是发展。疏解非首都功能不是不要发展，而是为了腾退空间，减少环境压力，实现更好地发展。北京要发展知识

经济、绿色经济、服务经济，构建“高精尖”的产业体系，西城区该如何支撑？如果按照原来的思路，就会把功能疏解后腾退的空间用于经济发展上。但如果把首都功能核心区定位在中央政务区的位置上，把疏解的目标着眼于建设国际一流和谐宜居之都上，腾退空间的利用就会是另外一种思路。实现经济发展、人口布局、资源开发和环境保护相协调是疏解非首都功能的出发点，也是功能疏解后空间利用的落脚点。生态文明是国际一流、和谐宜居的核心理念，应该成为空间开发利用的第一导向。如果按照这个设想，西城区疏解后腾退出来的空间应优先用于绿化和生态环境建设，改善生活环境，也可以用于停车、文体、连锁店等便民设施，弥补公共设施欠账，最后再考虑承载增强经济发展后劲的项目。

政府引导，建立有利于非首都功能疏解的政策环境

西城区的非首都功能疏解涉及北京市、中央有关部门等机构，既需要建立上下联动的协调机制，又需要建立横向协同的工作机制，聚合各方面的力量。作为北京市重点推进的项目，西城区要积极争取疏解非首都功能的改革试点，通过政府引导，汇聚疏解地的推力、承接地的拉力、相关部门的引力、市场主体的动力，形成强有力的疏解合力。建议西城区加强政策创新，改变过去奖励集聚的政策为鼓励疏解，研究一些有利于疏解的政策。改变过去政府加剧“城市病”的投资导向为治理“城市病”的方向。同时要建立纵向的协调机制和横向的协同机制，探索建立非首都功能疏解的制度体系。

市场主导，疏解非首都功能要尊重市场决定资源配置的一般规律

疏解非首都功能必须坚持政府引导、市场主导的原则。在疏解过程中，必须尊重经济规律和市场规律，必须更加尊重市场决定资源配置的一般规律，政府起引导和服务作用，市场起主导和决定性作用。要坚持和弱化资源配置中的行政色彩，加快完善市场机制，发挥市场在资源配置中的决定性作用，促进生产要素在更大范围内有序流动和优化配置，只有这样才能确保疏解有序平稳，确保非首都功能转得出、稳得住、能发展。特别是对于具有经营性质的企事业单位，要主要依靠市场手段进行疏解。在功能疏解时，坚持有序疏解、市场配置的原则，减少干预过多、简化审批程序、加强监管服务，大幅度减少政府对资源的直接配置。同时积极推进现代市场体系建设，不断优化市场环境，努力实现资源配置效率最优化和效益最大化。

疏解非首都功能是关联性非常强的改革，牵一发而动全身，涉及经济体制改革、转变政府职能、京津冀协同发展、教育体制改革、医疗体制改革、城市建设和历史文化名城保护、城市管理和社会治理等各个方面。疏解非首都功能是必须由北京市乃至中央有关部门统筹推动的改革，既涉及经济结构调整和产业转型升级的问题，也涉及在中央和地方、地方和地方、政府和市场、集体和个人之间的各种利益调整的问题，还涉及疏解后腾退空间的功能布局和统筹规划、利用的问题。疏解非首都功能事关改革发展稳定大局，必须干好、没有退路。

特别说明

本书所涉及的文献、资料、数据和结论，源自北京市社会发展研究中心西城发展研究课题组，不代表国家、政府及其附属组织的观点。本课题在研究过程中汲取和借鉴了《西城区“十三五”改革举措实施规划研究》以及国内有关机构和专家提出的相关观点，这些观点对最终形成本书的核心观点起到了重要作用。在此我们对上述机构及有关专家致以衷心感谢！